R 27624

Paris
1861

Barni, Jules-Romain

Philosophie de Kant. Examen des "Fondements de la métaphysique des mœurs" et de la critique de la raison

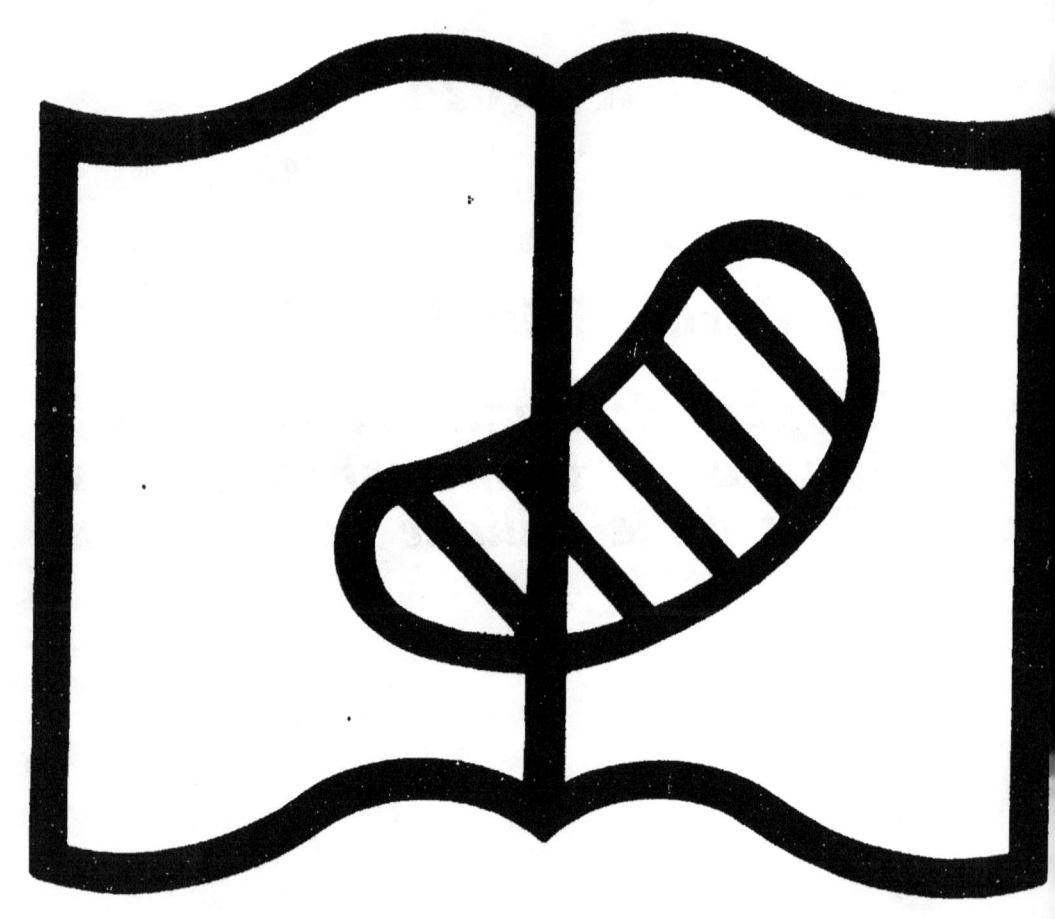

Symbole applicable
pour tout, ou partie
des documents microfilmés

Original illisible

NF Z 43-120-10

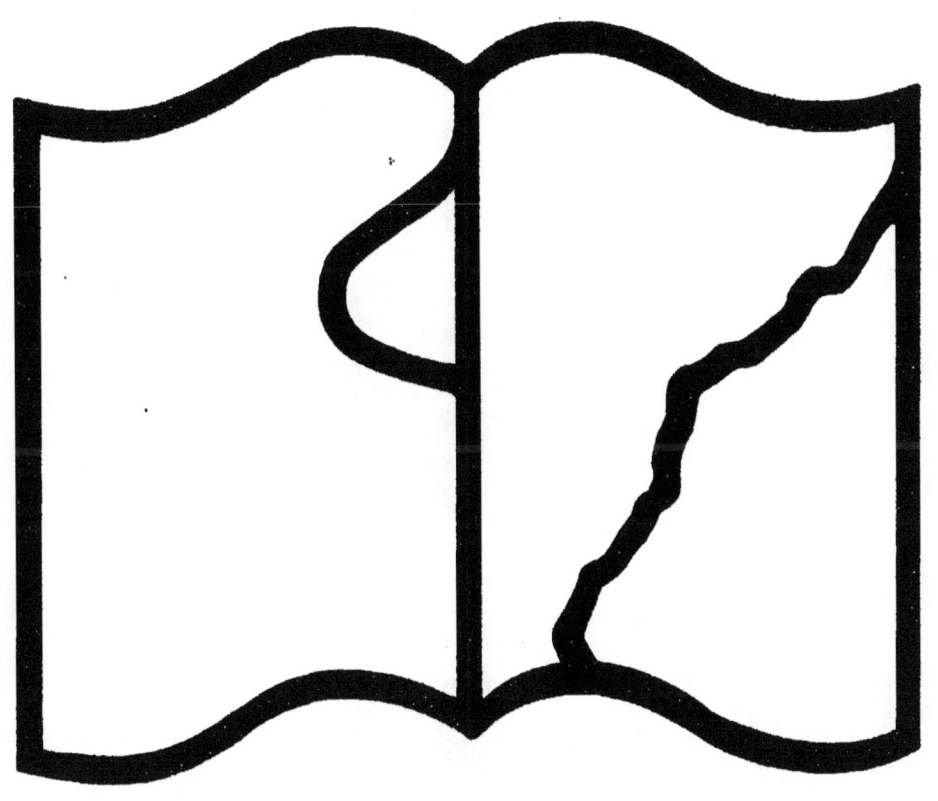

**Symbole applicable
pour tout, ou partie
des documents microfilmés**

Texte détérioré — reliure défectueuse

NF Z 43-120-11

PHILOSOPHIE DE KANT.

EXAMEN

DES FONDEMENTS DE LA MÉTAPHYSIQUE DES MOEURS

ET DE LA

CRITIQUE DE LA RAISON PRATIQUE

PAR

JULES BARNI,

PROFESSEUR DE PHILOSOPHIE.

PARIS,
LIBRAIRIE PHILOSOPHIQUE DE LADRANGE,
RUE SAINT-ANDRÉ-DES-ARTS, 41.

1854.

EXAMEN

DE LA

CRITIQUE DE LA RAISON PRATIQUE.

IMPRIMERIE BÉNARD ET COMPAGNIE,
rue Damiette, 2.

PHILOSOPHIE DE KANT.

EXAMEN

DES FONDEMENTS DE LA MÉTAPHYSIQUE DES MŒURS

ET DE LA

CRITIQUE DE LA RAISON PRATIQUE

PAR

JULES BARNI,

PROFESSEUR DE PHILOSOPHIE.

PARIS,
LIBRAIRIE PHILOSOPHIQUE DE LADRANGE,
RUE SAINT-ANDRÉ-DES-ARTS, 41.

1851.

AVANT-PROPOS.

Pour bien faire connaître Kant en France, deux choses sont nécessaires. D'abord une traduction de ses ouvrages qui puisse tenir lieu du texte en le reproduisant fidèlement, mais qui, en s'accommodant autant que le permet l'exactitude, aux habitudes de notre langue et de notre esprit, tempère et atténue les défauts de l'original, sans en altérer le moins du monde les caractères et sans l'affubler d'un habit étranger. Une traduction qui aurait ce double mérite, non-seulement pourrait remplacer le texte allemand; elle l'éclaircirait déjà par cela seul qu'elle serait une bonne traduction française. Mais cela ne suffit pas encore : la lecture des ouvrages de Kant offre en général tant de difficultés, surtout pour des esprits français, qu'il est nécessaire d'ajouter à la traduction exacte du texte une analyse explicative qui en prépare et en facilite l'étude. Certes, un travail de ce genre est loin d'être superflu. La forme dont Kant a revêtu ses idées a besoin d'être expliquée pour être aisément entendue et ne pas rebuter l'esprit, et ces idées mêmes exigent une exposition plus simple et plus claire. Ajouterai-je que, comme la philosophie de notre siècle, dans son investigation des travaux de nos devanciers, ne doit point être un stérile commentaire, mais une critique élevée et féconde, il faut encore s'appliquer à dégager les doctrines de Kant de leur forme littérale pour les soumettre à un libre et impartial examen?

Ce double travail de traduction fidèle et d'interprétation critique, je l'ai accompli, dans la mesure de mes forces, pour l'un des ouvrages les plus importants et les plus originaux de Kant : la *Critique du Jugement*. Je viens l'accomplir aujourd'hui pour un autre grand ouvrage : la *Critique de la raison pratique*, en joignant à la traduction que j'en ai publiée en 1848 une introduction qui devait paraître à la même époque, mais que les événements politiques me forcèrent alors d'interrompre, et que, depuis, d'autres travaux (1) m'ont fait ajourner jusqu'à ce moment.

J'ai suivi ici une méthode différente de celle que j'avais adoptée dans mon *Examen de la Critique du Jugement* (2). J'ai entièrement séparé l'analyse et l'appréciation. C'est que j'avais à faire connaître deux ouvrages, la *Critique de la raison pratique* et les *Fondements de la métaphysique des mœurs*, qui tous deux

---

[1] Mon *Examen de la Critique du Jugement*, que j'ai dû d'abord achever, pour le joindre à la traduction de cet ouvrage, publiée déjà depuis longtemps, et acquitter ainsi une dette plus ancienne ; puis des traductions d'autres ouvrages de Kant, aujourd'hui terminées, et que je me propose de publier prochainement, dès que j'en aurai achevé l'introduction

[2] Voyez *Examen de la Critique du Jugement*, p. 5.

ont le même objet, et qu'il m'a paru plus simple de les exposer successivement, avant d'entreprendre d'en apprécier les principaux résultats. De cette manière aussi le lecteur n'aura pas la peine de chercher lui-même parmi mes propres réflexions la vraie reproduction de la pensée de Kant, et il lui sera plus facile de faire abstraction des premières pour ne s'attacher qu'à la seconde, qui lui offrira du moins un exact et utile commentaire.

Je sais que les circonstances actuelles sont peu propices à des travaux de ce genre. Les préoccupations politiques absorbent les esprits. De plus, l'intolérance catholique, forte, cette fois, du concours d'un voltairianisme hypocrite et peureux, renouvelle ses persécutions contre la philosophie. Grâce à cette alliance inouïe, les travaux les plus sérieux de la libre pensée sont aujourd'hui des causes de disgrâce. N'importe, poursuivons notre œuvre avec courage : continuons, d'un esprit ferme et indépendant, nos recherches et nos études ; et, avec l'aide des grands philosophes, ces lumières de l'humanité, travaillons à éclaircir et à propager les principes éternels qui doivent diriger la société dans ses transformations, et qui, dans tous les cas, nous serviront à traverser dignement ces temps d'agitation et d'épreuve. Sous ce rapport, je ne connais pas de meilleur guide que Kant.

Août 1851.

Jules BARNI.

TABLE

DE L'EXAMEN DES FONDEMENTS DE LA MÉTAPHYSIQUE DES MŒURS

et

DE LA CRITIQUE DE LA RAISON PRATIQUE.

Première partie : ANALYSE :

    I. Analyse des Fondements de la Métaphysique des mœurs. 4

    II. Analyse de la Critique de la raison pratique. 64

Deuxième partie : CRITIQUE :

    I. De la loi morale ou du devoir. — De l'idée du bien et du mal moral. — Du sentiment moral. 200

    II. De la liberté. 249

    III. Du souverain bien. — De l'immortalité de l'âme. — De l'existence et des attributs de Dieu. 285

    IV. De la méthodologie morale. — Conclusion. . 326

EXAMEN

DES

FONDEMENTS DE LA MÉTAPHYSIQUE DES MOEURS

ET DE LA

CRITIQUE DE LA RAISON PRATIQUE.

La *Critique de la raison pure* (spéculative) est l'analyse des éléments *à priori* qui servent à constituer ou à diriger la connaissance humaine : on sait les conclusions sceptiques auxquelles elle aboutit. Mais la raison spéculative, que Kant étudie dans cet ouvrage, n'est pas la raison tout entière : à côté des éléments *à priori* qui se rapportent spécialement à la connaissance, il y en a qui ont pour caractère de fournir des lois à la volonté; ces lois et le nouvel ordre de connaissance qu'elles déterminent forment la sphère de la raison pratique : on sait aussi comment Kant sort ici du scepticisme où l'avait conduit l'examen de la raison spéculative. Cette distinction de la raison spéculative et de la raison pratique, il l'avait déjà indiquée dans sa première critique ; car, comme s'il avait à cœur de réparer aussitôt les ruines qu'il venait de faire au sein de l'antique dogmatisme, comme s'il lui tardait de tirer l'esprit humain du doute pénible où il l'avait jeté précédemment, et de lui rendre à la fin la certitude, la foi et l'espérance dont il l'avait d'abord dépouillé, il s'était empressé, dans cet ouvrage même, d'opposer à la raison spéculative la raison pratique, et de rétablir sur le fondement de la seconde les vérités qu'il avait refusées à la première : la liberté de la volonté, l'immortalité de l'âme, l'existence de Dieu. Mais ce n'étaient là que des indications qui avaient besoin d'être expliquées et développées. Il fallait faire pour la raison pratique ce qui avait été fait pour la raison spéculative ; il fallait la soumettre à un examen régulier et approfondi [1]. Établir l'existence et les caractères de cette faculté, ou, ce qui revient au même, des principes qu'elle fournit à la volonté ; puis montrer comment ces principes impliquent ou appellent certaines vérités que la raison spéculative ne pouvait établir, et par là déterminent un nouvel ordre de connaissance, la connais-

---

[1] A vrai dire, je crois que, lorsque Kant écrivit la *Critique de la raison pure*, il comprenait sous ce titre la raison tout entière, la raison pratique comme la raison spéculative, et de là le caractère général de ce titre et la conclusion de l'ouvrage même. Plus tard il sentit le besoin de faire de l'étude de la *raison pratique* un ouvrage à part, qui servît en quelque sorte de pendant au premier, lequel devenait alors spécialement la critique de la *raison spéculative*.—Plus tard encore, comme je l'ai expliqué ailleurs (voyez mon *Examen de la critique du Jugement, Conclusion*), la *Critique du Jugement* vint comme relier les deux ailes de tout l'édifice ; — mais, je le répète, dans la première pensée de Kant, la *Critique de la raison pure* devait représenter cet édifice tout entier.

sance pratique; tel est, d'une manière générale, le double but de la *Critique de la raison pratique* [1].

Mais avant d'entreprendre cette grande œuvre, Kant s'y prépara et y prépara ses lecteurs par un ouvrage moins considérable, où il se bornait à analyser le concept de la moralité ou le principe fondamental de la raison pratique, et celui de la liberté qui y est indissolublement lié. Tel est le but du petit ouvrage intitulé : *Fondements de la métaphysique des mœurs* [2].

Après avoir littéralement traduit ces deux ouvrages, qu'il ne faut pas séparer, je veux en faciliter encore l'étude par une analyse détaillée, et en examiner ensuite les principaux résultats, au point de vue de la philosophie de notre temps.

---

[1] Cet ouvrage parut en 1788, c'est-à-dire sept ans après la *Critique de la raison pure*, et deux ans avant la *Critique du Jugement*.

[2] Ce petit ouvrage parut en 1785, cinq ans avant la *Critique de la raison pratique*. — Plusieurs éditions de ces deux ouvrages se succédèrent du vivant même de Kant, mais sans que l'auteur y introduisît aucun changement. — J'ai fait ma traduction sur le texte de l'édition de Rosenkrantz.

PREMIÈRE PARTIE.

ANALYSE.

I.

ANALYSE DES FONDEMENTS DE LA MÉTAPHYSIQUE DES MOEURS.

Quel est précisément l'objet de cet ouvrage ; quels rapports il a avec la *Critique de la raison pratique*, et en quoi il s'en distingue ; pourquoi, dans l'œuvre de Kant, il précède cette critique, et comment il y conduit ; c'est ce que la Préface explique clairement.

Si on laisse de côté la *logique*, qui s'occupe des lois de la pensée en général, abstraction faite des objets, et que l'on considère la philosophie, en tant qu'elle s'applique *à priori* à certains objets déterminés, c'est-à-dire en tant qu'elle les étudie indépendamment de l'expérience et au point de vue de la raison seule, on trouve que cette partie pure de la philosophie se divise elle-même en deux branches : l'une qui a pour objet la nature ; l'autre, la liberté. La nature et la liberté sont en effet deux objets absolument distincts[1], soumis à des lois qui peuvent être déterminées *à priori*, et ren-

---

[1] Sur la distinction de la nature et de la liberté, des lois de la première et des lois de la seconde, voyez la *Critique du Jugement, Introduction*; traduction franç., 1er vol., et mon *Examen* de cet ouvrage, *Conclusion*.

trant tous deux, par ce côté, dans le domaine de la philosophie pure. Or, comme Kant désigne sous le nom de *métaphysique* cette partie de la philosophie pure, qui ne fait pas, comme la logique, abstraction des objets, mais qui considère *à priori* certains objets déterminés, il suit que la métaphysique se divise en deux branches : la *métaphysique de la nature* et la *métaphysique des mœurs*. La première n'est donc autre chose que la partie rationnelle de ce qu'on appelle vulgairement la physique ou la philosophie naturelle, et la seconde, la partie rationnelle de l'éthique ou de la philosophie morale [1].

Kant insiste dans cette préface, et il revient souvent dans le cours de cet écrit, et dans ses autres ouvrages de morale, particulièrement dans la *Critique de la raison pratique*, sur la nécessité de donner pour fondement à la philosophie morale une véritable métaphysique des mœurs, et même de traiter séparément la partie rationnelle et la partie empirique, que l'on confond ou que l'on mêle ordinairement. La partie rationnelle de la philosophie morale, la seule qui mérite le nom de métaphysique des mœurs, doit, comme son titre l'indique, se déduire tout entière de la raison seule, et ne rien emprunter à la connaissance empiri-

---

[1] La philosophie comprend ainsi trois branches, la logique, la physique et l'éthique, et chacune de ces deux dernières branches contient, au-dessus de sa partie empirique, une partie rationnelle, qui reçoit le nom de métaphysique. Kant suit ici, comme on le voit et comme il le fait remarquer lui-même, la division de la philosophie adoptée par les anciens : seulement il prétend la rattacher à ses principes, et par là en assurer l'exactitude et en déterminer les subdivisions.

que de la nature humaine. Or l'idée d'une telle science n'est point du tout chimérique; c'est la seule au contraire qui puisse servir de base à la morale. En effet le sens commun lui-même reconnaît qu'une loi ne peut être conçue comme une loi morale, ou comme un principe obligatoire, qu'à la condition de s'imposer également à la volonté de tous les êtres raisonnables, quels qu'ils soient et en quelques circonstances qu'ils se trouvent placés, c'est-à-dire d'avoir son principe dans la raison seule et d'être indépendante de toutes conditions particulières. Une règle de conduite, qui ne s'appuie pas ainsi uniquement sur la raison, mais sur l'expérience, sur la connaissance des hommes et des choses, peut bien avoir une certaine généralité, mais elle ne saurait avoir une valeur absolue ; et dès lors comment serait-elle un principe obligatoire, une loi morale ? On ne pourrait donc essayer d'établir la morale sur le fondement de l'expérience, sans la ruiner d'avance, ou sans ôter à ses lois toute valeur absolue, tout caractère obligatoire ; et, par conséquent, il est nécessaire de lui donner pour base une vraie métaphysique des mœurs. Bien plus, comme il est impossible de mêler à la pure origine de la loi morale des considérations empruntées à la connaissance empirique de la nature humaine, sans altérer la pureté de cette origine, et sans compromettre par là même l'absolue autorité de cette loi ; il est nécessaire de séparer de la métaphysique des mœurs tout ce qui vient de l'expérience, et de traiter à part chacune de ces deux parties de la science.

Tel est donc l'objet et l'importance de la métaphysique des mœurs. Mais il faut avouer que, si elle est l'unique fondement de la morale, et s'il est nécessaire de la traiter séparément ou d'en exclure absolument toute considération empruntée à la connaissance empirique de notre nature, aucun philosophe ne s'est fait encore une idée nette de cette science, et n'a compris la nécessité de la traiter ainsi. Aussi tous les moralistes ont-ils échoué dans leur entreprise : en confondant ou en mêlant des éléments essentiellement distincts, ils ont ruiné ou ébranlé les principes mêmes qu'ils voulaient établir. Kant revendique donc l'honneur d'ouvrir ici une nouvelle carrière à la science. Wolf a bien placé en tête de sa philosophie morale une *philosophie pratique générale*, mais il y a loin de là à la métaphysique des mœurs, telle que Kant la conçoit et l'exige. En effet, dans cette partie de sa philosophie morale, Wolf traite de la volonté en général et de toutes les actions et conditions qui se rapportent à la volonté, ainsi considérée, mais non pas de la volonté, en tant qu'elle peut être déterminée uniquement par des principes *à priori*, ou par la raison, ce qui est précisément l'objet de la métaphysique des mœurs ; et par conséquent, entre ce qu'a fait Wolf et ce que demande Kant, il y a la même différence qu'entre la logique et la métaphysique de la nature.

Kant n'entreprend pas ici cette métaphysique des mœurs, dont il prétend révéler l'idée ; il ne veut qu'en poser les fondements. Mais, de même que la critique de la raison spéculative sert de base à la métaphysique de la nature, n'est-ce pas dans la critique de la raison pratique qu'il faut chercher les fondéments de la métaphysique des mœurs? Sans doute, et l'ouvrage désigné sous le titre de *Fondements de la métaphysique des mœurs* est lui-même une partie de la critique de la raison pratique. Seulement il n'en est qu'une partie, à laquelle Kant se borne pour le moment : une critique régulière et complète de la raison pratique ne lui semble pas aussi nécessaire qu'une critique de la raison spéculative, la première ne donnant pas lieu aux mêmes illusions que la seconde ; et puis une telle critique exigerait des développements sur l'accord de la raison pratique et de la raison spéculative en un principe commun, dont on peut se dispenser ici et qui embrouilleraient le lecteur. C'est pourquoi il n'a pas donné à ce travail partiel le titre de *Critique de la raison pratique*, mais celui de *Fondements de la métaphysique des mœurs.*

Dans cet ouvrage, Kant entreprend d'analyser le principe fondamental de la moralité, considéré indépendamment de ses applications. Plus tard nous le verrons reprendre les idées qu'il expose ici sur ce sujet, pour les replacer dans une critique régulière et complète de la raison pratique, qu'il ajourne en ce moment, ou plutôt qu'il ne paraît pas avoir encore dessein de composer. Ici il veut fonder et préparer la métaphysique des mœurs, en exposant nettement le principe suprême sur lequel elle s'appuie tout entière, et il se borne à cette question, qui est la première, mais non pas la seule, de la critique de la raison pratique. La clarté inusitée avec laquelle il la traite et les développements qu'il y apporte nous rendront plus facile l'étude du grand ouvrage que nous aborderons ensuite.

Quant à la méthode à suivre, il l'indique lui-même dans sa préface : cherchant à remonter au principe même de la morale, il veut prendre son point de départ dans le sens commun ou dans la raison vulgaire ; puis, après s'être élevé ainsi jusqu'à ce principe et en avoir examiné la nature et l'origine, redescendre de là à la connaissance vulgaire, qui nous en montre l'application[1]. Il divise son ouvrage en trois parties, qu'il désigne de la manière suivante :

1° Passage de la connaissance morale de la raison commune à la connaissance philosophique ;

2° Passage de la philosophie morale populaire à la métaphysique des mœurs ;

3° Dernier pas qui conduit de la métaphysique des mœurs à la critique de la raison pure pratique.

Je me borne à indiquer ici la méthode tracée par Kant, et les titres qu'il donne aux divisions de son ouvrage. L'analyse, dans laquelle je vais entrer, fera connaître d'une manière précise la marche qu'il y suit, et expliquera ces divers titres.

I.

Si l'on considère les jugements que nous portons naturellement sur la valeur morale des actions, on trouvera qu'ils se fondent sur une certaine idée, dont, sans doute, tous les hommes ne se rendent pas compte, mais qui, plus ou moins clairement, est toujours au fond de leur esprit. Cette idée est celle d'une bonne

---

[1] Il faut convenir que cette méthode ne rend pas exactement compte de la marche et des divisions de l'ouvrage.

volonté. Kant va donc l'examiner, non pour la révéler et l'enseigner aux hommes, car tous la possèdent, mais pour la dégager et l'expliquer, en la mettant en lumière et en en déterminant l'origine.

Il faut reconnaître d'abord qu'une bonne volonté est une chose qui a une valeur absolue, ou indépendante de toute condition et de toute restriction, et que même c'est la seule chose au monde qui ait une telle valeur. Les dons de l'esprit, les qualités du tempérament, les faveurs de la fortune, et tout ce qui dépend de la nature, comme la santé, le bien-être, le bonheur, sont sans doute des choses bonnes et désirables à beaucoup d'égards, mais non pas absolument et sans condition : elles ne sont bonnes qu'à la condition qu'on en fasse un bon usage, c'est-à-dire qu'elles soient soumises à une bonne volonté; autrement elles perdent tout leur prix. L'esprit est-il une bonne chose, quand il est au service de la méchanceté? Est-ce une bonne chose que le courage d'un scélérat? Les richesses, le pouvoir, les honneurs sont-ils de bonnes choses pour ceux qui en abusent et s'en montrent indignes? Le bonheur même, cet idéal qui représente la satisfaction complète et durable de tous les penchants de notre nature, et que nous poursuivons tous, sans l'atteindre jamais, le bonheur n'est rien, si nous ne le méritons pas. Il y a donc une chose à laquelle sont subordonnées toutes celles que nous pouvons posséder, et sans laquelle celles-ci ne sauraient être bonnes, et cette chose, c'est une bonne volonté.

La bonne volonté, qui est ainsi la condition suprême de tout le reste, a elle-même un prix absolu, c'est-à-dire qu'elle tire sa bonté d'elle-même et ne dépend d'aucune condition. Aussi sa valeur est-elle indépendante des résultats. Ma volonté restât-elle constamment sans effet, si ses intentions sont bonnes, et s'il ne dépend pas de moi de les réaliser, elle n'en demeure pas moins bonne. Ce n'est point dans les circonstances qui la suivent, mais en elle-même, que réside sa bonté : c'est par là qu'il la faut juger. « L'utilité, dit Kant[1], n'est guère que comme un encadrement qui peut bien servir à faciliter la vente d'un tableau ou à attirer sur lui l'attention de ceux qui ne sont pas assez connaisseurs, mais non à le recommander aux vrais amateurs et à déterminer son prix. »

Telle est l'idée d'après laquelle nous décidons tous de la valeur des actions. Mais cette idée ne serait-elle pas le fruit d'une fausse exaltation, naturelle à tous les hommes; et, bien qu'universelle, ne serait-elle pas chimérique? Elle est si élevée, que ce doute peut d'abord se présenter à un esprit, qui n'y a pas encore réfléchi ; mais la plus simple réflexion suffit pour le dissiper, et pour nous convaincre qu'elle a son origine dans la raison même, et que c'est là que la puise le sens commun. Qu'on cherche en effet dans quel but la nature a pu soumettre la volonté de l'homme au gouvernement de la raison, et l'on ne trouvera d'autre réponse satisfaisante, sinon qu'elle a voulu lui communiquer par là une valeur absolue, une valeur morale. Il est aisé de le comprendre.

C'est un principe de la raison que, dans les êtres

---

[1] Trad. franç., p. 15.

organisés, il n'y a pas un organe ou une faculté qui ne soit l'instrument le plus propre à la fin pour laquelle il existe. Appliquez ce principe à ces deux facultés de l'homme : la raison et la volonté. Peut-on supposer que la nature, en les donnant à l'homme, n'ait eu d'autre but que la conservation, le bien-être, le bonheur de cette créature ? S'il en était ainsi, elle eût été bien mal avisée ; car elle eût trouvé dans l'instinct un instrument bien plus sûr, bien mieux approprié à ce but. Ou si la créature la plus favorisée devait avoir le privilége de la raison, cette faculté ne devrait pas lui servir à diriger sa volonté, mais à contempler les heureux effets des dispositions de sa nature, auxquelles elle remettrait exclusivement le soin de sa félicité. Il faut convenir en effet que la raison est un guide bien faible, et bien mal assuré pour conduire l'homme au bonheur. Aussi ceux qui n'ont d'autre but que de jouir de la vie, finissent-ils par se dégoûter d'une faculté qui les a si mal servis, et par porter envie au vulgaire qui s'abandonne à l'instinct naturel et n'accorde à la raison que peu d'influence sur sa conduite. La nature, en nous donnant la raison et en la chargeant de diriger notre volonté, doit donc avoir eu une autre fin que notre conservation et notre bonheur. Elle a eu certainement pour but de faire que l'homme puisse se donner à lui-même une bonne volonté, en la soumettant au gouvernement de la raison, et par là puisse acquérir une valeur absolue. Et si cette bonne volonté n'est pas le seul bien, le bien tout entier, elle est tout au moins le bien suprême, la condition à laquelle doit être subordonné tout autre bien, tout désir même du bonheur. Il ne faut donc pas blâmer si fort ceux qui accusent la raison d'être insuffisante à notre bonheur; car ils avouent par là qu'elle est pour nous autre chose qu'un instrument destiné à ce but, et qu'elle a une destination supérieure, celle de donner à notre volonté une bonté absolue, et à la vie humaine son prix et sa dignité.

Ce n'est donc pas une chimère, que cette idée d'une volonté bonne en soi, que tous les hommes ont en vue dans leurs jugements moraux. Ce n'est donc pas non plus une vaine entreprise que celle qui consiste à la dégager et à l'expliquer. Or, comme l'idée du devoir implique celle d'une bonne volonté, expliquer l'une sera expliquer l'autre ; et, comme dans la nature humaine c'est sous la forme de la première que se présente la seconde, c'est aussi sous cette forme que nous devons la considérer, pour mieux la saisir et la comprendre.

En quoi consiste donc cette idée du devoir sur laquelle se fondent tous les jugements que nous portons sur la valeur morale des actions? Il importe de bien distinguer les actions qui sont simplement conformes au devoir d'avec celles qui sont faites par devoir; car ces dernières seules ont une valeur morale. Il y a certaines actions qui sont conformes au devoir, mais auxquelles nous sommes portés par les penchants de notre nature : par exemple la conservation de notre vie, le soin de notre bonheur, la bienfaisance même. Or, tant que nous ne faisons qu'obéir à nos penchants, notre conduite peut bien être extérieurement conforme au devoir, mais elle n'a aucun caractère moral ; car nous agissons alors par inclination, non par devoir.

Mais si ces penchants n'ont aucune influence sur les résolutions de notre volonté, et que le seul motif qui la détermine soit la considération du devoir, c'est-à-dire de la loi morale, alors notre conduite acquiert une valeur morale qu'elle n'avait pas auparavant. Qu'une personne soit bienfaisante, parce que son cœur la porte à la bienfaisance et qu'elle y trouve un véritable plaisir, elle nous inspire de la sympathie, mais ne force pas notre respect. Supposez maintenant un homme que sa nature ou ses propres malheurs rendent insensible aux malheurs d'autrui, et qui pourtant s'applique à soulager les malheureux, parce qu'il regarde cela comme un devoir, ce n'est plus simplement de la sympathie que nous ressentons pour lui, c'est du respect, c'est-à-dire que nous attribuons à sa conduite une valeur morale que nous n'accordions pas tout à l'heure. La conduite du premier avait beau être conforme au devoir, elle n'était que l'effet d'une nature généreuse ; celle du second n'est plus simplement conforme au devoir, elle est dictée par le devoir même, et c'est là ce qui fait sa valeur. Il y a donc, comme on le voit, une grande différence entre une action conforme au devoir, mais faite par inclination, et une action faite par devoir. Aussi, quand l'Évangile nous fait un devoir d'aimer notre prochain, et même notre ennemi, il n'entend sans doute point parler de cet amour qui est l'effet d'une inclination de notre nature, car cet amour-là ne se commande pas, mais de cette manière d'être à l'égard de notre ennemi, qui seule dépend de notre volonté et seule peut être ordonnée comme un devoir.

Voilà donc une première proposition établie par Kant : une action, pour avoir une valeur morale, ne doit pas être simplement conforme au devoir, mais avoir été faite par devoir et non par inclination. Une seconde proposition, c'est qu'une action faite par devoir ne tire pas sa valeur morale du résultat qu'elle a en vue, mais du principe qui la détermine. En effet, si l'on ne considère que le résultat, il peut sortir également de motifs bien différents. Par exemple, on peut être bienfaisant par inclination, ou par intérêt, ou par devoir. Dans tous les cas, l'effet produit est le même ; mais il s'en faut que l'action ait, dans les deux premiers cas, la valeur qu'elle a dans le troisième. Ce n'est donc pas le résultat qu'il faut considérer pour juger de la valeur morale d'une action, mais le motif. Quel que soit le résultat, fût-il nul, la résolution de la volonté n'en conserve pas moins toute sa valeur morale, si cette résolution a pour motif le devoir. La valeur morale des actions ne réside donc pas dans le rapport de la volonté à l'effet attendu, mais dans le principe même de la volonté, c'est-à-dire dans la considération du devoir, ou de la loi morale, puisque l'inclination et l'intérêt ne peuvent donner à nos déterminations une valeur morale.

Des deux propositions qui précèdent, Kant déduit cette troisième, qui contient la définition du devoir : « Le devoir est la nécessité de faire une action par respect pour la loi. » En effet, comme on vient de le voir, une action faite par devoir exclut toute influence des penchants sur la volonté ; car, autrement, elle pourrait bien être extérieurement conforme au devoir, elle ne serait plus faite par devoir, et, par conséquent, n'aurait plus de valeur morale ; de même, elle ne tire pas sa valeur de son résultat, et ce n'est pas dans cette considération qu'il faut placer son principe. Ce principe ne peut donc être que la considération de la loi, que la raison impose à la volonté, et qui veut être obéie pour elle-même, indépendamment et même au préjudice de tous les penchants de la sensibilité. Obéir ainsi à cette loi, agir exclusivement en vue de l'ordre qu'elle prescrit, ou, ce qui revient au même, agir par respect pour la loi, car cette considération exclusive de la loi est nécessairement un sentiment de respect ; voilà ce qui s'appelle agir par devoir, et de là la définition du devoir que nous venons de rapporter.

Kant prévient ici dans une note [1] une objection qu'on peut lui adresser à l'égard de ce sentiment de respect qu'il invoque comme principe unique de toute action faite par devoir ou véritablement morale. Ne pourrait-on pas l'accuser de se réfugier, comme il le dit lui-même, derrière un sentiment vague, au lieu de résoudre clairement la question par une idée de la raison ? Sans doute, répond-il, le respect où je place l'unique fondement des actions morales est un sentiment ; mais que désigne ce sentiment ? La conscience même qu'a notre volonté d'être soumise à la loi morale. Nous ne pouvons en effet concevoir une telle loi, c'est-à-dire une loi qui vient de notre raison, mais qui exige l'oubli ou même le sacrifice des penchants de notre nature, sans éprouver un sentiment qui a à la

[1] Trad. franç., p. 26.

fois quelque analogie avec l'inclination et la crainte, mais qui n'est ni l'inclination ni la crainte; un sentiment d'une nature particulière, qui n'est autre chose que l'effet même de la loi sur le sujet; en un mot, un sentiment de respect. Par conséquent, lorsqu'on donne pour principe aux actions morales le respect de la loi, on *invoque* bien un sentiment, mais un sentiment qui est l'effet de la loi même, et qui, par conséquent, n'en peut être considéré comme la cause. Le principe des actions morales est toujours en définitive la loi, car la loi est l'objet de ce sentiment; mais comme la loi le détermine nécessairement dans le sujet, il est ainsi le principe subjectif des déterminations dont elle est le principe objectif [1].

Reste à savoir en quoi consiste cette loi dont la considération doit exclusivement déterminer la volonté, pour que celle-ci ait une valeur morale, ou pour qu'elle soit absolument bonne. La réponse à cette question est contenue dans ce qui précède; il n'y a plus qu'à l'en dégager. Si la loi doit déterminer la volonté par elle-même, indépendamment du concours des penchants et de la considération des résultats, elle ne peut la déterminer qu'à titre même de loi, c'est-à-dire à titre de principe universel. D'où cette formule kantienne, que nous voyons paraître ici pour la première fois, mais que nous retrouverons bien souvent : « Agis toujours

---

[1] Dans la *Critique de la raison pratique* (chap. III de l'*Analytique*, *des Mobiles de la raison pure pratique*, trad. franç., p. 245), nous verrons Kant revenir sur ce sentiment, pour en exposer l'origine, la nature et les effets, et développer ce qu'il ne fait ici qu'indiquer.

de telle sorte que tu puisses vouloir que ta maxime devienne une loi universelle. »

Kant, invoquant le sens commun en faveur du principe qu'il formule ainsi, explique cette formule par un exemple.

Je veux savoir si je puis, pour me tirer d'embarras, faire une promesse que je n'ai pas l'intention de tenir. Cette question peut être entendue de deux manières : cela est-il prudent? cela est-il légitime? Je distingue aussitôt ces deux sens, et il m'est impossible de les confondre... Autre chose est agir par prudence, autre chose par devoir. C'est la considération des suites qui déterminera ma conduite dans le premier cas; c'est la considération de la loi seule qui la déterminera dans le second. « En outre, ajoute Kant avec raison, si je m'écarte du principe du devoir, je ferai très-certainement une mauvaise action ; si j'abandonne ma maxime de prudence, il se peut que cela me soit avantageux, bien qu'il soit plus sûr de la suivre[1]. » Ce sont donc là deux choses bien différentes. Or la question ici est de savoir si l'action que je suppose est légitime. Pour la résoudre, je n'ai pas besoin d'une grande pénétration; il me suffit de me demander si cette action peut être généralisée, ou si la maxime qui dirige ma conduite peut être érigée en un principe universel de législation. Si cela n'est pas possible, c'est que l'action n'est point légitime. Je me demande donc si je puis admettre un principe tel que celui-ci : chacun peut

---

[1] Trad. franç., p. 28.

faire une fausse promesse, quand il n'a pas d'autre moyen de se tirer d'embarras. Mais, quelque envie que j'aie de faire moi-même en cette circonstance une promesse mensongère, je ne puis admettre ce principe; car il s'ensuivrait qu'il n'y aurait plus de promesses possibles : que signifieraient en effet les promesses, si chacun avait le droit d'en faire de fausses à son gré? Le principe est contradictoire, et l'action illégitime.

Tel est donc le caractère de la loi qui est l'objet de notre respect, le fondement du devoir et la source unique de toute valeur morale. C'est d'après cette règle que juge le sens commun en matière de moralité ; c'est par là qu'il distingue ce qui est bien d'avec ce qui est mal, ce qui est légitime d'avec ce qui ne l'est pas. Non qu'il la conçoive sous une forme générale et abstraite, et qu'il soit en état d'en rendre compte et d'en disserter ; mais il montre par ses jugements qu'il l'a devant les yeux, et il l'applique avec une sûreté merveilleuse. Que tout homme possède ce principe, cela est tout simple, puisqu'on ne peut supposer que la connaissance de ce que chacun est obligé de faire ne soit pas à la portée de chacun, même du plus vulgaire ; mais ce que l'on ne saurait assez admirer, c'est la singulière exactitude que tous les hommes apportent naturellement dans l'appréciation de la valeur morale des actions. Chose digne de remarque, tandis que, dans les matières de spéculation, leur jugement s'égare et tombe dans l'inintelligible et l'absurde, aussitôt qu'il abandonne le fil de l'expérience ; dans les choses morales, au contraire, il n'acquiert et ne révèle toute sa force qu'on se dégageant de toute influence sensible et de toute considération empirique. Mais cela lui est naturel, et même le sens commun se montre souvent ici supérieur à la philosophie, dont beaucoup d'idées étrangères peuvent égarer et fausser le jugement.

S'il en est ainsi, dira-t-on, à quoi bon la philosophie en pareille matière ? Kant répond fort bien : « C'est une belle chose, sans doute, que l'innocence ; mais il est fâcheux qu'elle ne sache pas bien se défendre, et qu'elle se laisse facilement entraîner [1]. » S'il n'y a rien sur quoi tous les hommes soient aussi capables de bien juger que les choses morales, il n'y a rien non plus sur quoi ils soient plus enclins à sophistiquer, et cela est tout simple : la passion et l'intérêt, dont le devoir exige le sacrifice, sont là qui résistent, et l'homme voudrait bien accorder ces prétentions opposées. De là ce que Kant appelle une *dialectique naturelle*, qu'il faut combattre, et qu'on ne peut dissiper entièrement qu'au moyen de la philosophie. Cette science ne nous donnera pas sans doute de nouveaux principes; mais elle éclaircira ceux du sens commun, et elle les mettra à l'abri de toute espèce de doute et de sophisme. La philosophie morale, qui elle-même n'est pas possible sans une critique complète de la raison pratique, est donc une chose nécessaire, non, selon Kant, parce qu'elle répond à un besoin spéculatif de notre esprit (il n'admet pas ici de besoin de ce genre), mais parce que la moralité même y est intéressée.

---

[1] Trad. Franç., p. 31.

II.

Dans la section que nous venons d'analyser, Kant a fait un premier pas : il s'est élevé du sens commun à la philosophie. Mais il n'est point sorti des limites d'une philosophie morale populaire, c'est-à-dire qu'il s'est borné à expliquer philosophiquement les jugements que porte le sens commun sur la valeur morale des actions, sans entreprendre encore de ramener les principes de la moralité à leur forme la plus haute et la plus pure, en les considérant à leur source même, dans la raison pure, comme le doit pratiquer une véritable métaphysique des mœurs. Il va donc faire un nouveau pas ; et, comme, dans la première section, il s'est élevé du sens commun à une philosophie morale populaire, dans celle-ci, il va s'élever de cette philosophie morale populaire à la métaphysique des mœurs. Mais auparavant il insiste, ainsi qu'il l'a déjà fait dans la préface, sur la nécessité de chercher la règle des mœurs dans la raison seule, en dehors de toute considération empirique, et, par conséquent, de donner à la science des principes de la morale un caractère tout métaphysique. Comme c'est là une des idées les plus importantes de la philosophie critique, puisque c'est la nature même et la méthode de la science des mœurs qui est en question, Kant ne croit pas pouvoir y trop insister.

En invoquant le sens commun, comme il l'a fait dans la section précédente, il n'a point prétendu traiter le concept de la moralité comme un concept empirique : il en cherchait seulement l'application dans les jugements que portent tous les hommes sur la valeur morale de leurs actions. Mais si, par cet appel au sens-commun, on prétendait prouver que l'idée du devoir détermine réellement, dans certains cas, la volonté humaine, pour fonder sur cette preuve, tirée de l'expérience, la vérité de cette idée, on se tromperait étrangement; car l'expérience est ici tout à fait insuffisante. En effet, comment, par l'expérience, pourrait-on prouver d'une manière absolument certaine que, dans tel cas, la volonté a été exclusivement déterminée par la considération du devoir? Il se peut qu'en m'examinant moi-même, je ne voie pas quel autre motif aurait pu décider ma volonté; mais quelque mouvement de l'amour propre ne s'est-il pas mêlé secrètement au principe rationnel, pour emporter ma résolution? Comment serais-je sûr du contraire? N'aimons-nous pas à nous flatter en attribuant à nos actions une noblesse qu'elles n'ont pas, et les mobiles secrets de nos déterminations ne peuvent-ils pas échapper à l'observation la plus pénétrante? Aussi s'est-il rencontré dans tous les temps des hommes qui, sans révoquer en doute la vérité de l'idée du devoir, ont douté qu'une volonté aussi faible que la nôtre fût jamais déterminée par une idée aussi haute. Sans doute, il vaut mieux penser, pour l'honneur de l'humanité, que les actions humaines n'ont pas toutes pour mobile la passion ou l'intérêt, et que quelques-unes au moins sont uniquement déterminées par la considération du devoir; mais qu'il en soit ainsi en effet, il est impossible de le prouver, et, par conséquent, il est toujours possible d'en douter. C'est donc donner gain de cause à ceux qui tiennent la moralité pour une chimère, que de la vouloir fonder sur l'expérience; car, comme on n'en peut montrer dans l'expérience un seul exemple certain, ils ont le droit de la regarder comme une vaine hypothèse. Il n'y a qu'un moyen de la sauver de ce danger, c'est de montrer qu'elle est absolument indépendante de l'expérience, ayant sa source dans la raison pure, et que, quoi qu'il arrive en fait, ne fût-elle même jamais pratiquée, elle n'en est pas moins une loi pour tous les hommes. Aussi bien la question en morale n'est-elle pas de savoir ce qui est, mais ce qui doit être. D'ailleurs, comment pourrait-on tirer l'idée de la moralité des exemples fournis par l'expérience, quand on ne peut les juger eux-mêmes qu'en les lui comparant? Si nous les considérons et les proposons comme des modèles, c'est que nous les trouvons conformes aux idées de la raison. Le Juste même de l'Évangile ne peut être reconnu pour un modèle qu'après avoir été comparé à ce type de perfection morale que chacun de nous porte en soi, et nous ne concevons Dieu comme le souverain bien que parce que nous avons déjà l'idée de la perfection morale. Loin donc que les exemples expliquent et prouvent l'idée de la moralité, ils la supposent; et, comme dit fort bien Kant[1], « ils ne peuvent servir qu'à encourager, en montrant que ce que la loi ordonne est praticable, et en rendant visible ce que la règle pratique exprime d'une manière générale; mais ils ne peuvent remplacer leur véritable original, qui réside dans la raison, et servir eux-mêmes de règles de conduite. »

[1] Trad. franç., p. 38.

C'est donc uniquement à la raison qu'il faut ici s'adresser. Elle seule en effet peut imposer à la volonté humaine des lois absolues, comme celles qui méritent véritablement notre respect, c'est-à-dire des lois qui ne dépendent pas des circonstances particulières au milieu desquelles nous vivons, ni même des conditions de la nature humaine en général, mais qui, ne relevant que de la raison, ne s'imposent à nous qu'à titre de lois universelles pour les êtres raisonnables. S'il en est ainsi, c'est un devoir pour toute philosophie morale, digne de ce nom, de dégager et d'exposer l'idée de la loi morale dans toute la pureté de son origine, c'est-à-dire de s'appuyer sur une véritable métaphysique des mœurs. Elle en sera peut-être moins populaire ; mais qu'est-ce qu'une popularité achetée au prix de la profondeur et de la solidité ? Il est beau de chercher à donner à la philosophie, singulièrement à la philosophie morale, un caractère populaire ; mais il faut auparavant en assurer les principes avec la plus sévère exactitude, et ce serait tout perdre ici que de sacrifier l'exactitude à la popularité. Et pourtant recueillez les suffrages : combien en trouverez-vous en faveur de la métaphysique des mœurs ? Ou bien parcourez les livres des moralistes : on y parle tantôt de la destination particulière de la nature humaine, tantôt de la perfection, tantôt du bonheur, ici du sentiment moral, là de la crainte de Dieu ; jamais on ne s'avise de se demander si les principes de la moralité doivent être cherchés dans la connaissance de la nature humaine, et, par conséquent, dans l'expérience à laquelle nous la devons, ou bien dans la raison pure, en dehors de tout élément empirique. On ne voit pas qu'il n'y a de fondement solide pour la morale que dans la métaphysique des mœurs, c'est-à-dire dans une science qui considère les lois morales telles qu'elles existent à *priori* dans la raison, et qui les expose et les établit d'abord sous cette forme pure et dégagée de tout élément emprunté à l'expérience, comme en général à tout autre ordre de choses, même à l'anthropologie, sauf à les poursuivre ensuite, à l'aide de cette science expérimentale, dans leurs applications à la nature humaine. Cette manière d'envisager et de traiter les principes de la morale est aussi de la plus haute importance pour la pratique même des devoirs, dont spéculativement elle peut seule nous donner une connaissance exacte ; car le meilleur moyen d'assurer le respect et l'obéissance dus à la loi morale, c'est de la présenter aux hommes dans toute sa pureté [1]. Une morale mixte, qui cherche dans les mobiles de la sensibilité des auxiliaires aux principes purs de la raison pratique, manque le plus souvent son but ; et Kant explique le peu d'influence qu'ont en général les traités de morale par l'oubli de la méthode qu'il recommande et qu'il va mettre en pratique.

Il n'y a rien dans le monde qui ne soit soumis à des lois ; mais les êtres raisonnables ont seuls la faculté d'agir d'après l'idée des lois auxquelles ils sont soumis, ou d'après des principes, c'est-à-dire sont seuls doués de volonté ; et, puisque la volonté est la faculté qu'ont ces êtres de conformer leur conduite à la raison, il suit

---

[1] Nous verrons Kant, plus d'une fois, reprendre et développer l'idée qui est ici indiquée ; c'est pourquoi je n'y insiste pas.

qu'elle n'est autre chose que la raison pratique. Maintenant de deux choses l'une : ou bien, dans un être raisonnable, la volonté est infailliblement conforme à la raison, et alors ce qui est objectivement nécessaire (c'est-à-dire ce que la raison reconnaît comme une loi absolue), l'est aussi subjectivement, puisque la volonté ne peut manquer de le choisir ; ou bien la volonté, soumise à des influences étrangères et contraires à la raison, peut n'être pas toujours et entièrement conforme à ses lois, et alors ce qui est objectivement nécessaire est subjectivement contingent, puisque, s'il doit être fait, il peut ne pas l'être. Dans ce dernier cas, la volonté n'étant pas naturellement conforme à la raison, celle-ci est en quelque sorte forcée de prendre vis-à-vis de celle-là le ton du commandement, c'est-à-dire de lui imposer ses lois comme des ordres, comme des *impératifs*. Tu *dois* agir ainsi ; tel est le langage que parle la raison à une volonté qui n'est point, par sa nature même, nécessairement conforme à ses lois, ou qui n'est point absolument bonne. Supposez au contraire une volonté bonne absolument, comme dans le premier cas, elle n'est pas sans doute au-dessus des lois ; mais, comme elle se conforme naturellement aux lois de la raison, ces lois ne sont pas pour elle des ordres auxquels elle obéit, mais des principes qu'elle suit d'elle-même ; et en ce sens, si elle n'est pas au-dessus des lois, elle est au-dessus du devoir. Il n'y a pas de *devoir* pour un être en qui le *vouloir* est déjà par lui-même nécessairement conforme à la loi. Telle est, par exemple, la volonté divine, comme en général toute volonté sainte. Les impératifs expriment donc le rapport des lois de la raison à une volonté imparfaite, comme la nôtre. Là est l'origine des idées de devoir et d'obligation.

Mais il faut bien distinguer parmi les impératifs.

Tous les impératifs ont pour caractère de prescrire certains actes à la volonté d'un être raisonnable imparfait, et partant ou faillible ou ignorant ; mais, en ordonnant une action, ils la prescrivent, ou bien comme bonne relativement à quelque autre chose, ou bien comme bonne en soi ou absolument. Dans le premier cas, ils sont simplement *hypothétiques* ; dans le second, ils sont *apodictiques*. Les impératifs hypothétiques se subdivisent à leur tour en deux espèces, selon qu'ils ont en vue un but simplement *possible*, ou un but *réel* : ils sont *problématiques*, dans le premier cas ; *assertoriques*, dans le second. Il y a donc trois espèces d'impératifs, dont deux forment une même classe par opposition à la troisième : 1° les impératifs hypothétiques problématiques ; 2° les impératifs hypothétiques assertoriques ; 3° les impératifs catégoriques. Expliquons-en avec Kant la nature et les différences.

1° Tout ce que les forces d'un être raisonnable sont capables de produire peut devenir fin pour quelque volonté, et, par conséquent, il y a un nombre infini de fins possibles. Or les impératifs qui nous enseignent les moyens d'atteindre ces fins sont tous des impératifs hypothétiques, puisqu'ils ne prescrivent les actions que comme bonnes par rapport à certaines fins, sans considérer si ces fins ou ces actions sont bonnes ou mauvaises en soi ; mais s'il ne s'agit que de fins possibles, et non de fins que l'on se propose certainement dans la réalité, ces impératifs sont problématiques. Telles sont toutes les règles qui forment la partie pratique des sciences, où l'on enseigne les moyens à employer pour obtenir tel résultat qu'on pourrait avoir à se proposer, par exemple la règle à suivre pour couper une ligne droite en deux parties égales. Kant appelle encore cette espèce d'impératifs hypothétiques des impératifs de l'*habileté*.

2° Couper une ligne droite en deux parties égales, pour reprendre l'exemple que je viens de citer, voilà un but que je puis avoir à me proposer, mais que peut-être aussi je n'aurai jamais en vue, car c'est là une chose tout à fait problématique ; mais toutes les fins de l'humanité n'ont pas ce caractère. Il en est une dont la poursuite n'est plus simplement pour les hommes une chose possible ou problématique, mais une chose réelle, car elle est un besoin de leur nature ; et cette fin, c'est le bonheur. Tout être raisonnable et sensible en effet tend au bonheur : cela résulte de sa nature même. C'est pourquoi les impératifs qui nous indiquent les moyens d'arriver à ce but sont appelés par Kant des impératifs assertoriques, par opposition aux précédents, qui sont simplement problématiques. Mais ce ne sont toujours que des impératifs hypothétiques, car ils ne représentent les actions, qu'ils prescrivent, que comme bonnes relativement à un but qu'on se propose, le bonheur, et non comme bonnes absolument ; ils ne commandent point par eux-mêmes, mais au nom du bonheur. Kant désigne encore cette dernière espèce d'impératifs hypothétiques sous le nom d'impératifs de la *prudence*.

3° Que l'on suppose maintenant un impératif qui prescrive une certaine action comme étant bonne par elle-même, et non pas relativement à tel ou tel but possible ou réel, et qui, par conséquent, la présente comme étant, je ne dis pas hypothétiquement, mais absolument nécessaire, voilà l'impératif catégorique. C'est l'impératif de la *moralité*.

Aux expressions d'*habileté*, de *prudence* et de *moralité*, qu'il applique à ces trois espèces d'impératifs, Kant ajoute, pour mieux faire ressortir la différence des rapports de ces impératifs à la volonté, celle de *règles* pour la première, de *conseils* pour la seconde, et d'*ordres* ou de *lois* pour la troisième. Enfin, comme il aime à multiplier et à varier les formules, il propose encore d'appeler *techniques* les impératifs de la première espèce; *pragmatiques*, ceux de la seconde; et *moraux*, ceux de la troisième.

Après avoir distingué ces trois espèces d'impératifs, il se pose la question de savoir comment ils sont possibles, c'est-à-dire comment, d'après quelles conditions nous pouvons concevoir, non pas l'exécution des actions qu'ils prescrivent, mais seulement le caractère avec lequel ils se présentent à la volonté. Il va donc les reprendre successivement, pour les examiner à ce point de vue.

1° La possibilité des impératifs de l'habileté ne présente aucune difficulté. Qui veut la fin veut les moyens est une proposition analytique. La connaissance des moyens à employer pour atteindre une certaine fin peut bien supposer des propositions synthétiques; mais que, voulant cette fin, il me faille aussi vouloir ces moyens, c'est là une vérité identique.

2° Si cette fin qu'on appelle le bonheur, et qui est l'objet des impératifs de la prudence, était quelque chose d'aussi bien déterminé que celles que supposent les impératifs de l'habileté, comme, par exemple, celle qui consiste à diviser une ligne droite en deux parties égales, il n'y aurait aucune différence entre ces deux espèces d'impératifs. Mais lorsque vous dites à quelqu'un : si vous voulez être heureux, il faut que vous fassiez ceci ou cela, pensez-vous parler avec autant d'exactitude qu'en lui disant : si vous voulez diviser une ligne en deux parties égales, il vous faut, des deux extrémités de cette ligne, décrire deux arcs de cercle? Non sans doute, et pourquoi? C'est que les éléments et les conditions du bonheur sont chose relative et variable, et que le bonheur est lui-même, comme dit Kant, un maximum qu'il nous est impossible d'atteindre; car il suppose la satisfaction complète et durable de tous les penchants de notre nature, sans parler de tout ce que l'imagination peut encore rêver au delà. Chercher à déterminer d'une manière certaine et universelle la conduite qui peut assurer le bonheur est, selon Kant, un problème insoluble[1]. Aussi les impératifs de la prudence sont-ils plutôt des conseils que des ordres. Par là ils se distinguent de ceux de l'habileté. Toutefois ces deux sortes d'impératifs ont ce caractère commun, d'indiquer à ceux qui veulent atteindre certaines fins les moyens à employer pour y arriver,

---

[1] Il faut lire la belle page que Kant a écrite sur ce sujet. Voy. Trad. franç., p. 55.

et c'est pourquoi nous concevons sans aucune difficulté comment ils sont possibles : étant supposée ou donnée telle ou telle fin, il faut bien que la volonté qui veut cette fin veuille aussi les moyens qui y conduisent.

3° Mais on ne peut concevoir de la même manière l'impératif de la moralité; car il n'est pas hypothétique, mais catégorique. Il ne dit pas : si tu veux conserver ta réputation et ton crédit, il faut agir ainsi; mais : voici ce que tu dois faire, quoi que tu puisses d'ailleurs désirer. Or comment un tel ordre est-il possible? Kant rappelle ce qu'il a déjà dit au commencement de cette section, qu'il ne s'agit pas de prouver que la volonté est en effet, dans certains cas, uniquement déterminée par ce principe, et il répète qu'il tient d'ailleurs une telle démonstration pour impossible. Ce n'est donc pas à l'expérience qu'il faut ici s'adresser. Nous concevons l'impératif de la moralité comme une loi *à priori;* et seul, entre tous les impératifs, il a le caractère d'une loi pratique ou d'un commandement absolu, tandis que les autres étant conditionnels, on peut toujours s'affranchir du précepte en renonçant au but. Or la question de savoir comment est possible un impératif absolu est aux yeux de Kant une question fort difficile. En effet cet impératif est une proposition synthétique *à priori*, et l'on sait combien la critique de la raison pure a eu de peine à découvrir comment sont possibles, dans la connaissance spéculative, des propositions de cette espèce. Le problème ne doit pas être ici moins embarrassant. Aussi Kant n'entreprend-il pas encore de le résoudre; il va d'abord chercher si le concept même d'un impératif catégorique ne donne pas en même temps une formule qui contienne la seule proposition capable de l'exprimer.

Il faut agir ainsi, non parce que cela est nécessaire relativement à tel ou tel but, mais parce que cela est une loi, c'est-à-dire un principe universel ; voilà comment parle l'impératif catégorique. Son titre à nos yeux est donc sa forme même de loi. C'est là qu'il puise la nécessité avec laquelle il s'impose à nous, et c'est par là aussi que nous pouvons le reconnaître. D'où Kant déduit cette formule, que nous avons déjà rencontrée dans la première section [1] : « Agis toujours de telle sorte que tu puisses vouloir que ta maxime devienne une loi universelle. » Toute action ou toute maxime qui pourra revêtir cette forme s'accordera avec l'impératif catégorique, puisque cette forme en est le caractère distinctif ; par la même raison, toute action ou toute maxime qui résistera à cette épreuve sera contraire à cet impératif. Par conséquent, en agissant toujours de telle façon que nous puissions ériger nos maximes en lois universelles, nous agirons toujours selon l'impératif catégorique, dont le caractère essentiel est l'universalité, et qui ne commande qu'à ce titre ; c'est ce qu'exprime la formule.

Maintenant, comme le mot nature, pris dans son sens le plus général, signifie un ordre de choses fondé sur des lois universelles, on peut modifier la formule précédente de cette manière : agis toujours comme si la maxime de ton action devait être érigée par ta vo-

---

[1] Voy. plus haut p. 17-18.

lonté en une loi universelle de la nature. Nous concevons en effet l'impératif catégorique comme la loi d'un ordre de choses qu'il appartient à notre volonté de réaliser.

Kant applique cette formule aux diverses espèces de devoirs que distinguent les moralistes, afin de montrer qu'elle suffit à les expliquer toutes.

On divise ordinairement les devoirs de l'homme en devoirs envers soi-même et devoirs envers autrui ; et, dans chacune de ces deux classes, on en distingue de deux sortes, les uns stricts ou parfaits, les autres larges ou imparfaits. Or la formule proposée s'applique à tous ces devoirs, en maintenant cette distinction ; en sorte qu'elle peut servir comme d'un criterium pour reconnaître si une chose est conforme ou contraire au devoir, et si au devoir parfait ou au devoir imparfait. Voulez-vous savoir s'il est contraire au devoir envers soi-même d'attenter à sa vie? demandez-vous si vous pouvez considérer comme une loi universelle de la nature la maxime qui dicterait le suicide. Vous ne le pouvez; même il y a là une impossibilité absolue, car une nature dont cette maxime serait la loi ne saurait subsister. Donc le suicide est contraire au devoir; et, puisque nous ne pouvons absolument concevoir une nature dont il serait la loi, il est contraire au devoir parfait. — D'un autre côté, veut-on savoir s'il est contraire au devoir envers soi-même de négliger les facultés et les talents qu'on a reçus de la nature? Qu'on se fasse cette question : pouvons-nous considérer cette négligence comme une loi universelle de la nature? Non sans doute, car comment cette même nature, qui nous a donné ces facultés et ces talents pour toutes sortes de fins, aurait-elle pour loi de les laisser perdre? Cette maxime de l'indolence ou de la paresse est donc aussi contraire au devoir. Mais, s'il nous est impossible de l'ériger en une loi universelle de la nature, il n'est pourtant pas absolument contradictoire de supposer une nature dont elle serait la loi ; car cette loi n'aurait pas pour effet, comme la précédente, de détruire cette nature même, et celle-ci à la rigueur pourrait encore subsister. Aussi le devoir est-il ici simplement large ou imparfait. — Il en est de même à l'égard des devoirs envers autrui. Est-il contraire au devoir envers les autres hommes de contracter des engagements qu'on a l'intention de ne pas tenir? Cette question revient à celle-ci : peut-on ériger en une loi universelle de la nature cette maxime, que chacun peut, pour se tirer d'embarras, faire des promesses mensongères ? Or cela est absolument impossible, car dans un ordre de choses où chacun pourrait tromper les autres à son gré, les promesses ne signifieraient plus rien. Manquer à sa parole est donc contraire au devoir, et même au devoir parfait. — Enfin est-il contraire au devoir envers les autres hommes de ne pas les aider, lorsqu'ils sont dans le besoin? Demandez-vous si vous consentiriez à faire partie d'un ordre de choses où régnerait comme une loi universelle de la nature cette maxime qui consisterait à s'abstenir de tout acte de bienfaisance. Vous n'y sauriez consentir, car ce serait vous priver volontairement vous-même des secours dont vous pourriez avoir besoin. Il est donc contraire au devoir de ne pas soulager la misère d'autrui. Mais, ici comme tout à l'heure, s'il nous est impossible d'ériger notre maxime en une loi universelle de la nature, nous pouvons concevoir à la rigueur un ordre de choses dont elle serait la loi naturelle ; car, dans cette hypothèse, l'existence du genre humain ne serait pas précisément compromise, et c'est pourquoi, ici encore, le devoir est large ou imparfait.

On le voit donc, la formule s'applique à tous les devoirs, et elle sert à distinguer les devoirs imparfaits et les devoirs parfaits. Il faut qu'on puisse vouloir que la maxime de l'action soit une loi universelle, voilà le canon, comme dit Kant, d'après lequel nous apprécions la valeur morale des actions. Toute action ou toute maxime que nous ne pouvons ériger en une loi universelle de la nature est contraire au devoir. Si cette impossibilité est absolue, c'est-à-dire s'il est absolument contradictoire de supposer une nature dont cette maxime serait la loi, la maxime ou l'action est contraire au devoir parfait; mais, s'il est possible à la rigueur de concevoir une telle nature, quoique nous ne puissions consentir à en faire partie, l'action ou la maxime est alors simplement contraire au devoir imparfait.

Cette règle est si profondément gravée dans nos âmes que nous ne la perdons pas de vue, alors même que nous manquons à notre devoir. Tout en nous permettant certains écarts, nous serions bien fâchés que chacun en fît autant, c'est-à-dire que notre conduite devînt la loi universelle de l'ordre de choses dont nous faisons partie. C'est une exception que nous nous permettons pour cette fois, et qui nous semble de peu d'importance. Mais la raison relève cette contradiction de notre volonté, que nous dissimulent nos penchants et nos passions, et dont nous faisons une sorte de compromis.

Kant a établi que seul l'impératif catégorique s'accorde avec l'idée du devoir, et il vient d'en donner une formule qui contient le principe de tous les devoirs. Mais il reste toujours à prouver que cet impératif et le devoir qu'il exprime sont quelque chose de réel. Il ne se lasse point de répéter que, comme il s'agit ici d'une loi pratique absolue, on n'en peut chercher l'origine dans la constitution particulière de la nature humaine, c'est-à-dire dans les penchants ou dans les sentiments dont nous sommes doués, ou même dans certaines conditions qui seraient propres à notre raison et ne s'appliqueraient pas également à tous les êtres raisonnables. La philosophie, ajoute-t-il, se trouve ici dans cette position difficile, que, cherchant un point d'appui solide, elle ne peut le prendre ni dans le ciel ni sur la terre. Se place-t-elle dans la sensibilité ou dans l'expérience, elle ruine d'avance ce qu'elle veut établir. Bien loin qu'elle puisse le chercher dans cet ordre de choses, il faut qu'elle s'en dégage absolument : Kant ne se lasse pas non plus de répéter que l'autorité du devoir et la dignité de la vertu n'apparaissent dans tout leur jour qu'à qui les considère indépendamment de tout accompagnement étranger. Encore une fois, c'est à la raison, et à la raison seule, qu'il faut demander le fondement de l'impératif catégorique, car cet impératif a pour caractère d'être une loi objectivement pratique, c'est-à-dire une loi qui commande à la volonté à ce titre seul qu'elle est une loi de la raison, et qui ne s'appuie, par conséquent, sur aucun élément subjectif ou empirique. Kant rappelle sans cesse cette condition capitale, hors de laquelle il n'y a point de salut pour la morale. Partant de là, mais sans prétendre résoudre encore le problème qu'il a soulevé, il va maintenant examiner sous un nouveau point de vue l'impératif catégorique et son rapport à la volonté; ce qui le conduira à une nouvelle formule de cet impératif.

L'idée de volonté emporte celle de but ou de fin. Mais il ne faut pas confondre les fins subjectives avec les fins objectives : les premières sont déterminées par la nature particulière du sujet, et, par conséquent, elles ne sont jamais que relatives : cela est une fin pour moi, mais peut ne pas l'être pour vous; les secondes au contraire sont données par la raison seule, et, par conséquent, elles doivent être les mêmes pour tous les êtres raisonnables. Celles-là ne peuvent donner lieu qu'à des impératifs hypothétiques; celles-ci seules peuvent fonder des impératifs catégoriques, ou des lois pratiques. Mais y a-t-il quelque chose qui ait en soi une valeur absolue, et qui, par conséquent, puisse être considérée comme une fin en soi? Car c'est à cette seule condition qu'il pourra y avoir des impératifs catégoriques, ou des lois pratiques. Or l'existence même des êtres raisonnables, et, par conséquent, de l'homme, a ce caractère. En effet elle ne tire pas son prix de l'utilité que nous pouvons en retirer, et nous ne saurions la considérer comme un moyen dont il nous serait permis d'user à notre gré, ainsi que nous faisons des *choses*; mais elle a une valeur, qui ne relève que d'elle-même, et, par conséquent, elle est en soi une fin qu'on ne peut subordonner à aucune autre et rabaisser au rang de moyen. Tel sera donc le fondement de l'impératif catégorique, s'il y a un impératif catégorique. Kant le pose en ces termes : *la nature raisonnable existe comme une fin en soi*, et il tire de là une nouvelle formule de l'impératif catégorique : agis de telle sorte que tu traites toujours l'humanité, soit dans ta personne, soit dans la personne d'autrui, comme une fin, et que tu ne t'en serves jamais comme d'un simple moyen. Il applique cette nouvelle formule aux devoirs sur lesquels il a déjà vérifié la première. Attenter à sa vie pour sortir d'un état pénible est contraire au devoir envers soi-même, car celui qui se tue use de sa personne comme d'un moyen, et oublie le respect qu'il doit à sa dignité d'homme ou à sa qualité d'être raisonnable; et, comme le suicide est une atteinte portée à la conservation même de l'humanité qui réside en nous, il est contraire au devoir strict envers soi-même; — négliger les dispositions qui nous rendent propres à une perfection plus grande n'est pas sans doute porter atteinte à la conservation de l'humanité qui est en nous, mais c'est lui enlever les moyens d'accomplir sa fin; c'est, par conséquent, lui refuser une partie du respect qui lui est dû, et c'est pourquoi, si ce n'est pas un devoir strict envers soi-même de cultiver les dispositions dont on est doué, c'est du moins un devoir. — Faire de fausses promesses est contraire au devoir strict envers autrui, car c'est se jouer du respect que l'on doit aux hommes, en leur faisant jouer le rôle de dupes et par là celui d'instruments. — Enfin s'abstenir de contribuer au bonheur d'autrui n'est pas à la vérité porter une atteinte positive à l'humanité, car celle-ci pourrait encore subsister, alors même que chacun s'abstiendrait de travailler au bonheur des autres, pourvu qu'il s'abstînt aussi de leur nuire; mais cette conduite ne peut s'accorder avec l'idée de l'humanité, car pour l'humanité le bonheur aussi est une fin, et chacun de nous doit aider autant que possible les autres hommes à l'atteindre; cela est au moins un devoir large.

Kant critique ici en passant[1] ce précepte dont on a voulu faire la formule universelle de nos devoirs : ne faites pas à autrui ce que vous ne voudriez pas qu'on vous fît. D'abord on ne peut l'invoquer comme un principe; car il a besoin lui-même d'un principe qui lui serve de fondement et auquel il emprunte son autorité, et ce principe est précisément celui qu'on vient d'indiquer. Ensuite on ne saurait en faire la formule universelle de nos devoirs : en effet il ne s'applique ni aux devoirs envers soi-même, car il ne concerne que notre conduite envers autrui; ni aux devoirs de bienfaisance envers nos semblables, car il y a bien des gens qui renonceraient volontiers à la bienfaisance des autres, pour être dispensés d'en témoigner à leur tour; ni enfin à tous les devoirs stricts des hommes entre eux, car un criminel pourrait tirer de ce principe un argument contre le juge qui le punirait.

[1] Dans une note, p. 72.

Notre philosophe nous a déjà donné deux formules de l'impératif catégorique. Il en ajoute maintenant une troisième, qui le présente encore sous un nouveau point de vue. La première en plaçait le principe dans l'idée d'un ordre naturel constitué par des lois universelles; et la seconde, dans celle de l'être raisonnable, considéré comme une fin en soi, ou comme ne devant jamais servir de moyen à une volonté raisonnable. La troisième le place dans l'idée même de la volonté raisonnable, conçue comme dictant par ses maximes des lois universelles. D'après cette nouvelle formule, nous concevons la volonté de tout être raisonnable comme se donnant à elle-même sa loi, laquelle est en même temps universelle, et comme n'étant soumise à cette loi qu'à ce titre qu'elle-même en est l'auteur. Ici encore Kant n'a point la prétention de résoudre le fatal problème qu'il a posé, c'est-à-dire de démontrer la réalité de l'impératif catégorique : il veut seulement par cette dernière formule faire particulièrement ressortir cette exclusion de tout intérêt qui est le caractère propre de l'impératif catégorique et de toute volonté conforme à cet impératif, et que les précédentes formules supposaient sans doute, mais n'indiquaient pas suffisamment. Ce caractère apparaît ici dans tout son jour. En effet, si l'on conçoit simplement la volonté comme dépendante d'une certaine loi, qui lui est étrangère, il faut supposer en même temps un intérêt qui l'attache à l'accomplissement de cette loi; mais, si la loi universelle à laquelle elle se reconnaît soumise n'est autre chose que sa propre loi, la loi de la volonté raisonnable, cette loi et la volonté qui s'y conforme doivent être par cela même dégagées de tout intérêt, car autrement ce ne serait plus à sa propre loi, mais à quelque chose d'étranger qu'obéirait la volonté. Tel est donc encore le caractère de l'impératif catégorique, que la volonté de l'être raisonnable y reconnaît une loi qui lui est propre, en même temps qu'elle est universelle. C'est ce que Kant exprime en disant que cet impératif a son principe dans l'*autonomie* de la volonté. Nous rencontrons pour la première fois cette expression et celle d'*hétéronomie*, qui jouent un grand rôle dans la morale kantienne; nous les retrouverons souvent, soit dans la *Critique de la raison pratique,* soit dans cet ouvrage même; et, tout à l'heure, nous verrons comment, tandis qu'il place dans l'autonomie de la volonté le vrai fondement de la moralité, il rattache à l'hétéronomie tous les principes sur lesquels on a essayé vainement de la fonder. Déjà il nous montre ici la cause qui a égaré les moralistes dans leur recherche du principe suprême de tout devoir : ils ont vu l'homme lié par son devoir à des lois, mais ils n'ont pas vu que la volonté, en reconnaissant ces lois, ne fait que reconnaître sa propre législation; et, cherchant en dehors de la volonté le principe des lois morales et du devoir, il leur a fallu chercher aussi un intérêt qui y liât la volonté, ce qui est contraire à l'idée même du devoir. Mais, avant d'entreprendre l'examen et la réfutation des faux principes auxquels les a conduits cette fausse méthode, Kant veut épuiser l'analyse à laquelle il soumet l'idée de l'impératif catégorique, en le considérant sous tous les points de vue possibles.

En combinant les deux précédentes formules, il arrive à un nouveau concept, à celui d'un *règne de fins*[1]. D'après la troisième formule, ou suivant cette manière d'envisager les êtres raisonnables, qui consiste à considérer leur volonté comme tirant d'elle-même sa propre législation, laquelle en même temps doit être universelle, ils forment un ensemble d'êtres liés par des lois qui sont à la fois propres à chacun et communes à tous, ou, selon l'expression de Kant, un *règne*; et, puisque, suivant la seconde formule, ces êtres sont des fins en soi, c'est-à-dire ont une valeur absolue, qui ne permet pas qu'on les considère et qu'on les traite comme de simples moyens, le règne qu'ils constituent est un règne de fins. Ce règne n'est à la vérité qu'un idéal : en effet, j'aurais beau suivre fidèlement les maximes de l'impératif catégorique, je ne puis espérer pour cela que les autres hommes agiront comme moi, et qu'en outre le règne de la nature s'accordera avec celui des fins, de telle sorte que chacun des membres de celui-ci trouve dans celui-là le bonheur dont il est digne, car il ne faut pas oublier cette considération, sans laquelle l'idée d'un règne de fins serait incomplète. Mais l'impératif catégorique ne m'ordonne pas moins d'agir comme si ce règne devait être réalisé par ma volonté, ou de tendre à le réaliser autant qu'il est en moi. Supposons que ce règne ne soit pas une pure idée, et que, sous l'empire d'un législateur et d'une cause suprême, celui de la nature y concorde merveilleusement : il y aura un mo-

---

[1] Cette expression paraîtra sans doute un peu bizarre; mais elle appartient à Kant, et il faut bien l'accepter.

bile puissant ajouté à cette idée; mais la valeur absolue n'en sera nullement augmentée : car il y a là une loi que la raison impose à la volonté, indépendamment de toutes les conséquences; et cette loi, ou la conduite désintéressée qu'elle nous prescrit, peut seule nous donner une valeur absolue à nos propres yeux, comme aux yeux de Dieu, qui ne peut nous juger avec une autre mesure. Maintenant, dans ce règne idéal que nous fait concevoir et où nous place l'impératif catégorique, tous les êtres raisonnables n'occupent pas le même rang. Celui-là seul y peut être considéré comme chef, en qui la volonté est par sa nature même nécessairement conforme à la loi. Or telle n'est pas notre condition, à nous autres hommes; car notre volonté dépend aussi de la sensibilité, qui apporte des obstacles à l'accomplissement de la loi; en sorte que celle-ci, pour se faire obéir, a besoin de prendre le ton du commandement, et c'est ce qu'exprime précisément le mot devoir [1]. Nous ne sommes donc pas des chefs dans le règne des fins : car il faudrait pour cela que, sans être au-dessus de la loi même, nous fussions au-dessus du devoir; nous ne sommes que des membres inférieurs [2]. Mais aussi ne sommes-nous point des esclaves courbés sous une loi étrangère : car la loi à laquelle notre volonté est soumise, notre volonté la tire d'elle-même, ou cette loi est celle de toute volonté raisonnable. En ce sens, chacun de nous, en tant qu'il possède une volonté raisonnable, peut être considéré

---

[1] Voy. plus haut, p. 26.
[2] On retrouvera la même idée fort éloquemment exprimée dans un beau passage de la *Critique de la raison pratique*, p. 262-263.

comme un membre législateur dans le règne des fins ; et c'est précisément ce privilége qu'a l'être raisonnable de n'obéir qu'à sa propre loi, qui fait sa dignité, et lui donne une valeur absolue ou le caractère d'une fin en soi. Le concept du devoir, en nous représentant notre volonté soumise à une loi qui commande, nous montre donc la dignité de notre nature, puisque cette loi, à laquelle nous nous voyons soumis, n'est autre que celle que nous nous donnons à nous-mêmes en qualité d'êtres raisonnables, et puisque nous n'y sommes soumis qu'à ce titre. C'est là aussi ce qui nous rend dignes de respect; car ce mot désigne précisément l'estime qu'il nous faut faire de la valeur absolue que communique seule à la personne l'autonomie de la volonté. Toutes les autres qualités, l'habileté et l'ardeur dans le travail, ou l'esprit, la vivacité d'imagination, l'enjouement, tirent leur valeur soit des avantages qu'elles procurent, soit de certaines dispositions subjectives, d'un certain goût, qui nous les fait accueillir favorablement [1]; seule, la volonté autonome tire sa valeur d'elle-même, c'est-à-dire de ses intentions ou de ses maximes, indépendamment des avantages qu'on peut obtenir et des affections particulières du sujet, et, par conséquent, seule elle a une valeur absolue et mérite notre respect.

Voilà donc Kant ramené, comme il le fait remarquer lui-même, à son point de départ, c'est-à-dire à l'idée d'une volonté absolument bonne. C'est que cette idée

---

[1] Dans le premier cas, elles ont ce que Kant appelle un *prix vénal*, *Marckpreis*; dans le second, un prix d'affection, *Affectionspreis*. Trad. franç., p. 80).

est renfermée dans celle d'un impératif catégorique, ou que cet impératif n'est autre que la loi d'une volonté bonne absolument, et non point relativement à tel ou tel effet. Aussi les formules qu'il a données de l'impératif catégorique s'appliquent-elles parfaitement à l'idée d'une volonté absolument bonne [1].

Il suit de ce qui précède que, si l'on admet l'idée d'une bonne volonté, ou, ce qui revient au même, celle de l'impératif catégorique, on n'en peut chercher le fondement que dans l'autonomie de la volonté. Kant continue d'ailleurs de laisser indécise la question de la réalité objective de ces idées, c'est-à-dire la question de savoir s'il y a, oui ou non, un impératif catégorique ; il veut seulement montrer par l'analyse du concept

[1] Kant rapproche ces formules, qui ne sont que trois manières différentes de se représenter un seul et même principe : l'impératif catégorique ; la première regarde particulièrement la forme de nos maximes en exigeant d'elles le caractère de l'universalité ; la seconde se rapporte spécialement à leur matière, en leur prescrivant de subordonner toutes les fins particulières et relatives à une fin universelle et absolue ; la troisième, enfin, fait de ces maximes et des êtres raisonnables un système complet, en considérant chacun d'eux comme participant à la législation universelle, et, par là, comme membre d'un règne de fins, purement idéal à la vérité, mais que chacun doit s'efforcer de réaliser autant qu'il est en lui. Il établit en outre, entre les formules précédentes et ses catégories d'unité, de pluralité et de totalité, un rapprochement subtil et forcé, qu'il est inutile de rappeler (voyez Trad. franç., p. 83). Mais il faut remarquer qu'en faisant passer l'impératif catégorique par ces trois formules, il prétend le rapprocher autant que possible de l'intuition ; et c'est pourquoi il veut que l'on considère le règne des fins, qui est purement idéal, comme un règne de la nature, ou comme si c'était un objet réel d'intuition. Il recommande d'ailleurs la première formule comme la plus simple et la plus commode, lorsqu'il s'agit de déterminer la valeur morale d'une action.

d'un impératif de ce genre que ce concept revient à celui de l'autonomie de la volonté, et que, comme il n'y a que l'impératif catégorique qui puisse avoir le caractère d'une loi morale, il n'y a que l'autonomie de la volonté qui puisse servir de principe suprême à la moralité, ou que l'hétéronomie est la source de tous les faux principes sur lesquels on pourrait essayer de la fonder. Si vous me dites : il ne faut pas mentir, quand même le mensonge ne vous ferait pas le plus léger tort, parce que la volonté ne peut sans contradiction considérer le mensonge comme sa loi ; voilà bien une loi que la volonté tire d'elle-même ou de sa qualité de volonté raisonnable : c'est la loi d'une volonté autonome. Au contraire, si vous me dites : il ne faut pas mentir, afin de ne pas perdre votre réputation et les avantages qui accompagnent une bonne renommée ; je ne vois plus là que la loi d'une volonté qui fonde ses maximes ou sa conduite sur l'espoir de certains avantages ou la crainte de certains inconvénients, en un mot, la loi d'une volonté hétéronome. La première seule peut être imposée à titre d'impératif catégorique, et considérée comme une loi morale. Mais, pour qu'une loi soit hétéronome, il n'est pas nécessaire qu'elle soit entièrement empirique, comme celle que nous venons de prendre pour exemple ; elle peut aussi être fondée sur un principe de la raison, comme l'idée de Dieu ou celle de la perfection : dès que le principe sur lequel elle se fonde est autre que celui de l'autonomie de la volonté, il faut, pour lui donner de l'autorité et de l'influence sur la volonté, avoir recours à quelque intérêt empirique ; en sorte qu'on retombe précisément dans le défaut qu'on veut éviter, et qu'on manque toujours le but qu'on veut atteindre.

Du haut de cette doctrine, Kant examine les divers principes d'où l'on a cru faussement, selon lui, pouvoir tirer la moralité, et il prétend en démontrer la fausseté, en les rattachant à l'hétéronomie de la volonté. Il les divise en deux classes : les principes empiriques et les principes rationnels ; et il rattache à la première, le sentiment physique et le sentiment moral; à la seconde, l'idée de la perfection et celle de la volonté de Dieu. Nous retrouverons ce tableau et cet examen dans la *Critique de la raison pratique*[1] ; notons, en attendant, ce que nous trouvons ici.

D'abord on ne peut en général fonder les lois morales sur de principes empiriques ; car de principes empiriques on ne saurait tirer des lois universelles et nécessaires absolument. Tous les principes empiriques sont donc également impuissants à servir de fondement à la morale. Mais des deux sortes de principes empiriques sur lesquels certains philosophes ont voulu la fonder, savoir le principe du bonheur personnel et celui du sentiment moral, c'est le premier qui est le plus mauvais. En effet la moralité et la recherche du bonheur sont deux choses entièrement différentes, souvent mêmes opposées; et n'est-ce pas dégrader étrangement la moralité que de ranger dans la même classe les mobiles de la vertu et ceux du vice, et de ne reconnaître d'autre différence entre l'honnête homme et le scélérat, sinon que le premier entend et calcule

[1] Voyez le tableau tracé par Kant dans cet ouvrage. Trad. franç., p. 191.

mieux son intérêt que le second? Le sentiment moral ne peut fonder davantage des lois universelles, et fournir à tous une égale mesure du bien et du mal ; mais ceux qui l'invoquent ont au moins le mérite de rendre une sorte d'hommage à la vertu, en lui attribuant un sentiment spécial et immédiat, et en n'osant lui dire en face, suivant les ingénieuses paroles de Kant, que ce n'est pas sa beauté, mais notre avantage qui nous attache à elle.

Quant aux principes rationnels, invoqués par d'autres moralistes, savoir le concept de la perfection et celui de la volonté divine, ils ne peuvent non plus, selon notre philosophe, fonder l'impératif catégorique et la moralité ; mais il préfère le premier au second. C'est que, si le premier a le défaut d'être vague et inutile, et si ceux qui l'adoptent sont condamnés à tourner dans un cercle, lorsqu'ils veulent déterminer l'espèce de perfection qui constitue la moralité; ceux qui admettent le second sont conduits, pour éviter un cercle du même genre, à placer la règle des mœurs dans l'idée d'une volonté souveraine, jalouse et vindicative, et par là à ruiner la moralité même. Quelle est en effet cette moralité, que détermine la crainte d'une puissance supérieure et des châtiments dont elle nous menace, ou l'espoir des récompenses qu'elle nous promet?

Après avoir ainsi marqué sa préférence dans chacune des deux classes de faux principes qu'il passe en revue, Kant rapproche les deux qui lui ont paru les moins dangereux, le sentiment moral et le concept de la perfection; et il déclare que, s'il était réduit à choisir entre l'un et l'autre, il se prononcerait en faveur du dernier, parce que celui-ci a l'avantage de ne point laisser à la sensibilité le soin de décider la question, et que, s'il est lui-même indéterminé et stérile, du moins il ne rend pas radicalement impossible la vraie solution du problème.

Mais le défaut commun de tous ces principes, empiriques ou rationnels, c'est d'être hétéronomes; et c'est pour cela qu'ils ne peuvent fournir à la volonté des lois universelles et absolues. L'autonomie de la volonté réside, on l'a vu, dans la propriété qu'a cette faculté de se donner à elle-même sa loi, indépendamment de toute influence étrangère. Une volonté autonome tire ses lois d'elle-même, non des objets; et c'est pourquoi elles sont universelles, car elles doivent être les mêmes pour toutes les volontés raisonnables, et absolues, car elles sont nécessaires par elles-mêmes. Une volonté hétéronome au contraire reçoit ses lois des objets, non d'elle-même; et c'est pourquoi elles ne sont pas nécessairement universelles, car les objets peuvent agir diversement sur la volonté, et leur nécessité n'est pas absolue, car elle est relative ou hypothétique. Or tels sont précisément le fondement et les caractères que Kant assigne aux principes indiqués tout à l'heure. En effet, si je dis qu'il faut agir ainsi, parce que cela est avantageux, ou parce que cela est conforme au sentiment moral : ce n'est point là une loi que la volonté raisonnable tire d'elle-même, mais de cette circonstance qu'elle est affectée de telle ou telle manière, soit par un sentiment physique, soit par un sentiment moral. Aussi cette loi n'est-elle point nécessairement universelle ou nécessaire absolument. J'agirai ainsi, si j'éprouve tel sentiment ou tel désir, et si je veux le satisfaire. Quant aux autres principes, ils ont beau être rationnels, ils ne s'en rattachent pas moins à l'hétéronomie de la volonté, et, malgré leur origine, n'en retombent pas moins au rang des principes empiriques. En effet, à moins de les résoudre eux-mêmes dans le principe de l'autonomie, ce qui serait renoncer à y placer le fondement des lois morales, il faut chercher dans la nature du sujet quelque cause particulière, quelque sentiment, quelque inclination ou quelque crainte, qui lui fasse désirer et poursuivre l'objet qu'on lui propose ; et par là on retourne à l'empirisme, qui ne donne que des règles particulières et contingentes. Il faut donc conclure que l'autonomie de la volonté est l'unique fondement de la loi morale ou de l'impératif catégorique.

On n'a point oublié que Kant n'a pas eu jusqu'ici la prétention d'affirmer et de prouver la réalité d'un impératif de ce genre, ou de montrer comment est possible et nécessaire une proposition synthétique *à priori*, telle que celle qui l'exprime. Il s'est borné à en analyser le concept ; et l'analyse de ce concept l'a conduit à celui de l'autonomie de la volonté, qui seul peut lui servir de fondement. Mais la question de savoir si le premier est vrai et avec lui celui même auquel on le rattache, cette question subsiste toujours. Or, pour la résoudre, ou, en d'autres termes, pour savoir comment est possible une proposition synthétique *à priori*, comme celle qui exprime l'impératif catégorique, il faut sortir de l'analyse de ce concept et entrer dans l'examen même de la raison pure pratique. De là le titre de la section, à laquelle nous arrivons maintenant : *Passage de la métaphysique des mœurs à la Critique de la raison pratique.*

III.

Dans la section précédente Kant a ramené le concept de la loi morale ou de l'impératif catégorique à celui de l'autonomie de la volonté. Cette idée à son tour le conduit à celle de la liberté. La liberté est la propriété qu'aurait la causalité d'un être raisonnable, c'est-à-dire la volonté, d'agir indépendamment de toute cause déterminante étrangère, de même que la nécessité physique ou naturelle est la propriété qu'a la causalité de tous les êtres privés de raison d'être déterminée par l'influence des causes étrangères. Cette définition de la liberté est négative ; mais elle conduit à un concept positif, et par là nous ramène au concept de l'autonomie. En effet, comme le concept de la causalité emporte nécessairement celui de lois, d'après lesquelles quelque chose que nous nommons effet doit être produit par quelque chose que nous nommons cause, il suit que, si une volonté libre est indépendante des lois de la nature, elle ne peut être indépendante de toute espèce de lois, et que, à moins d'être un non-sens, la volonté libre doit aussi avoir ses lois. Et comme, d'un autre côté, ces lois ne lui peuvent être imposées par quelque cause étrangère, puisqu'alors elle cesserait d'être libre, il faut qu'elle les tire d'elle-même, ce qui est précisément le caractère de l'autonomie. En sorte que la liberté et l'autonomie de la volonté sont une seule et même chose. Maintenant, puisque le principe d'une volonté autonome est de n'agir jamais que d'après des maximes qui puissent être érigées en lois universelles, et que telle est la formule de l'impératif catégorique ou de la loi morale, il suit qu'une volonté libre et une volonté soumise à la loi morale sont choses identiques. Il suffit donc, d'après cela, d'analyser le concept de la liberté, pour en tirer celui de la moralité et de son principe. Mais reste toujours la question de savoir comment est possible le concept même de la loi morale ou de l'impératif catégorique. On vient de le ramener à celui de la liberté ; mais d'abord celui-ci est-il réel, car on n'a fait jusqu'ici que le supposer; et puis, comment, par quel moyen nous découvre-t-il la possibilité de l'impératif catégorique ?

Or Kant n'admet pas qu'on puisse prouver *à posteriori* l'existence de la liberté, et il prétend d'ailleurs que, fût-elle possible, une telle preuve serait insuffisante. Ce ne serait pas assez de prouver que ma volonté est libre et de conclure l'existence de la liberté dans l'homme de quelques expériences que je prétendrais avoir faites sur la nature humaine; il faut établir que cette faculté doit être conçue comme inhérente à la volonté de tout être raisonnable; car sans liberté point de loi morale possible, et la loi morale est la loi de tous les êtres raisonnables. Or il faut reconnaître que la liberté doit être la propriété de toute volonté raisonnable. Supposez en effet que la volonté d'un être raisonnable soit uniquement déterminée par des causes étrangères, elle n'agira plus dès-lors à titre de volonté raisonnable : elle ne peut conserver ce caractère qu'autant qu'elle puise en elle-même, c'est-à-dire dans la raison, la cause de ses déterminations, ou, en d'autres termes, qu'autant qu'elle est libre. Par conséquent, il est impossible d'admettre un être doué de raison et de volonté, sans le supposer libre. A la vérité, cette liberté reste toujours pour nous quelque chose de transcendant, c'est-à-dire d'inaccessible à la raison spéculative ; mais, si elle ne contient d'ailleurs rien d'impossible aux yeux de celle-ci, elle est suffisamment établie au point de vue pratique, dès que nous sommes forcés de la supposer dans les êtres raisonnables pour concevoir leur volonté, ou dès que nous ne pouvons nous concevoir nous-mêmes agissant en qualité d'êtres raisonnables qu'en nous supposant libres. En effet les mêmes lois qui obligeraient un être dont la liberté serait théoriquement reconnue et démontrée, obligent également celui qui ne peut agir en qualité d'être raisonnable qu'en se supposant libre ; et celui qui ne peut agir en cette qualité qu'à la condition de se supposer libre l'est par ce fait même, sa liberté restât-elle à jamais impénétrable en soi.

Mais a-t-on démontré ainsi la réalité de la loi morale? Il résulte de ce qui précède que je ne puis me concevoir soumis à cette loi sans me supposer libre ; mais pourquoi dois-je m'y soumettre? Cette question revient toujours ; car, en nous supposant libres, il semble que nous ne fassions encore que supposer ce qui est question, à savoir l'existence des lois morales, et que nous ne puissions la démontrer en elle-même. Sans doute ce serait déjà quelque chose que d'avoir déterminé avec plus de précision qu'on ne l'avait fait jusque là le principe fondamental de la moralité; mais enfin sur quoi repose la valeur que nous lui attribuons? Nous jugeons, il est vrai, que notre conduite peut par sa seule conformité à la loi morale ou à l'autonomie de la volonté, c'est-à-dire par le moyen de la liberté, acquérir un prix absolu, une valeur indépendante de toute valeur empirique; mais ce jugement n'est que l'effet de l'importance que nous attribuons aux lois morales, et il reste à savoir comment nous concevons cette importance même, ou pourquoi nous nous reconnaissons soumis à ces lois, et partant libres; en un mot, d'où vient que les lois morales nous obligent?

Kant avoue qu'il paraît tourner ici dans un cercle vicieux : il semble en effet, dit-il, que nous ne nous supposons d'abord libres, dans l'ordre des causes efficientes, que pour pouvoir nous concevoir, dans l'ordre des fins, soumis à la loi morale, et qu'ensuite nous ne nous considérons comme soumis à cette loi que parce que nous nous sommes supposés libres, allant ainsi de la loi morale à la liberté, et de la liberté à la loi morale, sans pouvoir établir en elle-même la réalité de cette loi, ou l'admettant sans preuve, comme un principe que les âmes bien pensantes ne sauraient manquer d'accepter.

Voyons comment il essaye de sortir de la difficulté qu'il élève ici. Selon lui, en nous concevant libres, ce que nous devons nécessairement faire, puisque nous sommes, en partie du moins, des êtres raisonnables, nous nous plaçons, par la pensée, dans un monde différent du monde sensible, dans un monde intelligible, où nous nous reconnaissons soumis aux lois morales.

Mais il faut rappeler d'abord ce que signifie cette distinction par lui établie entre un monde sensible et un monde intelligible, et comment il est conduit à l'admettre. On sait que, selon Kant, par les représentations que nous recevons des sens, nous ne connaissons pas les choses comme elles sont en elles-mêmes, mais seulement comme elles nous affectent, ou, en termes techniques, nous ne les connaissons pas comme *noumènes*, mais seulement comme *phénomènes*. Il suit de là que, derrière les phénomènes, il faut supposer quelque chose encore, quoique la connaissance nous en soit interdite, à savoir les noumènes. De là la distinction d'un monde sensible et d'un monde intelligible. Tous les hommes font naturellement cette distinction, sinon d'une façon précise, au moins d'une manière confuse : aussi les voit-on fort disposés à supposer derrière les objets des sens quelque chose d'invisible ; mais ils gâtent cette excellente disposition, en voulant faire de ce quelque chose un objet d'intuition. On sait aussi que Kant applique cette distinction à l'homme même. Selon lui, par le sens intime, l'homme ne se connaît que comme phénomène, non comme noumène ; car le sens intime est encore un sens, c'est-à-dire quelque chose qui nous affecte et où nous sommes passifs. Mais en même temps il nous est impossible de ne pas supposer, derrière cette collection de phénomènes que nous saisissons en nous par le sens intime, quelque chose qui leur sert de fondement, c'est-à-dire le moi, quoique nous n'en connaissions pas la nature intime ; et de la sorte nous pouvons nous envisager nous-mêmes sous deux points de vue distincts, au point de vue du monde sensible et au point de vue du monde intelligible, suivant que nous nous considérons comme phénomènes, c'est-à-dire comme objets du sens intime, ou comme noumènes, c'est-à-dire comme choses en soi. C'est par la raison, proprement dite, que nous nous élevons jusqu'à ce second point de vue. En effet, pour rappeler les résultats auxquels a conduit la critique de la raison spéculative, si l'entendement ne contient pas seulement, comme les sens, des représentations qui ne naissent qu'autant qu'on est affecté par les objets, s'il produit par lui-même des concepts où il montre une véritable spontanéité, ces concepts ne servent toujours qu'à ramener à des règles les représentations sensibles ; sans ces représentations, ils n'auraient point d'usage ; et, par conséquent, ils ne nous élèvent pas encore au-dessus du monde sensible. Mais au-dessus de l'entendement est la raison, qui, par le moyen de ses idées, nous élève au-dessus du monde sensible, ou nous fait concevoir un monde intelligible, mais sans en pouvoir rien affirmer ni déterminer au point de vue théorique. Comme êtres sensibles, nous appartenons au premier ; comme êtres raisonnables, ou, ce qui revient au même, comme êtres libres, nous nous rattachons au second. Or, si, sous le premier point de vue, nous nous jugeons soumis aux lois de la nature, et, par conséquent, à l'hétéronomie ; sous le second, nous nous reconnaissons soumis à des lois indépendantes de la nature, ou qui dérivent de l'autonomie de la volonté, c'est-à-dire aux lois morales. Les lois morales ne sont donc autre chose que les lois mêmes auxquelles notre volonté se reconnaît soumise, dans ce monde intelligible où elle se place, en se considérant comme une volonté raisonnable ou comme une volonté libre. C'est ainsi qu'en nous concevant libres, nous nous transportons dans un monde intelligible où nous reconnaissons pour loi l'autonomie de la volonté, c'est-à-dire le principe même de la moralité.

Maintenant il est aisé de comprendre comment ces lois deviennent pour nous des impératifs catégoriques; et ainsi sera enfin résolue cette question tant de fois posée et jusqu'ici ajournée : comment un impératif catégorique est-il possible?

Si nous appartenions exclusivement au monde sensible, nos actions seraient toujours déterminées par les inclinations naturelles et les désirs qu'elles engendrent, c'est-à-dire par un principe d'hétéronomie, ou par les lois mêmes de la nature. D'un autre côté, si nous appartenions exclusivement au monde intelligible dont nous venons de parler, si nous étions des êtres purement raisonnables, nos actions seraient toujours conformes au principe de l'autonomie de la volonté et aux lois qui en dérivent. Mais nous n'appartenons exclusivement ni au monde sensible, ni au monde intelligible ; nous appartenons à la fois à l'un et à l'autre. Comme nous ne sommes pas seulement des êtres sensibles, mais aussi des êtres raisonnables, notre volonté se reconnaît soumise à une loi autre que celle de la nature, à la loi du monde intelligible ;

mais, d'un autre côté, comme nous ne sommes pas seulement des êtres raisonnables, mais aussi des êtres sensibles, elle ne se conforme pas naturellement à cette loi. Or, puisque notre volonté ne se conforme pas naturellement à la loi du monde intelligible et qu'elle ne laisse pas cependant de s'y reconnaître soumise, il suit que cette loi exprime pour elle non pas ce qui est ou ce qu'elle fait, mais ce qui doit être ou ce qu'elle doit faire; et c'est ainsi que les lois de ce monde intelligible, qui n'est pour elle qu'un idéal, mais un idéal qu'elle doit s'efforcer de réaliser, deviennent des *impératifs*, et les actions conformes à ces lois des *devoirs*.

Kant invoque les jugements du sens commun en faveur de cette déduction. Il n'y a personne qui ne conçoive un ordre de choses où sa volonté, libre du joug des inclinations et des passions, suivrait toujours les lois de la raison, et qui ne voie dans cette idée la règle suprême de sa conduite. Dans ce monde intelligible où l'on se place, du moins en idée, on ne distingue plus le vouloir du devoir; mais, comme notre volonté appartient aussi au monde sensible, et que, par conséquent, elle ne suit pas volontiers cette loi, que souvent même elle trouve plus commode de la violer, la loi prend à nos yeux le caractère d'un impératif, et le vouloir, celui d'un devoir.

C'est ainsi que Kant résout la question de savoir comment est possible un impératif catégorique, ou la proposition synthétique *à priori* qui l'exprime. A l'idée d'une volonté affectée par des inclinations et des désirs, ajoutez celle de cette même volonté, conçue comme appartenant au monde intelligible : vous avez l'impératif catégorique. C'est de même qu'en ajoutant aux intuitions sensibles les concepts de l'entendement, on rend possibles des propositions synthétiques *à priori*, sur lesquelles repose toute la connaissance de la nature.

Mais il se demande s'il a touché ici les dernières limites de la philosophie pratique?

D'abord n'y a-t-il pas dans ce qui précède une véritable contradiction? On a vu comment nous devons supposer libre notre volonté. Mais ne devons-nous pas reconnaître aussi que tout ce qui arrive est inévitablement déterminé par les lois de la nature, et que, par conséquent, les actes de la volonté, comme tous les événements du monde, sont soumis à l'empire de la nécessité? Or comment concevoir sans contradiction une volonté, la même volonté, comme étant à la fois, et relativement aux mêmes actions, libre et fatale? Et dès lors la liberté n'est-elle pas menacée d'une ruine certaine? Le concept de la nécessité physique ou naturelle sert à rendre possible l'expérience ou la connaissance de la nature, et par là il prouve sa réalité objective. Il n'en est pas de même de celui de la liberté : c'est une idée dont la réalité objective ne saurait être ainsi prouvée, et, par conséquent, est d'abord douteuse en soi. Mais quoi! pouvons-nous plutôt renoncer à l'idée de la liberté qu'à celle de la nécessité physique? L'une et l'autre sont également nécessaires; et, si l'idée de la nécessité physique est indispensable au point de vue spéculatif, celle de la liberté ne l'est pas moins au point de vue pratique : aussi n'est-il pas moins impossible à la philosophie la plus subtile qu'à l'intelligence la plus vulgaire d'ébranler la liberté par des sophismes. Que conclure de là? Que la prétendue contradiction dont nous venons de parler n'est pas réelle, mais apparente. Or c'est ce qui résulte déjà de la critique de la raison spéculative. Si l'homme était en soi ce qu'il nous apparaît comme phénomène, il serait sans doute contradictoire de le supposer à la fois doué de liberté et soumis à l'empire de la nécessité. Mais, si, en tant que nous sommes soumis à la loi de la nature, nous ne sommes pour nous-mêmes que des phénomènes, et si, en nous concevant libres, nous nous plaçons à un point de vue tout autre, au point de vue de ce que notre nature est en soi, on pourra concevoir sans contradiction que, sous ce point de vue, notre volonté soit libre, tandis qu'au point de vue de la nature, elle est soumise à la nécessité. C'est de cette manière que la critique de la raison spéculative a montré que la liberté et la nécessité physique pouvaient fort bien aller ensemble; et, en établissant ainsi que, malgré la nécessité qui est la loi de la nature, la liberté n'a rien d'impossible, elle a préparé la voie à la raison pratique, qui a besoin de la liberté, et qui serait elle-même ruinée, si par hasard la liberté était impossible. Mais il restait toujours à montrer que la liberté, et par suite ce monde intelligible où elle nous place, n'est pas seulement un concept possible, mais une supposition nécessaire. C'est ce que la raison pratique seule pouvait faire. En effet, comme on l'a vu, en même temps que nous nous reconnaissons soumis à des lois qui commandent par elles-mêmes, au nom de la raison seule et indépendamment de toute considération empirique, nous devons nous supposer libres, et par là nous nous plaçons dans un ordre de choses où notre volonté échappe aux lois de la nature, et ne dépend plus que de celles qui lui sont propres, c'est-à-dire dans un monde différent du monde sensible, dans un monde intelligible.

A la vérité ce monde n'est pas pour nous un objet d'intuition : nous ne faisons que le concevoir ; et tout ce que nous en pouvons dire, c'est qu'il est nécessaire de le supposer et de l'admettre, dès que nous voulons supposer et admettre la liberté. La liberté n'est point davantage un objet d'intuition ou d'expérience : elle n'est aussi qu'une conception ; mais c'est une conception à laquelle il nous faut nécessairement accorder de la réalité objective, dès que nous nous concevons soumis aux lois morales. Quand donc on a montré que cette supposition est possible, et qu'elle est nécessaire, on a tout fait, et il faut s'arrêter là. La liberté et ce monde intelligible dont elle nous fait membres nous sont en effet des objets inaccessibles. Il est nécessaire, sans doute, de les admettre ; mais nous n'en avons qu'une connaissance indirecte et négative : la liberté ne signifie autre chose que l'indépendance de la volonté par rapport aux lois de la nature, ou, si l'on veut la considérer par son côté positif, la propriété qu'a la volonté de n'obéir qu'à ses propres lois, c'est-à-dire aux lois d'un monde purement intelligible ; mais de ce monde, nous ne connaissons qu'une chose, c'est à savoir qu'il a pour forme une législation qui est propre à la volonté, en même temps qu'elle est universelle. Nous ne pouvons donc expliquer comment la liberté même est possible. Par conséquent, car c'est la même question, nous ne pouvons expliquer comment la raison pure peut être pratique par elle-même, ou peut par elle seule déterminer la volonté.

De même nous ne saurions expliquer comment nous pouvons prendre un intérêt à des lois telles que les lois morales. Pour qu'un être qui n'est pas seulement raisonnable, mais sensible, puisse vouloir ce que la raison lui prescrit comme un devoir, il faut, selon Kant, que celle-ci ait le pouvoir de lui inspirer un sentiment de plaisir ou de satisfaction, qui détermine l'intérêt que nous attachons à sa loi, dont il n'est que l'effet subjectif. Mais comment une pure idée, comme celle de la loi morale, peut-elle déterminer un sentiment de plaisir et un intérêt? Nous ne ne pouvons découvrir ce rapport *à priori*, et nous ne saurions davantage le trouver dans l'expérience, car si l'effet tombe dans l'expérience, la cause y échappe. En sorte que la question reste pour nous sans réponse. Tout ce que nous pouvons dire, c'est que la loi morale n'emprunte pas sa valeur à l'intérêt qu'elle peut exciter en nous, mais qu'elle tire au contraire l'intérêt qu'elle nous inspire de la valeur que nous lui reconnaissons.

On voit donc quelles sont ici, selon Kant, les limites de la connaissance et de la philosophie pratiques. Il était important de les fixer, en montrant jusqu'où elle peut et doit aller et où elle doit s'arrêter, afin de l'empêcher, d'un côté, de chercher dans le monde sensible le principe suprême de la morale, et, de l'autre de tomber dans le chimérique, en voulant s'élancer dans un monde qui lui est inaccessible, et en croyant saisir quelque chose de purement idéal.

Kant remarque en finissant que, dans son usage pratique comme dans son usage spéculatif, le sort de la raison humaine est d'aboutir à l'incompréhensible. En effet, d'une part, c'est sa loi de tendre à l'inconditionnel ou à l'absolu; et, d'autre part, elle ne peut apercevoir la nécessité de quoi que ce soit, sans s'appuyer sur une condition. L'inconditionnel est donc quelque chose à quoi il faut bien qu'elle s'arrête et qu'elle est forcée d'admettre, mais sans pouvoir se le rendre compréhensible. Telle est pour la raison spéculative l'existence d'une cause suprême du monde; telle est pour la raison pratique la loi morale ou l'impératif catégorique : cette nécessité pratique inconditionnelle, que nous lui attribuons, nous est incompréhensible; mais nous comprenons du moins cette incompréhensibilité, et « c'est, dit Kant, tout ce qu'on peut raisonnablement exiger d'une philosophie qui tente de pousser les principes jusqu'aux limites de la connaissance humaine [1]. »

[1] Trad. franç., p. 126.

II.

ANALYSE DE LA CRITIQUE DE LA RAISON PRATIQUE.

PRÉFACE ET INTRODUCTION.

Les *Fondements de la métaphysique des mœurs*, que nous venons d'analyser, nous ont fait faire provisoirement connaissance, comme dit Kant, avec le principe du devoir et nous en ont donné une formule déterminée [1]; mais il reste toujours à soumettre à un examen régulier et systématique la source même d'où dérive ce principe, c'est-à-dire la raison pratique, et toutes les connaissances qui s'y rattachent. Tel est le but de la *Critique de la raison pratique*.

La critique de la raison spéculative a considéré la raison dans son rapport avec la faculté de connaître : elle a déterminé les conditions *à priori* de l'exercice de cette faculté, son étendue et ses limites. La critique de la raison pratique va examiner la raison dans son rapport avec la volonté, que Kant appelle aussi la faculté de désirer (*Begehrungsvermögen*) : elle veut faire pour les principes *à priori* de cette faculté ce qu'a fait la première pour les principes *à priori* de la faculté

[1] Trad. franç., p. 137.

de connaître, c'est-à-dire en établir l'existence, la valeur et la portée [1], et par là assurer les fondements de la philosophie pratique, comme la critique de la raison spéculative a assuré ceux de la philosophie théorique. Telle est en effet la différence que Kant établit entre la raison théorique et la raison pratique : la première est l'ensemble, ou, si l'on veut, la source des lois de la faculté de connaître; la seconde, celle des lois de la volonté ou de la faculté de désirer; et cette différence, sur laquelle il fonde la division de la philosophie en théorique et pratique, est pour lui une distinction radicale [2].

La première chose à faire, c'est de montrer que la raison fournit à la volonté des principes de détermination indépendants de toute condition empirique, ou, en d'autres termes, que la raison pure peut être pratique par elle-même, ou encore, qu'il y a une raison pure pratique [3]; car c'est précisément la question que la critique de la raison pratique entreprend de résoudre.

Mais, puisque cette critique a pour but d'établir l'existence d'une raison pure pratique, comme la première critique, celle d'une raison pure spéculative, d'où vient que, tandis que celle-ci est intitulée : *Critique de la raison pure* (sous-entendu spéculative), celle-là s'intitule tout simplement : *Critique de la raison pratique?* Kant prétend exprimer par cette différence de

---

[1] Trad. franç., p. 141-142 et 147-148.
[2] J'ai déjà rappelé que cette distinction et cette division sont particulièrement développées dans l'*Introduction* de la *Critique du Jugement*.
[3] P. 148.

titres une différence réelle dans les choses[1]. Selon lui, la raison pure, dans son emploi spéculatif, est naturellement portée à transgresser ses limites : aussi est-ce le devoir de la critique de les marquer avec exactitude. Mais, dans son emploi pratique, cette faculté n'est pas exposée aux mêmes illusions et aux mêmes erreurs : si elle est réellement pratique, elle a, en tant qu'elle se rapporte uniquement à la volonté, une réalité objective qui est établie par ce fait même et qu'il est impossible de mettre en doute ; il n'y a point ici d'illusion qui puisse l'égarer, point de sophisme qui puisse prévaloir contre elle. Par conséquent, toute la question est de montrer qu'il y a en effet une raison pure pratique : c'est pour cela que la critique étudie la raison pratique en général ; une fois l'existence de cette faculté établie, il n'est pas nécessaire de la soumettre elle-même à la critique, car elle est à l'abri de toute illusion[2]. En un mot, il ne

---

[1] *Préface* et *Introduction*, p. 129-130, 147-148. — Les explications fournies ici par Kant sont fort ingénieuses, mais elles viennent un peu après coup, et je crois avoir indiqué plus haut (pag. 2) la vraie raison qui avait dû déterminer le titre de sa première *Critique*, et qu'il semble maintenant avoir oubliée, par suite d'une illusion, d'ailleurs fort naturelle.

[2] C'est ce que Kant exprime en disant que l'usage de la raison pratique, quand elle est pure et que son emploi est démontré, est *immanent* ; tandis que, si elle attribuait la souveraineté à des principes dérivés de l'expérience, elle ferait alors de ces principes un usage *transcendant*. Il remarque que c'est ici justement l'inverse de ce qui arrive pour la raison pure dans la spéculation ; elle est immanente, tant qu'elle n'abandonne pas le terrain de l'expérience ; mais elle devient transcendante, dès qu'elle prétend s'élever au-dessus de toute condition empirique. Nous avons déjà rencontré cette idée et ce rapprochement *dans les Fondements de la métaphysique des mœurs*. Trad. franç., p. 10 et 30-31. Voyez plus haut, p. 19-20.

s'agit pas de critiquer la raison pure pratique, pour savoir si, à l'exemple de la raison pure spéculative, elle ne transgresse pas ses limites; mais de critiquer la raison pratique en général, pour savoir si elle est capable de fournir à la volonté des principes indépendants de toute condition empirique, c'est-à-dire s'il y a une raison pure pratique. De là ce titre : *Critique de la raison pratique*.

Mais on ne peut prouver l'existence d'une raison pure pratique, ou établir que la volonté est soumise à des lois indépendantes de toute condition empirique, sans établir en même temps la liberté de la volonté. Car sans liberté, point de loi morale possible : la liberté est donc la condition de la loi morale, et celle-ci nous conduit à reconnaître celle-là [1]. Ainsi se trouve assurée la réalité objective d'un concept qui était resté problématique pour la raison spéculative. Celle-ci pouvait bien concevoir sans contradiction une causalité indépendante de toute condition sensible, mais elle n'en pouvait ni déterminer la nature, ni affirmer l'existence; la raison pratique l'établit par la loi morale, et par là elle jette le premier fondement de la connaissance d'un ordre de choses transcendant, c'est-à-dire inaccessible à la première. Puis, la loi morale une fois admise avec la liberté, qui en est la condition, et cet ordre de choses, auquel appartient la liberté, devenu réel, de simplement problématique qu'il était auparavant, nous sommes conduits à admettre aussi

---

[1] Voyez la note, p. 131, où Kant fait remarquer que la liberté est la *ratio essendi* de la loi morale, et la loi morale la *ratio cognoscendi* de la liberté.

la réalité objective, jusque-là douteuse, des concepts de Dieu et de l'immortalité de l'âme ; car ces concepts sont étroitement liés à ceux de la loi morale et de la liberté, et ils reçoivent de ceux-ci la réalité objective qui leur manquait. La liberté est la condition même de la loi morale ; l'immortalité de l'âme et l'existence de Dieu sont nécessaires à l'accomplissement de la destination que cette loi nous impose ; puisque la loi morale et la liberté sont réelles, elles doivent l'être aussi. C'est ainsi que, selon la pensée et les expressions de Kant, la liberté, condition même de la loi morale, forme la clef de voûte de l'édifice de la raison pure ; c'est elle qui soutient tout le reste, et sans elle, cet édifice ne serait plus qu'une fantastique création de notre esprit. Nous trouverons dans la *Critique de la raison pratique* l'explication et le développement de ce que nous ne faisons ici qu'indiquer avec Kant.

En attendant, il repousse le reproche que l'on avait déjà adressé à sa critique, de n'être pas conséquente avec elle-même. Selon lui, la raison spéculative et la raison pratique forment un système dont les parties sont sans doute profondément distinctes, mais aussi intimement unies et parfaitement concordantes, en sorte que, loin de contredire la première, la seconde ne fait que la confirmer. Ainsi, en étudiant la critique de la raison pratique, on verra comment on peut, sans contradiction, affirmer d'un côté ce que de l'autre on met en doute : c'est qu'on ne fait pas ici de la raison le même usage que là ; mais en même temps on y trouvera la confirmation et l'éclaircissement des résultats auxquels avait conduit la critique de la raison spéculative. Kant prend celui-ci pour exemple, à savoir que les objets d'expérience comme tels, et comme tel aussi notre propre sujet, ne sont que des phénomènes, par delà lesquels il faut supposer quelque autre chose, les êtres en soi, les noumènes ; la liberté, établie et déterminée par la loi morale ou par la raison pratique, à son tour établit et détermine en nous cet ordre de choses supérieur à celui des phénomènes. De là résultera pour lui la nécessité de revenir, mais pour les examiner sous un point de vue nouveau, sur des concepts et des principes que la critique de la raison spéculative a déjà soumis à l'examen ; et ces nouvelles considérations ne sont pas du tout pour lui des épisodes destinés à combler les lacunes de la raison spéculative, ou des étais ajoutés à un édifice trop précipitamment construit, mais des parties qui ont leur place marquée dans le système et s'y adaptent merveilleusement[1]. Cet accord, cette harmonie qu'il veut établir entre les diverses parties du système, il la recherche aussi dans chacune de ces parties : chacune d'elles est en elle-même un système parfaitement organisé ; mais on ne peut se flatter d'avoir une idée exacte du tout, si l'on n'étudie d'abord les parties. Sans doute il ne suffit pas de connaître les parties en détail, il faut encore saisir les rapports des parties entre elles et avec le tout ; mais cette dernière connaissance, qui est la connaissance philosophique par excellence, n'est pas possible sans la première : elle est le couronnement, mais non pas le commencement

---

[1] Page 136.

de la science[1]. On sent ici combien Kant est tourmenté par ce besoin de rigueur et d'unité, qui est en effet celui de tout esprit vraiment philosophique, et le caractère de toute science digne de ce nom. Aussi se montre-t-il sensible au reproche qu'on lui avait fait, de n'être pas resté conséquent avec lui-même dans toutes les parties de son système.

On lui avait reproché aussi la nouveauté de son langage. On peut voir comment il répond ici[2] à ce reproche, et le repousse d'avance pour cet ouvrage[3].

La critique de la raison pratique, comme celle de la raison spéculative, suppose que l'esprit est capable de principes et de connaissances *à priori*. Ce serait les ruiner que de prouver qu'il n'y a et ne peut y avoir de principes et de connaissances de ce genre ; mais quel danger? c'est comme si l'on voulait prouver par la raison qu'il n'y a pas de raison. Comment de l'expé-

---

[1] Page 140.

[2] P. 140-141.

[3] Je crois, pour ma part, que, quoi qu'en dise Kant, il y a bien sur ce point quelque reproche à lui faire : il eût été certainement possible d'exprimer souvent les mêmes idées dans un langage plus simple et plus vulgaire, surtout dans un style plus lumineux, et ces idées, toujours si ingénieuses ou si profondes, et parfois si neuves, n'eussent pu que gagner beaucoup à se présenter sous une forme moins barbare ; mais il y aurait aussi de l'injustice à reprocher trop sévèrement à Kant un défaut qui n'est après tout que l'excès d'une qualité trop rare en philosophie : le besoin de transporter dans cette science la rigueur et la précision qui doivent être le caractère de toute science et qui exigent elles-mêmes un langage scientifique. Il faut bien prendre d'ailleurs les hommes, même les grands hommes, tels qu'ils sont, avec leur inévitable mélange de qualités et de défauts tenant à ces qualités mêmes, et ce serait beaucoup trop demander à l'humanité que vouloir réunir dans un seul et même homme Aristote et Platon.

rience tirer la nécessité ? *Ex pumice aquam*. Cette nécessité, qui est le caractère des jugements qui se fondent sur la raison, essayera-t-on, avec Hume, de l'expliquer par l'habitude, il faut alors considérer le concept de cause comme un concept faux, ou comme une pure illusion de l'esprit. Dira-t-on qu'on ne voit pas pourquoi on attribuerait à d'autres êtres un autre mode de connaissance ; c'est ériger son ignorance en science. Et d'ailleurs, le consentement universel, loin de prouver la valeur objective d'un jugement, la suppose et s'y fonde, sous peine de n'être qu'une rencontre accidentelle. Kant repousse donc l'empirisme de toutes ses forces, et l'accuse de conduire la philosophie au scepticisme[1]. Hume n'a pas reculé devant cette conséquence ; seulement il exclut de son scepticisme les mathématiques, parce qu'il en regarde les propositions comme purement analytiques ; mais, selon Kant, l'empirisme universel conduit à un universel scepticisme. Nous le verrons bientôt reprendre et développer cette thèse.

La critique de la raison pratique est divisée, comme

[1] Il est curieux d'entendre ainsi parler l'homme qui, tout en rapportant à la raison certains principes ou certains concepts, leur refuse au fond toute valeur en dehors de l'esprit humain qui les emploie. — Je trouve aussi dans cette préface (p. 145) une note curieuse où l'auteur de l'*Idéalisme transcendental* se plaint de ce qu'on ait traité N. d'*idéaliste* (c'est à lui-même qu'il fait ici allusion), « parce que, dit-il, quoiqu'il déclare expressément qu'à nos représentations des choses extérieures correspondent des objets réels ou des choses extérieures, il prétend en même temps que la forme de l'intuition de ces objets ne dépend point des objets mêmes, mais de l'esprit humain. » Exemple qui prouve jusqu'à quel point les plus grands esprits peuvent se faire illusion sur la nature et la portée de leurs systèmes.

celle de la raison spéculative, en deux grandes parties : *Doctrine élémentaire* et *Méthodologie*, et la première en *Analytique* et *Dialectique*. Quant aux subdivisions de l'Analytique, elles reproduisent celles de l'analytique de la raison spéculative, mais dans un ordre inverse : au lieu de débuter par la sensibilité et de finir par les principes, il faut ici débuter par les principes, et finir par la sensibilité. C'est qu'il ne s'agit plus de considérer la raison dans son rapport avec les objets de la connaissance, mais avec la volonté. Il faut donc d'abord établir les principes qu'elle lui impose ; puis on passera à l'examen des concepts que ces principes déterminent, c'est-à-dire aux concepts du bien et du mal moral ; enfin on les considérera dans leur application à la sensibilité du sujet[1]. Je n'insiste pas davantage sur cette méthode, sur ces analogies et ces différences, pour ne pas anticiper sur l'ouvrage même où nous allons entrer maintenant.

DOCTRINE ÉLÉMENTAIRE.

LIVRE PREMIER : ANALYTIQUE.

I.

Kant entreprend d'abord d'exposer et d'établir les principes de la raison pure pratique : c'est par là que doit débuter l'*Analytique*. Il applique à l'exposition de

[1] Trad. franç., p. 149.

ces principes les formes de la méthode géométrique. Partant de définitions qu'accompagne un scolie, il pose un certain nombre de théorèmes ou de problèmes qu'il démontre ou résout, et qu'il fait suivre de corollaires et de scolies. Quelque singulière et compliquée que semble cette méthode, une analyse qui veut être exacte, et ne se donne point pour une libre exposition, doit la suivre et la reproduire. On trouvera d'ailleurs dans les détails que fourniront les scolies une ample compensation à la singularité et à la complication de la méthode.

Il commence par poser des définitions et des distinctions importantes. Les principes pratiques sont les règles générales d'après lesquelles la volonté se dirige ou se peut diriger dans les cas particuliers. Mais ces règles peuvent être de deux sortes : ou bien elles se fondent sur des conditions relatives au sujet : elles sont alors subjectives et s'appellent des *maximes*; ou bien elles sont indépendantes de toute condition particulière et ont la même valeur pour toute volonté raisonnable : elles sont alors objectives, et alors seulement elles méritent le nom de *lois* [1].

Il suit de là que l'on ne peut admettre des lois pratiques, que si l'on attribue à la raison pure la faculté de fournir à la volonté des principes de détermination qu'elle tire d'elle-même; autrement les principes pratiques ne seraient plus que des maximes. Supposez maintenant un être purement raisonnable : sa volonté se conformera naturellement aux lois de sa raison, et

---

[1] P. 154.

ces lois seront en réalité celles de sa conduite. Mais dans les êtres qui à la raison joignent la sensibilité, un conflit peut s'élever entre ces deux facultés et les principes qui en dérivent ; par exemple, entre la loi qui veut le pardon des offenses et la maxime qui se fonde sur le besoin de la vengeance, et dès lors les lois de la raison n'expriment plus ce qui est, mais ce qui doit être : d'où la forme d'*impératifs* sous laquelle elles se présentent à nous. Les *Fondements de la métaphysique des mœurs* nous ont plus d'une fois [1] présenté l'idée que nous retrouvons ici. Ils nous ont appris aussi [2] à distinguer les impératifs *catégoriques*, qui, commandant au nom de la raison seule et indépendamment de toute autre condition, sont de véritables lois pratiques, et les impératifs *hypothétiques*, qui, s'appuyant sur certaines conditions puisées dans la nature du sujet et dans les circonstances, n'ont point cette valeur absolue et cette universalité nécessaire qui distinguent les lois pratiques. Par exemple, si vous me dites que je ne dois pas faire de fausses promesses, parce qu'il en pourrait résulter pour moi tel ou tel inconvénient, ce n'est là qu'un impératif hypothétique que je suivrai si je crains en effet les inconvénients dont vous me menacez, mais dont je m'affranchirai si j'espère y échapper ou si je suis décidé à les braver pour les avantages que je me promets : il n'y a rien là d'absolu et d'universel. Mais si vous me dites qu'il ne faut point faire de fausses promesses, quoi qu'il puisse advenir, parce que cela est contraire à la raison, c'est là une

---

[1] Voyez plus haut, p. 26, 43 et 58.
[2] *Ibid.*, p. 27.

loi indépendante de toute condition particulière et de toute circonstance : aussi est-elle absolue et s'impose-t-elle également à toute volonté raisonnable : c'est un impératif catégorique. Celui-ci ne s'adresse qu'au vouloir et ne s'inquiète pas du reste ; celui-là a en vue autre chose, un objet désiré ou voulu, et n'a de valeur pour nous qu'autant que nous voulons ou désirons en effet cet objet, et qu'il nous fournit les moyens de l'obtenir.

Ces définitions et ces distinctions établies, Kant énonce un premier théorème [1] : tous les principes qui supposent en nous le désir préalable d'un objet, et qui font de ce désir la cause déterminante de la volonté, sont empiriques et ne peuvent fournir aucune loi pratique. 1° Ils sont empiriques : antérieur à la règle pratique, qui le suppose, le désir d'un objet quelconque suppose lui-même le sentiment du plaisir qui s'attache à cet objet. Or nous ne pouvons savoir *à priori* si un objet est capable de produire en nous un sentiment de plaisir : c'est l'expérience qui nous l'apprend. Donc, la condition que supposent les principes dont il s'agit ici étant empirique, ces principes doivent l'être aussi. 2° Ils ne peuvent être convertis en lois pratiques, précisément parce qu'ils se fondent sur la capacité qui nous rend propres à éprouver tel plaisir ou telle peine, c'est-à-dire sur une condition subjective de notre nature, que l'expérience seule peut nous faire connaître et qui n'est pas nécessairement la même chez tous les êtres raisonnables.

[1] P. 157.

Ces principes qui sont empiriques et qu'il est impossible d'ériger en lois, parce qu'ils supposent un objet, ou ce qu'il appelle une *matière* de la faculté de désirer, comme cause déterminante de la volonté, Kant les désigne par cette raison sous le nom de principes pratiques *matériels*.

Le second théorème est ainsi énoncé : « Tous les principes pratiques matériels appartiennent, comme tels, à une seule et même espèce, et se rattachent au principe général de l'amour de soi, ou du bonheur personnel [1]. »

On vient de le voir, les principes pratiques matériels sont ceux qui, supposant en nous le désir d'un objet, font de ce désir même, c'est-à-dire du plaisir que nous attendons de cet objet, la cause déterminante de la volonté. Or, comme le principe qui consiste à faire du plaisir ou du bonheur, lequel est encore du plaisir, mais un plaisir sans mélange et sans interruption, le mobile suprême de la volonté, n'est autre chose que le principe de l'amour de soi, il suit que les principes pratiques matériels se rattachent tous à ce principe général, et par là rentrent dans la même classe.

Kant tire de ce théorème un corollaire qu'il explique dans un important scolie [2]. Les principes pratiques matériels ont pour caractère de placer la cause déterminante de la volonté dans la faculté de désirer. Or, s'il n'y avait que de tels principes, s'il n'y en avait pas de purement formels, c'est-à-dire s'il n'y avait

[1] P. 158.
[2] P. 159.

point de principes puisant en eux-mêmes, dans leur forme même de principes universels, leur valeur et leur autorité, la volonté ne s'élèverait pas au-dessus de cette faculté de désirer *inférieure* que détermine le plaisir ou la peine, et il n'y aurait pas lieu de reconnaître une faculté de désirer *supérieure*, ou, pour corriger ce qu'il peut y avoir d'inexact dans le langage employé ici par Kant, des motifs d'un ordre véritablement supérieur; tous, s'appuyant en définitive sur le même principe, auraient la même valeur, et il n'y aurait entre eux qu'une différence de degré, non de nature. En effet, si un principe ou une idée ne peut devenir une cause déterminante pour la volonté que par le moyen du sentiment de plaisir qui y est lié, que ce principe ou cette idée vienne des sens ou de la raison, qu'importe son origine? Puisque c'est dans le plaisir seul que réside la cause déterminante de notre volonté, c'est le plaisir seul qu'il faut considérer : la question n'est pas de savoir quelle en est la source, mais quelle en est l'intensité et la durée, s'il est facile de se le procurer et si on peut le renouveler souvent. « Le même homme, dit Kant[1], peut rendre, sans l'avoir lu, un livre instructif qui ne sera plus désormais à sa disposition, pour ne pas perdre une partie de chasse ; s'en aller au milieu d'un beau discours, pour ne pas arriver trop tard à un repas ; quitter une conversation grave, dont il fait d'ailleurs grand cas, pour se placer à une table de jeu ; même repousser un pauvre, auquel il aime ordinairement à faire l'aumône, parce qu'en ce

---

[1] Trad. franç., p. 160-161.

moment il a tout juste dans sa poche l'argent nécessaire pour payer son entrée à la comédie. » S'il ne songe qu'au plaisir et n'a point d'autre principe de détermination, il est fort indifférent à la source du plaisir, et ce n'est pas là ce qui détermine sa préférence. C'est ainsi, ajoute Kant ingénieusement, que « celui qui dépense l'or ne s'inquiète pas de savoir si la matière en a été extraite du sein de la terre ou trouvée dans le sable des rivières, pourvu qu'il ait partout la même valeur. » Il suit de là qu'entre les divers motifs qui peuvent s'offrir à nous, si le plaisir ou la peine est au fond notre unique cause déterminante, nous ne pouvons point établir une différence de nature, mais seulement une différence de degré : c'est par là que nous les distinguerons et que nous nous déciderons. On parle, il est vrai, de plaisirs délicats, de jouissances relevées, de celles, par exemple, que donne la culture des beaux-arts, et ce n'est pas sans raison ; mais on n'a pas le droit d'en faire des mobiles essentiellement distincts de ceux qui viennent des sens, quand on ne reconnaît d'autre principe de détermination que le plaisir. « Ce serait agir, dit encore Kant[1], comme ces ignorants qui, s'ingérant de faire de la métaphysique, subtilisent la matière au point d'en avoir, pour ainsi dire, le vertige, et croient qu'ils se font ainsi une idée d'un être spirituel et pourtant étendu.[2] » Il faut donc conclure, ou que la raison pure peut fournir à la volonté des motifs d'action capables de la déterminer, sans s'appuyer sur aucun sentiment de plaisir et en

---

[1] P. 162.
[2] Voyez aussi ce que Kant dit d'Épicure, p. 162-163.

faisant valoir uniquement leur titre de lois, ou qu'elle n'est pas une source de motifs spécifiquement distincts de tous les autres et réellement supérieurs, c'est-à-dire, dans le langage de Kant, qu'elle n'est pas une faculté de désirer supérieure, spécifiquement distincte de celle que détermine notre nature sensible. Car c'est à cette seule condition qu'elle peut avoir ce caractère.

Dans un second scolie [1], Kant s'applique particulièrement à montrer que le principe du bonheur ou de l'amour de soi ne peut fonder une loi pratique. Sans doute tout être raisonnable fini désire nécessairement être heureux, car il est dans sa nature même de n'être pas entièrement et constamment satisfait de son état; il est soumis à des besoins qui dérivent de sa sensibilité et de la satisfaction desquels dépend son bonheur. Mais, si chacun désire inévitablement être heureux, comme le bonheur dépend de la sensibilité et que la sensibilité change et varie suivant les individus et les circonstances, il suit que chacun se fait du bonheur une idée différente et variable. Par conséquent, si ce principe qui nous fait désirer d'être heureux, pris d'une manière générale, est universel, à ce point de vue aussi il ne détermine rien; et, déterminé, il cesse d'être universel. On n'y peut donc fonder des préceptes s'appliquant également à tous les êtres raisonnables et dans tous les cas, c'est-à-dire de véritables lois pratiques. Mais, quand bien même tous les êtres raisonnables finis entendraient le bon-

[1] P. 168.

heur de la même façon et le poursuivraient par les mêmes moyens, le principe de l'amour de soi n'aurait toujours qu'une valeur subjective, la valeur d'un principe empirique de notre nature ; il lui manquerait encore cette nécessité objective sans laquelle il n'y a point de loi absolue, et que la raison seule peut concevoir. Fondée sur ce principe, la morale pourrait bien donner des conseils ; elle ne saurait dicter des lois.

Venons au troisième théorème : « Un être raisonnable ne peut concevoir ses maximes comme des lois pratiques universelles, qu'autant qu'il peut les concevoir comme des principes déterminant la volonté par leur forme seule, et non par leur matière [1]. »

Si, pour déterminer la volonté, une maxime s'appuie sur le rapport d'un objet à notre faculté de sentir et de désirer, elle se fonde sur une condition empirique, et, par conséquent, ne peut être une loi pratique. Pour qu'elle puisse revêtir ce caractère, il faut qu'elle fasse abstraction de tout rapport et de tout élément empirique, c'est-à-dire de toute matière, et qu'elle n'invoque d'autre titre auprès de la volonté que celui d'un principe de législation universelle, ou que sa forme même de principe universel de détermination. « L'intelligence la plus vulgaire, ajoute Kant dans un scolie [2], peut, sans avoir reçu aucune instruction à cet égard, distinguer quelles maximes peuvent revêtir la forme d'une législation universelle, et quelles maximes ne le peuvent pas. » Il se sert de l'exemple sui-

[1] P. 167.
[2] P. 168.

vant[1] : j'ai entre les mains une somme d'argent dont le dépositaire est mort sans laisser aucun renseignement à ce sujet. Si je ne consultais que mon désir d'accroître ma fortune, je m'approprierais ce dépôt ; mais je vois que la maxime qui se fonderait sur ce désir ne peut recevoir la forme d'un principe de législation universelle, ou, ce qui est identiquement la même chose, d'une loi pratique ; car je ne puis admettre qu'il soit permis à chacun de nier un dépôt secret : une telle loi se contredit elle-même, puisqu'elle ferait qu'il n'y aurait plus de dépôt. Dans l'exemple choisi par Kant, ma maxime répugne à cette forme même qui est le caractère de toute loi ; dans d'autres cas, nos maximes s'y prêtent, mais à la condition que nous y fassions abstraction de toute inclination et de tout désir particulier ; car les inclinations et les désirs sont choses diverses, changeantes et qui engendrent parmi les hommes la discorde et la guerre.

Parvenu à ce point, Kant se pose deux problèmes[2].

1° Supposé que la forme de loi soit la seule chose qui détermine une volonté dans ses maximes, trouver la nature de cette volonté. — Les *Fondements de la métaphysique des mœurs* ont déjà résolu ce problème[3]. Une volonté qui n'a pas d'autre loi que ce principe de détermination purement rationnel se montre par là même indépendante de toutes les causes déterminantes qui appartiennent à la nature, et, par conséquent, de la loi même de la nature, c'est-à-dire de la loi de la cau-

---

[1] Cf. plus haut, p. 18.
[2] Trad. franç., p. 170-171.
[3] Plus haut, p. 51 et suiv.

salité. Or, comme la liberté consiste précisément dans cette indépendance, il suit que la nature de la volonté que nous supposons est d'être libre.

2° Le second problème n'est que le premier retourné. Supposé une volonté libre, trouver son principe de détermination. On ne peut chercher ce principe dans aucun élément sensible ou empirique, et, par conséquent, dans la matière même des maximes, puisqu'alors la volonté retomberait sous l'empire des lois de la nature et par là cesserait d'être libre. Or, si des maximes on retranche la matière, il ne reste que la forme. Donc la forme seule est le principe déterminant d'une volonté libre.

On a vu [1] quel rapport Kant établit entre le concept de la liberté et celui d'une loi pratique absolue; chacun de ces concepts entraîne nécessairement l'autre, en sorte, que l'un étant donné, l'autre s'ensuit. Il se demande ici lequel précède et détermine l'autre dans l'ordre de la connaissance, et il résout fort simplement et fort clairement cette question [2]. Comment la conscience de la liberté de notre volonté pourrait-elle précéder celle de la loi morale? En dehors de cette loi, notre volonté n'est plus qu'une cause naturelle, soumise à la loi de la nature, c'est-à-dire au principe même de la causalité, dont le caractère est la nécessité: c'est ainsi qu'elle nous apparaît dans l'expérience, dont ce principe est la loi; ou si nous la concevons comme indépendante de ce principe, et libre par conséquent, ce concept est purement négatif et hypothé-

[1] Plus haut, *Ibid*.
[2] Trad. franç., t. 172, 174.

tique. Comment d'ailleurs, si la loi morale ne nous imposait le concept de la liberté, songerions-nous à introduire dans la science une idée qui embarrasse si fort la raison spéculative, sinon quand elle veut s'élever à l'inconditionnel dans la série des causes (puisque, dans ce cas, le concept de la nécessité la conduit à l'incompréhensible, tout aussi bien que celui de la liberté), du moins quand elle s'arrête à l'explication des phénomènes? C'est donc le concept de la loi morale qui s'offre d'abord à nous, et qui détermine celui de la liberté, lequel en est en effet inséparable. Examinez ce qui se passe en vous, et vous verrez que tel est réellement l'ordre de ces concepts. Tant que je ne pense point à la loi morale, au devoir, j'ignore que je suis libre; mais que je me suppose placé dans une circonstance où cette loi parle clairement, où elle m'ordonne, par exemple, le sacrifice de mes plus chers intérêts, de ma vie même, comme si un tyran m'enjoignait, sous peine de mort, de porter un faux témoignage contre un honnête homme qu'il voudrait perdre : je reconnais aussitôt que ce que je dois faire en pareil cas, je le puis aussi ; et l'idée de mon devoir ou la conscience de ma sujétion à la loi morale détermine en moi le concept de ma liberté. Mais comment cette conscience même est-elle possible? On se rappelle quel monstre Kant se faisait de cette question dans les *Fondements de la métaphysique des mœurs*, avec quelle circonspection il l'ajournait sans cesse, avec quelle réserve il la traitait enfin. Ici, il faut le dire, cette circonspection et cette réserve ont disparu. Il aborde directement la question, et la résout simplement, en quelques mots : « Nous pouvons, dit-il [1], avoir conscience de lois pratiques pures, tout comme nous avons conscience de principes théoriques purs, en remarquant la nécessité avec laquelle la raison nous les impose, et en faisant abstraction de toutes les conditions empiriques auxquelles elle nous renvoie. »

De tout ce qui précède, Kant déduit [2] la loi fondamentale de la raison pure pratique, cette formule que nous connaissons déjà [3] : « Agis toujours de telle sorte que la maxime de ta volonté puisse être considérée comme un principe de législation universelle. » Cette règle a pour caractère essentiel d'être inconditionnelle, c'est-à-dire de fournir à la volonté un principe de détermination qui a force de loi par lui-même, immédiatement, absolument. Elle n'indique pas seulement, comme les postulats de la géométrie, qu'on peut faire une chose, si l'on veut la faire; mais elle dit qu'il faut absolument agir de telle façon; et, par conséquent, l'application n'en est pas subordonnée à une détermination que la volonté peut prendre ou ne pas prendre à son gré, selon les circonstances. Elle est aussi indépendante de toute condition physique ou extérieure; et, par conséquent, elle n'est pas non plus un de ces

---

[1] P. 172-173.
[2] P. 174.
[3] Voyez plus haut, p 17.—Nous l'avons vu aussi, dans les *Fondements de la métaphysique des mœurs*, exposer le même principe sous d'autres formules; mais celles-ci ne reparaissent pas dans la *Critique de la raison pratique*: il se borne maintenant à la première. Loin de lui en faire un reproche, je le féliciterai plutôt d'avoir simplifié dans cet ouvrage la méthode et les formules qu'il appliquait aux mêmes idées dans l'ouvrage précédent.

préceptes, fruit de l'expérience et de la prudence humaine, qui nous enjoignent d'agir de telle façon, afin d'arriver à tel but désiré, par exemple à la considération, aux honneurs. Elle relève directement et exclusivement de la raison, et celle-ci en fait immédiatement la loi de la volonté. C'est ce que Kant exprime en disant que la raison pure, étant pratique par elle-même, est immédiatement législative. Il explique par là comment la loi, dont il vient de donner la formule, peut s'appliquer *à priori* à la volonté : c'est précisément qu'elle ne s'impose à elle que par sa forme même. On peut, ajoute-t-il, appeler la conscience de cette loi un *fait de la raison* [1]; car c'est le fait de la raison se proclamant elle-même législative, et ce fait ne peut être conclu d'aucune donnée antérieure de la raison. Aussi la proposition qui l'exprime n'est-elle pas analytique, comme si on pouvait la déduire de celui de la liberté, dont nous n'avons pas l'intuition immédiate, et dont, par conséquent, nous n'avons pas d'abord un concept positif ; c'est une proposition synthétique *à priori*. On voit ici encore combien Kant a simplifié la question qu'il avait si fort grossie dans les *Fondements de la métaphysique des mœurs*. Il se borne à constater comme un fait dérivant de la raison la loi dont il donne la formule, et il explique par le caractère même que cette formule met en lumière l'application de cette loi à la volonté.

Cette loi, qui est celle de toute volonté raisonnable, est ce que nous appelons *la loi morale* [2]. Mais, dans

[1] P. 175.
[2] Corollaire, p. 178.

son rapport à notre volonté, elle prend un caractère particulier que Kant a déjà signalé dans les *Fondements*[1] et dans cet ouvrage[2] même, et qu'il indique ici de nouveau. La volonté de l'homme n'est pas sainte, c'est-à-dire qu'elle ne se conforme pas infailliblement d'elle-même à la loi morale ; car elle ne dépend pas seulement de la raison, mais elle est soumise aussi à des besoins et à des mobiles qui peuvent la détourner de l'accomplissement de cette loi. Aussi la raison est-elle forcée de prendre vis-à-vis de la volonté de l'homme le ton du commandement ; et c'est ainsi que ses lois deviennent des *impératifs*. De là aussi l'idée d'*obligation* et de *devoir*, qui indique précisément cette dépendance de notre volonté par rapport à une loi à laquelle elle ne se conforme pas d'elle-même, mais à laquelle elle est tenue d'obéir, ou cette nécessité que la raison nous impose, d'agir conformément à sa loi, en dépit de tous les obstacles que nous trouvons en nous-mêmes. Une volonté sainte n'est pas, sans doute, au-dessus des lois ; seulement, étant incapable, par sa nature même, de toute maxime contraire à la loi morale, elle est, en ce sens, au-dessus de l'obligation et du devoir. Mais telle n'est pas la volonté humaine. Pour elle, la *sainteté* n'est qu'un idéal qu'elle doit sans cesse avoir devant les yeux et poursuivre sans cesse, mais qu'elle ne peut jamais réaliser complétement ; car elle ne saurait s'affranchir entièrement des conditions de sa nature. Le seul état dont la volonté humaine soit capable, c'est la *vertu*, qui suppose toujours la lutte et

---

[1] Voyez plus haut, l. c.
[2] Plus haut, p. 73-74.

l'effort. Nous verrons Kant revenir et insister sur ces idées importantes, qu'il emprunte à la philosophie du Christianisme, mais qu'il a le mérite d'avoir admirablement précisées.

Nous arrivons au quatrième et dernier théorème. Les *Fondements* nous y ont déjà préparés. On y va retrouver en effet des formules et des idées avec lesquelles nous sommes familiarisés. Voici comment Kant l'énonce : « *L'autonomie* de la volonté est l'unique principe de toutes les lois morales et de tous les devoirs qui y sont conformes : toute *hétéronomie* de la volonté, au contraire, ne fonde aucune obligation, mais même est opposée au principe de l'obligation et à la moralité de la volonté. »

Il est à peine besoin d'en indiquer la démonstration. Les lois morales ne sont des lois pour notre volonté et ne lui imposent une véritable obligation, que parce que celle-ci y reconnaît les principes d'une législation qui, étant indépendante de toutes les conditions subjectives de notre nature sensible, je veux dire des inclinations et des désirs, est, en même temps que la sienne propre, celle de toute volonté raisonnable. Or, ce caractère qu'a la volonté de puiser les lois qui la doivent régir dans sa nature de volonté raisonnable, abstraction faite des conditions subjectives auxquelles elle peut d'ailleurs être liée comme faculté d'un être sensible, ou, ce qui revient au même, ce caractère qu'a la raison de fournir à la volonté des lois qu'elle tire d'elle-même, indépendamment de toute condition étrangère, ce carac-

[1] P. 179.

tère, dis-je, étant précisément ce qui constitue l'autonomie de la volonté ou de la raison pratique, il s'ensuit que l'autonomie de la raison pratique ou de la volonté est l'unique fondement des lois morales et de l'obligation qu'elles imposent. — Supposez, au contraire, des maximes fondées sur quelque condition de notre nature sensible, quelque besoin ou quelque désir : ici la volonté ne se donne plus à elle-même sa loi, à titre de volonté raisonnable ; mais elle la reçoit de la nature, il y a hétéronomie. Or je puis bien me sentir poussé par cette loi de la nature, mais non pas me reconnaître obligé par elle, à moins que je ne parvienne à lui donner une forme universelle, c'est-à-dire, à moins que je ne fasse précisément abstraction de cette matière sensible sur laquelle je la supposais fondée, ou, en d'autres termes, à moins que je ne la dépouille de son caractère d'hétéronomie, pour la revêtir d'une forme purement rationnelle, et la ramener ainsi au principe de l'autonomie.

Dans le premier des deux scolies qui suivent la démonstration de ce théorème, Kant insiste particulièrement sur ce dernier point, qu'il applique au principe du bonheur. Il faut bien distinguer entre la matière et la forme d'une maxime. Toute maxime a sans doute une matière, comme tout vouloir a un objet ; mais ce n'est point à dire que cette matière ou cet objet doive être le principe déterminant de la maxime ou de la volonté. S'il en était ainsi, la maxime ne pourrait jamais être érigée en loi pratique ; car elle dépendrait toujours des conditions empiriques qui font que telle chose est pour moi une matière ou un objet de désir, et, par conséquent, elle ne saurait fournir une règle universelle et nécessaire. Mais, indépendamment de la matière ou de l'objet de la maxime ou du vouloir, il y a la forme, et c'est par là que la maxime peut être vraiment universelle; c'est par là, par conséquent, qu'elle peut être une loi pratique. Soit, par exemple, la maxime qui nous prescrit de travailler au bonheur d'autrui. Le bonheur d'autrui, voilà l'objet de cette maxime. Or supposez que je place dans cet objet même et dans son rapport avec ma faculté de désirer le principe de la maxime et la cause déterminante de ma volonté : je ne me soumets à cette maxime qu'autant que le bonheur d'autrui est en effet pour moi un objet de désir, un besoin ; mais ce désir, ce besoin, quand il existerait chez tous les hommes, et quand il y existerait au même degré, je ne puis l'admettre chez tous les êtres raisonnables, en Dieu par exemple ; et, par conséquent, la maxime ne peut être considérée comme un principe de législation universelle, ou n'a pas la valeur d'une loi pratique. Considérez maintenant comme principe déterminant de la volonté, non pas l'objet même de la maxime, le bonheur d'autrui, mais la forme législative qui lui convient : vous n'avez plus seulement une règle empirique, et partant contingente, mais un principe de législation indépendante de toute condition subjective, partant une véritable loi. C'est donc dans la forme même des maximes et non dans leur matière qu'il faut chercher le principe de leur valeur et de leur autorité. C'est par là qu'elles deviennent obligatoires, et c'est en les prenant par ce côté que nous pouvons donner à notre conduite un caractère moral.

Kant a établi plus haut[1] que tous les principes pratiques matériels, comme il les appelait, ou tous ceux qui ont un caractère d'hétéronomie, pour les désigner par cette nouvelle expression, se rattachent au principe de l'amour de soi ou du bonheur personnel. Ici, dans un scolie étendu, qui est l'un des plus importants de ce chapitre, il s'applique à montrer combien est fausse et contradictoire la doctrine qui prétend fonder la moralité sur ce principe. Je ne crois pas que la morale égoïste ait jamais été réfutée avec plus de force et de rigueur.

Après avoir montré par des exemples que le sens commun ne confond pas l'amour de soi et la moralité[2], il entreprend, non pas de prouver une distinction si évidente qu'elle n'échappe pas à l'œil le plus grossier, mais d'indiquer d'une manière claire et précise les différences qui séparent le principe de l'amour de soi ou du bonheur de celui de la moralité.

1° Le principe du bonheur, s'agit-il même du bonheur général, peut bien donner des maximes, mais non pas de véritables lois pratiques, c'est-à-dire des règles de conduite universelles et nécessaires. La raison en est que l'idée du bonheur dépend de la sensibilité, c'est-à-dire d'une chose variable suivant les individus, et dans le même individu suivant les circonstances. Tout au plus y peut-on fonder des règles

[1] P. 76.
[2] Trad. franç., p. 183.

générales, ou s'appliquant à la plupart des hommes et dans la plupart des cas ; on n'en saurait tirer des règles universelles, ou ayant toujours et nécessairement la même valeur, car cette universalité et cette nécessité ne peuvent pas sortir de l'expérience. La loi morale, au contraire, est essentiellement conçue comme universelle et nécessaire, c'est-à-dire qu'elle doit avoir la même valeur pour quiconque est doué de raison et de volonté.

2° Cette différence résulte de celle qui vient d'être indiquée : les maximes de l'amour de soi ne font que *conseiller* ; les lois morales *ordonnent* ; seules, par conséquent, celles-ci nous imposent une véritable obligation.

3° La connaissance de ce qui peut nous procurer de vrais et durables avantages est fort difficile à acquérir : elle suppose une expérience des hommes et des choses qui ne s'obtient qu'à la longue ; et, en définitive, elle est toujours obscure et hypothétique. Au contraire, chacun reconnaît immédiatement, et sans avoir besoin pour cela d'aucune expérience du monde, ce qu'il doit faire pour obéir à la loi morale ; et il faut bien qu'il en soit ainsi, puisque cette loi est obligatoire pour tous.

4° Quand bien même nous verrions clairement ce que nous avons à faire pour nous rendre heureux, nous ne serions pas toujours capables de le faire : les moyens peuvent nous manquer et nos forces nous trahir. Au contraire, sous le rapport de la moralité, chacun peut toujours tout ce qu'il veut. C'est que la moralité ne dépend que de notre volonté, dont nous disposons absolument; tandis que le bonheur dépend de conditions et de circonstances dont nous ne sommes pas toujours maîtres. Il est vrai que la moralité suppose des efforts, une lutte; mais elle n'en reste pas moins tout entière en notre pouvoir.

5° Cette résistance même qu'elle rencontre dans notre nature sensible sert encore à la distinguer du principe de l'amour de soi. En effet, puisque nous ne nous conformons pas toujours volontiers aux préceptes de la moralité, il suit que la moralité a besoin de nous être présentée sous la forme d'un devoir; tandis que le principe de l'amour de soi, étant une tendance de notre nature, n'a pas besoin d'être imposé, et que la seule chose à faire ici est d'indiquer les moyens à suivre pour lui donner la plus complète satisfaction possible.

6° Nous qualifions très-diversement nos actions et elles nous causent des sentiments très-divers, suivant que nous les considérons au point de vue de notre intérêt ou au point de vue de la moralité : nous pouvons nous affliger d'une imprudence commise, si ce n'est qu'une imprudence; une mauvaise action nous rend méprisables à nos propres yeux, alors même qu'elle est favorable à notre intérêt et que nous nous en rejouissons à ce titre. « Pour pouvoir se dire à soi-même : Je suis un *misérable*, quoique j'aie rempli ma bourse, il faut un autre criterium que pour se féliciter soi-même, et se dire : Je suis un homme *prudent*, car j'ai enrichi ma caisse [1]. »

[1] P. 187.

7° Enfin, non-seulement tout homme qui a transgressé la loi morale juge qu'il a mal agi ; non-seulement il se blâme et se condamne lui-même; mais il juge aussi que sa conduite mérite un châtiment. Or l'idée de la punition devient inexplicable dans le système qui fait tout reposer sur le principe du bonheur. On peut bien avoir en vue dans la punition l'intérêt même de celui que l'on punit; mais il faut d'abord que cette punition soit juste, c'est-à-dire que celui à qui on l'inflige puisse reconnaître qu'il l'a méritée ou que son sort est approprié à sa conduite. La justice, telle est la première condition de la punition : une action n'est punissable qu'autant qu'elle est mauvaise en soi, criminelle. Or, s'il en est ainsi, il est absurde de dire, avec les partisans de la morale égoïste, que le crime consiste précisément à attirer sur soi un châtiment. Ou si, comme le veulent ces philosophes, une action n'est mauvaise ou criminelle que parce qu'elle entraîne sur celui qui l'a commise des conséquences fâcheuses, entre autres un châtiment; si, par conséquent, ce n'est pas la méchanceté de l'action qui entraîne la punition, mais bien la punition qui fait la méchanceté de l'action ; il s'ensuit qu'en écartant la punition, on enlèverait à l'action son caractère criminel, et que, par conséquent, la justice consisterait bien plutôt à la supprimer. A moins qu'on ne voie dans la punition, comme dans la récompense, un moyen mécanique de conduire les hommes au but auquel ils aspirent, au bonheur; ce qui serait contraire à la dignité humaine et n'irait à rien moins qu'à faire de nous des automates.

C'est ainsi que Kant réfute et repousse la doctrine morale qui se fonde sur l'amour de soi. Il y en a une autre qui place le principe de la moralité dans un certain sens particulier, auquel elle donne le nom de *sens moral*. Kant l'avait déjà réfutée en passant dans les *Fondements de la métaphysique de mœurs*[1]. Tout en reconnaissant que cette doctrine est plus noble en apparence que celle de l'intérêt, il avait déjà fait remarquer qu'elle repose au fond sur le même principe, celui de l'amour de soi ou du bonheur personnel. Il lui adresse ici le même reproche, et ce reproche n'est que le corollaire d'un théorème démontré plus haut, à savoir que les principes pratiques *matériels*, quels qu'ils soient, se rattachent tous au principe de l'amour de soi. En outre, il avait déjà indiqué l'impuissance du sentiment à fournir une mesure égale du bien et du mal et une règle nécessaire. Il complète ici cette explication en signalant l'illusion où tombe la doctrine du sens moral. Elle suppose précisément ce qui est en question. En effet ce sentiment, par lequel elle prétend expliquer nos déterminations et nos jugements moraux, suppose lui-même ces déterminations et ces jugements. Pour pouvoir sentir cette satisfaction ou cette peine intérieur qui est liée à l'accomplissement ou à la violation du devoir, il faut déjà savoir reconnaître l'autorité de la loi morale. Par conséquent, on ne peut chercher dans la première le fondement de la seconde. Kant se plaît d'ailleurs à reconnaître le côté vrai de la doctrine qu'il réfute : notre nature est capable sans doute d'un senti-

---

[1] Voyez plus haut, p. 48.

ment particulier auquel on peut donner justement le nom de *sentiment moral*[1], et c'est notre devoir d'exciter et de cultiver ce sentiment, légitime auxiliaire de la loi morale; mais, comme il est lui-même déterminé par le concept de la loi morale ou du devoir, on ne peut expliquer celui-ci par celui-là : ce serait prendre la conséquence pour le principe.

Kant trace ici un tableau[2] comprenant tous les principes matériels sur lesquels on a vainement essayé de fonder la morale; ce tableau, déjà commencé dans les *Fondements*, ici complété, embrasse, selon lui, tous les cas possibles en dehors du principe qu'il propose.

Ici, comme dans les *Fondements*, il divise ces principes en deux classes : les uns *subjectifs* (ou empiriques); les autres *objectifs* (ou rationnels); et, ce qui est nouveau, il subdivise chacune de ces deux classes en deux espèces : externes ou internes. Les principes subjectifs externes sont l'*éducation* et la *constitution civile*; les internes, le *sentiment physique* et le *sentiment moral*. La *perfection* est le principe objectif interne; la *volonté de Dieu*, le principe objectif externe. Kant met des noms propres sous ces diverses espèces de principes : *Montaigne*, *Mandeville*, *Épicure*, *Hutcheson*, *Wolf* et les stoïciens, *Crusius* et d'autres théologiens moralistes.

Il ne dit rien des deux premiers principes; les deux suivants ont été suffisamment réfutés. Reste celui de la perfection et celui de la volonté divine. Il en

---

[1] Nous verrons plus loin (Chap. 3e de l'*Analytique*, trad. franç., p. 245) Kant en entreprendre l'analyse.
[2] Trad. franç., p. 191.

avait déjà dit quelques mots dans les *Fondements*[1]; il se borne ici à remarquer que ces principes, objectifs ou rationnels en ce sens que nous ne pouvons les concevoir qu'au moyen de la raison, deviennent forcément subjectifs et empiriques, dès qu'il s'agit de les appliquer à la volonté, car ils ne peuvent la déterminer qu'en mettant en jeu l'intérêt. En effet, si vous donnez pour but à notre activité la perfection ou la volonté de Dieu, et que vous fassiez de ce but un objet de la volonté antérieur à toute règle formelle, cet objet ne peut devenir une cause déterminante qu'au moyen de l'impression qu'il produit sur la faculté de désirer. Ainsi nous poursuivrons la perfection à cause des avantages que nous doit procurer le perfectionnement des facultés et des talents dont nous sommes doués; ainsi nous obéirons à la volonté de Dieu, à cause du bonheur que nous en attendons.

Il faut donc conclure que tous les principes exposés ici sont *matériels*; et, puisque ces principes, qui représentent tous les principes matériels possibles, sont impuissants à fournir à la morale sa loi suprême, il faut s'arrêter au principe formel, analysé plus haut : seul il a le caractère d'un impératif catégorique ou d'un devoir; seul il peut servir de mesure et de règle à la moralité.

Il est donc établi que nous concevons *à priori* un principe capable de déterminer la volonté par lui-même, à titre de principe purement rationnel et in-

---

[1] Voyez plus haut, p. 48.

dépendamment de tout élément empirique, ce que Kant exprime en disant que la raison pure peut être pratique. Nous avons vu plus haut [1] notre philosophe poser ce principe comme un fait, non pas sans doute comme un fait d'expérience, mais comme une inébranlable donnée de la raison. Nous l'avons vu aussi [2] lier à ce fait celui de la liberté, qui, selon lui, en est inséparable ou plutôt lui est identique : car une volonté soumise à la loi morale et une volonté libre, c'est tout un pour lui [3]. Or par là l'homme passe du monde sensible, auquel il appartient comme être physique, dans un ordre de choses tout différent, dans un monde intelligible, qu'il pouvait bien concevoir, mais dont il ne pouvait jusque là affirmer la réalité et déterminer la loi.

Tel est le résultat auquel aboutit l'*Analytique* de la raison pratique. Or Kant fait lui-même remarquer qu'il y a ici entre la raison pratique et la raison spéculative un étrange contraste [4].

Qu'on se rappelle en effet les résultats de l'*Analytique* de la raison spéculative. Il n'y a pour nous d'autre connaissance théorique possible que l'expérience ou la connaissance sensible, c'est-à-dire celle qui résulte de l'application des concepts de l'entendement aux intuitions sensibles, dans lesquelles il faut encore distinguer une partie pure qui en est la forme, à savoir l'espace et le temps ; et cette connaissance ne nous

---

[1] P. 85.
[2] Voyez plus haut, p. 81-83. — Cf. p. 51-53.
[3] *Ibid.*
[4] Trad. franç., p. 194.

fait pas connaître les choses telles qu'elles sont en soi, comme *noumènes*, mais seulement telles qu'elles nous apparaissent en vertu des conditions auxquelles les soumet la nature de notre esprit, comme *phénomènes*. A la vérité, quoique toute connaissance positive soit interdite à la raison théorique relativement aux choses considérées en elles-mêmes ; elle peut sans contradiction concevoir et supposer un ordre de choses échappant absolument aux lois du monde ou de la connaissance sensible : telle est la liberté de la volonté, qui n'est pas un objet d'expérience, qui semble même en contradiction avec la règle de l'expérience, c'est-à-dire avec la loi de la causalité naturelle, et qui pourtant peut fort bien être conçue et supposée à un certain point de vue. Mais, s'il nous est possible de concevoir ainsi la volonté échappant à la loi du monde sensible et libre par conséquent, ou en général de concevoir un monde intelligible, la raison théorique ne nous donne de cette liberté ou de ce monde intelligible qu'un concept négatif et ne nous permet pas d'en affirmer la réalité objective.

Il n'en est plus de même de la raison pratique. Par le fait de la loi morale, qui est indépendant de toutes les données du monde sensible, elle nous révèle ce monde supérieur, que nous ne faisions que supposer ; et elle nous le fait connaître d'une manière déterminée, car elle nous en donne la loi. La loi morale en effet, par cela même qu'elle est la loi de toute volonté libre ou autonome, c'est-à-dire de toute volonté capable de se gouverner elle-même par la seule raison, et de se rendre de la sorte indépendante des lois du monde sensible, la loi morale est ainsi la loi fondamentale d'un monde purement intelligible, auquel nous participons, en tant que nous nous reconnaissons soumis à cette loi.

Dans son rapport au monde sensible, dont nous ne laissons pas aussi de faire partie, puisque nous ne sommes pas des êtres purement raisonnables, mais aussi des êtres sensibles, ce monde intelligible peut être considéré comme un modèle, un *archétype*; de telle sorte que, si la raison pratique avait une efficacité suffisante, elle donnerait au premier la forme du second et réaliserait ainsi le souverain bien.

« La plus légère réflexion sur soi-même, dit Kant[1], prouve que cette idée sert en effet de modèle aux déterminations de la volonté. »

S'agit-il par exemple de rendre un témoignage ; je cherche une maxime telle que je puisse supposer sans contradiction une nature dans laquelle elle serait une loi générale Ainsi la loi de la véracité peut être considérée comme une loi universelle de la nature : on conçoit très-bien une nature qui aurait pour loi de forcer chacun à dire la vérité ; mais peut-on concevoir un ordre naturel de choses dont la loi permettrait à chacun de mentir? Non, car une telle loi ferait qu'il n'y aurait plus de témoignage possible. De même je veux savoir si j'ai le droit de disposer de ma vie : je me demande ce que serait une nature où chacun pourrait terminer arbitrairement la sienne. Une telle nature ne saurait subsister, car la loi même

---

[1] P. 197.

à laquelle elle serait soumise aurait pour effet de l'anéantir. La seule maxime que je puisse considérer comme une loi naturelle est celle qui me défend de disposer de ma vie à mon gré. De même pour tous les autres cas [1]. C'est ainsi que je me place en idée dans un ordre naturel de choses, dont ma raison détermine les lois universelles. A la vérité, dans la nature réelle, telle que l'expérience me la montre, la volonté m'apparaît comme soumise à des lois physiques qui constituent bien un ensemble naturel, mais non pas celui que réaliserait l'exécution des décrets de la raison pratique. Mais j'ai conscience aussi d'être soumis à ces décrets et d'être ainsi obligé de prendre pour règle l'idée d'une nature dont ils seraient les lois; et, si cette nature supra-sensible n'est pas une chose d'expérience, je la conçois comme un effet possible de la liberté, et comme l'objet que doit se proposer ma volonté, en tant que je suis un être purement raisonnable : elle a donc en ce sens une réalité objective.

On voit par là la différence qui existe entre une nature à laquelle la volonté est soumise et une nature soumise à une volonté libre. Dans la première les objets sont les causes des représentations qui déterminent la volonté : je recherche un objet en vue du plaisir qu'il doit me procurer; c'est l'idée du plaisir qui me détermine, et c'est l'objet que je recherche qui est la cause de cette idée. Au contraire dans la seconde, au lieu qu'un objet soit la cause de l'idée qui détermine

---

[1] V. plus haut, p. 33-38.

la volonté, c'est la volonté qui est la cause des objets, puisque c'est elle qui les réalise et qu'elle-même n'est déterminée par aucun autre motif que par ceux qu'elle puise dans la raison.

On voit aussi par là combien diffèrent ces deux problèmes : 1° comment la raison pure peut servir *à priori* de principe à la connaissance des objets; et 2° comment elle peut être immédiatement un principe de détermination pour la volonté, c'est-à-dire comment elle peut déterminer immédiatement la causalité d'un être raisonnable à produire quelque chose.

Le premier problème, qui est relatif à la connaissance des objets, appartient à la critique de la raison pure spéculative : ici la première chose à faire, c'est de montrer comment sont possibles *à priori* des intuitions, sans lesquelles nul objet ne peut nous être donné, et par conséquent, connu; et le résultat auquel on aboutit, c'est que, ces intuitions étant sensibles, elles ne peuvent donner lieu à aucune autre espèce de connaissance qu'à la connaissance sensible, ou à l'expérience, et que tous les principes de la raison spéculative, qui n'ont de valeur qu'en s'appliquant à ces intuitions, ne servent qu'à rendre l'expérience possible.

Mais le second problème, qui est relatif aux déterminations de la volonté et appartient à la critique de la raison pratique, est tout autre. Ici tout se borne à rechercher s'il ne peut y avoir pour la volonté d'autres principes de détermination que des représentations empiriques, ou si la raison pure ne peut être pratique, c'est-à-dire fournir une loi qu'on puisse considérer comme celle d'un ordre naturel que nous concevions comme possible par la liberté, quoiqu'il ne soit pas un objet d'expérience. Le concept même de la possibilité de cette nature supra-sensible est aussi le principe de sa réalisation par la volonté libre; en sorte qu'il n'y a pas besoin ici, comme dans le cas précédent, d'intuition *à priori*, chose d'ailleurs impossible en ce cas, car il s'agit d'une nature supra-sensible, et il n'y a pour nous d'autre intuition possible que l'intuition sensible. Il n'est pas même question de savoir si cette nature conçue comme possible est ou non réalisée par la volonté : il ne s'agit pas du fait, mais de la loi; de ce qui est, mais de ce qui doit être; et la critique ne s'inquiète ici que d'une seule chose, de savoir si et comment la raison pure peut être pratique, si et comment il peut y avoir une loi pratique pure.

Le point de départ, c'est donc la loi et non l'intuition, et le fondement de cette loi n'est autre que la liberté de la volonté, en ce sens qu'elle suppose nécessairement une volonté libre; car elle est précisément la loi de toute volonté libre, en sorte que la liberté étant donnée, elle en découle nécessairement, de même que, réciproquement, la loi étant donnée, la liberté est nécessaire [1].

Cette loi, Kant en a fait *l'exposition*, c'est-à-dire qu'il en a analysé les caractères et qu'il l'a distinguée de tous les autres principes pratiques; mais est-ce tout? Ne faut-il pas encore en justifier la valeur objective et

---

Cf. plus haut, p. 81-82.

universelle, et montrer comment est possible un principe synthétique de ce genre, c'est-à-dire selon la formule kantienne, en faire la *déduction*[1] ? On ne peut procéder ici, comme à l'égard des principes de la raison spéculative. Ceux-ci servant à constituer l'expérience, il suffisait, pour en déduire la possibilité et la valeur, de montrer que sans eux l'expérience ou la connaissance sensible serait elle-même impossible. Mais la loi morale n'a pas pour caractère de nous faire connaître des objets donnés dans l'intuition; son rôle est de déterminer la volonté à réaliser quelque chose de purement intelligible : on ne peut donc lui appliquer la même méthode, et en chercher l'explication dans les conditions mêmes de la connaissance des objets. Dans la déduction des principes de la raison spéculative, on pouvait invoquer l'expérience, qui ne saurait se passer de ces principes, et employer cette preuve empirique, à défaut de toute autre. Mais l'expérience n'est pas de mise ici; aussi bien la loi morale nous est-elle donnée comme un fait de la raison pure dont nous avons conscience *à priori*, et qui n'en serait pas moins certain, quand même nous ne pourrions trouver dans l'expérience un seul exemple où elle fût exactement observée. Il n'y a donc pas, à proprement parler, de déduction à faire de la loi morale : il faut se borner à la reconnaître comme un fait *à priori* de la raison pure[2] : c'est toujours là que Kant en revient; et, s'il ne croit pou-

---

[1] De là le titre de la partie de la *Critique* que nous analysons en ce moment : *De la déduction des principes de la raison pure pratique.* — Trad. franç., p. 194-208.

[2] Trad. franç., p. 203, et un peu plus haut, p. 201.

voir en donner aucune autre explication ni aucune autre preuve, il ne l'en tient pas pour moins solide.

Mais, si la loi morale n'est elle-même susceptible d'aucune déduction, en revanche elle sert de principe à la déduction d'une faculté impénétrable, que la raison spéculative admettait bien comme possible, lorsqu'elle réfléchissait sur le monde, mais qui lui demeurait toujours hypothétique. Kant veut parler de la liberté. Il rappelle ici comment la raison spéculative était conduite à reconnaître la possibilité de la liberté, mais comment aussi elle était dans l'impuissance d'en démontrer la réalité, puisque, d'après la critique de la raison pure, il n'y a pas de vraie connaissance en dehors de l'expérience, et que, dans l'expérience, nous ne pouvons nous représenter la volonté autrement que comme soumise à la loi de la causalité naturelle, c'est-à-dire à la nécessité. Sans doute, à un autre point de vue, il n'impliquait pas contradiction de la supposer libre[1] ; mais, si cette supposition était possible, nécessaire même, on ne pouvait l'ériger en une véritable connaissance et en établir la réalité objective, car on abandonnait ainsi l'expérience pour entrer dans un monde purement intelligible. La raison spéculative devait donc se borner à défendre le concept de la liberté, comme ne renfermant aucune contradiction ; mais elle laissait une lacune à remplir. Or cette lacune, la raison pratique est en mesure de la combler à l'aide de la loi morale : en posant comme un fait l'existence d'une loi qui fournit à la volonté un

---

[1] Cf. plus haut dans ce travail, p. 59-60.

principe de détermination indépendant de toute considération empirique, elle prouve la réalité objective, jusque là problématique, du concept de la libre causalité, dont ce principe est la loi et sans laquelle il serait lui-même un non-sens. C'est ainsi que, sur ce point, la raison pure, de *transcendante* qu'elle était, devient *immanente*. A la vérité elle n'y gagne pas une vue plus étendue, quant à la connaissance spéculative ; et, si elle attribue de la réalité objective au concept de la liberté, ce n'est que dans un but pratique, c'est-à-dire parce que la loi morale l'exige; mais, pour n'avoir de sens et de valeur qu'à ce point de vue, ou, comme dit Kant, pour n'être que pratique, cette réalité objective n'en est pas moins indubitable.

Kant rapproche ici [1] de sa doctrine celle d'un philosophe en qui il se plaît à reconnaître son précurseur, en même temps qu'il s'efforce de s'en distinguer profondément [2]. Selon lui, l'erreur fondamentale de ce philosophe est de n'avoir pas su distinguer des choses telles qu'elles nous apparaissent dans l'expérience, les choses telles qu'elles sont en soi; cette confusion explique sa théorie de la causalité et toutes les

---

[1] Trad. franç., p. 209 et suiv.
[2] Il lui attribue ici l'honneur d'avoir véritablement commencé toutes les attaques contre les droits de la raison pure ; mais il ajoute que ces droits exigeaient un examen complet de cette faculté, et on va le voir opposer les résultats de sa *Critique* au *Scepticisme* de Hume. « Le travail auquel je me suis livré, dit-il deux pages plus loin en rappelant ces résultats, fut, il est vrai, occasionné par le scepticisme de Hume; mais il alla beaucoup plus loin et embrassa tout le champ de la raison pure théorique, considérée dans son usage synthétique, c'est-à-dire tout ce qu'on appelle en général la métaphysique. »

conséquences qui en découlent. En effet, partant de là, Hume avait tout à fait raison de tenir le concept de cause pour une vaine illusion ; car, à considérer les choses en elles-mêmes, on ne voit pas comment, parce qu'on admet quelque chose A, on doit nécessairement admettre quelque autre chose B, et, par conséquent, il ne pouvait nous accorder *à priori* une telle connaissance des choses. D'un autre côté, un esprit aussi pénétrant ne pouvait non plus assigner au concept de la causalité une origine empirique ; car l'idée d'une liaison nécessaire entre A comme cause et B comme effet, telle que celle qu'implique ce concept, ne saurait dériver de l'expérience, et ce caractère de nécessité ne peut s'expliquer qu'au moyen d'un principe de la raison. Il ne restait donc qu'à déclarer le concept mensonger, ou à n'y voir plus qu'une illusion née de l'habitude que nous avons de percevoir certains phénomènes constamment associés dans l'expérience, et qui, en présence des uns, nous force à attendre le retour des autres; nous prenons insensiblement cette nécessité toute *subjective* pour une nécessité *objective*, ou existant dans les choses mêmes, et le concept de la causalité n'exprime autre chose que cette illusion. De cet empirisme sort un scepticisme qui va frapper tous les raisonnements par lesquels nous remontons des effets aux causes, c'est-à-dire toute la connaissance de la nature, et qui s'étend bientôt à toutes les branches de la connaissance humaine. Les mathématiques mêmes n'y échappent pas, quoique Hume veuille les y soustraire ; car les mathématiques reposent aussi, selon Kant, sur des propositions synthétiques, pareilles à celle de la causalité, et non, comme le voulait Hume, sur des propositions analytiques. La morale s'écroule aussi du même coup; car, si le concept de la causalité est un concept vain et chimérique, il n'y a plus lieu d'en faire un usage pratique ; ou, en d'autres termes, s'il n'y a pas de cause possible, il n'y a pas de cause libre, et, s'il n'y a pas de cause libre, il n'y a plus de loi morale. Mais Kant prétend avoir sauvé l'idée de cause de la ruine où l'avait précipitée la doctrine de Hume, en découvrant, ce qui avait échappé à ce philosophe, que les objets tels qu'ils nous apparaissent dans l'expérience ne sont pas des choses en soi, mais de purs phénomènes. En effet, si, relativement aux choses en soi, il est impossible de comprendre comment, parce qu'on admet A, il est contradictoire de ne pas admettre B, qui est entièrement différent de A, ou de concevoir la nécessité d'une liaison entre A comme cause et B comme effet, on conçoit très-bien que, comme phénomènes, c'est-à-dire comme objets de notre expérience, nous devions lier ces deux choses par un lien nécessaire, puisque autrement cette expérience même serait impossible, et nulle connaissance n'aurait lieu. De là la nécessité du concept de la causalité, que nous appliquons *à priori* aux choses qui nous apparaissent dans le temps; et par lequel nous les lions entre elles, de manière à en rendre la connaissance possible pour nous, en donnant ainsi à l'expérience l'unité dont elle a besoin. Voilà donc ce concept rétabli, et ramené à sa véritable source, qui n'est autre que l'entendement pur. A la vérité on n'en établit ici la valeur objective qu'en l'appliquant aux choses de l'expérience, laquelle sans lui serait impossible : reste à prouver qu'il s'applique également aux choses considérées en elles-mêmes et en dehors des conditions de l'expérience, ou, comme dit Kant, aux *noumènes*. Or, puisqu'il n'est pas, comme le voulait Hume, entièrement chimérique, et qu'il a sa source dans l'entendement pur, il est au moins possible qu'il ait aussi cette application, et la critique de la raison spéculative a établi cette possibilité. A la vérité encore nous n'en sommes pas plus avancés au point de vue de la connaissance théorique ; et, quoique ce soit une manière d'achever celle-ci ou de l'accomplir que de lui donner pour limite le principe d'une libre causalité, il n'y a là aucune vraie et solide connaissance. Mais il n'y a non plus aucune contradiction ; et, si cette application du principe de la causalité se trouve justifiée à quelque autre point de vue, nous pourrons l'admettre sans difficulté. Or c'est ce qui arrive justement au point de vue pratique : la loi morale, qui nous est donnée comme un fait de la raison pure pratique, veut une volonté pure, c'est-à-dire une volonté capable de la pratiquer indépendamment de tout mobile sensible; et, puisque, le concept de la volonté impliquant celui de la causalité, le concept d'une volonté pure implique celui d'une causalité libre, ainsi se trouve justifiée la réalité objective de ce dernier concept : la loi morale lui communique sa propre valeur, et elle le peut faire sans contredire en rien la raison théorique. Nous avons déjà remarqué [1] que, selon Kant, cette application du concept de la causalité n'étendait pas le moins du monde

---

[1] Voy. plus haut, p. 105. — Cf. p. 53 et 61.

notre connaissance spéculative, aux yeux de laquelle la liberté de la volonté restait toujours quelque chose de transcendant : nous ne l'admettons que dans un but pratique, non dans un but théorique; mais nous ne dépassons pas notre droit en nous en servant dans ce but, ce qui arriverait si, à l'exemple de Hume, on commençait par ruiner entièrement le concept de la causalité.

Il ajoute ici qu'une fois cette réalité objective attribuée à un concept de l'entendement pur dans le champ du supra-sensible, toutes les autres catégories participent au même privilége, mais seulement dans leur rapport nécessaire avec le principe déterminant de la volonté pure, c'est-à-dire avec la loi morale, et sans que cela ajoute absolument rien à notre connaissance de la nature des objets auxquels nous les appliquons. Mais la question de l'étendue et des limites de la connaissance pratique, à peine indiquée ici par Kant, se représentera plus loin ; nous nous y arrêterons alors autant qu'il sera nécessaire. Passons maintenant au second chapitre de l'Analytique, ayant pour titre : *Du concept d'un objet de la raison pure pratique*[1].

II.

Ce concept n'est autre chose que celui du bien et du mal moral. Le bien et le mal moral, tel est en effet l'objet de la raison pure pratique. Mais, comme on le

---

[1] Trad. franç., p. 220-245.

verra tout-à-l'heure, nous ne pouvons, selon Kant, déterminer cet objet ou ce concept qu'en partant des principes de la raison pure pratique, c'est-à-dire de la loi morale. La méthode contraire, celle qui commence par poser l'idée du bien et du mal pour en déduire le principe déterminant de la volonté, semble d'abord plus naturelle, et c'est la marche généralement suivie; mais, en pervertissant l'ordre des idées, elle en pervertit la nature, et là est justement la cause des erreurs où sont tombés les moralistes qui ont ainsi procédé. La vraie méthode veut donc qu'on aille de l'idée de la loi morale à celle du bien ou du mal, non de l'idée du bien ou du mal à celle de la loi morale; et c'est pourquoi Kant, après avoir commencé par établir la loi morale dans son premier chapitre, sous le titre de *principes de la raison pure pratique*, entreprend, dans le second, de déterminer, sous le titre de *concepts de la raison pure pratique*, l'idée du bien et du mal moral.

Lorsqu'on parle des objets de la raison pratique en général, ou de ce qui peut être l'objet de la volonté d'un être raisonnable, il faut bien distinguer. Ou bien, en effet, notre volonté se détermine en vue du plaisir qu'une certaine chose doit nous procurer, et alors c'est dans cette chose qu'il faut chercher la cause de notre détermination; ou bien, nous plaçons le principe déterminant de notre volonté dans une loi qui lui est immédiatement imposée par la raison, à titre de principe de législation universelle, et alors, c'est en elle-même ou dans sa qualité de volonté raisonnable, et non dans quelque objet antérieur, qu'elle puise son principe déterminant. Or, dans le premier cas, pour pouvoir considérer une chose comme un objet de la raison pratique, il faut savoir si cette chose est physiquement possible, c'est-à-dire si elle peut être réalisée par le libre usage de nos facultés. Mais, dans le second, pour savoir si quelque chose est en effet un objet de la raison pure pratique, il suffit de chercher si nous pouvons moralement vouloir l'action qui réaliserait cette chose, à supposer qu'il fût en notre pouvoir de la réaliser physiquement. Ce n'est donc plus de la possibilité physique de l'action, mais de la possibilité morale qu'il est ici question, car nous ne plaçons plus le principe déterminant de cette action dans quelque objet, comme dans le premier cas, mais dans la loi même de la volonté.

On peut donc entendre en deux sens très-différents ce que l'on appelle un objet de la raison pratique ; et, comme les objets de la raison pratique ne sont autre chose que le bien et le mal, il suit déjà de ce que nous venons de dire qu'il y a deux espèces de bien et de mal.

Il y a d'abord ce bien ou ce mal qui n'exprime autre chose qu'un rapport des objets à notre sensibilité ; et c'est le seul que l'on puisse concevoir, lorsqu'au lieu de tirer l'idée du bien et du mal de la conception d'une loi pratique, on cherche dans la première le fondement de la seconde. Car d'où pourrait-on dériver l'idée du bien et du mal, sinon du rapport des objets à notre sensibilité, au sentiment de plaisir ou de peine qu'ils peuvent exciter en nous, c'est-à-dire d'un rapport que l'expérience seule peut déterminer, puisqu'il est impossible de savoir *à priori* quelle chose procure du plaisir, et quelle chose de la peine. Que, pour rester fidèle à l'usage de la langue, qui n'appelle pas seulement bien ce qui est immédiatement agréable, ou mal ce qui est immédiatement désagréable, on distingue encore, si l'on veut, le bien de l'agréable, le bien ne pourra toujours être conçu que comme un moyen dont l'agréable serait le but. Autrement, à quel titre une chose pourrait-elle être jugée bonne, puisque nous ne concevrions rien qui fût bon en soi? Le bien, dans ce cas, ne serait donc tout au plus que l'utile.

Mais il y a un autre bien et un autre mal que celui qui se fonde sur le rapport des objets à la sensibilité et qui est essentiellement relatif; il y a un bien qui naît du rapport de la raison à la volonté, en tant que la seconde puise dans la loi de la première le principe qui la détermine à faire quelque chose; et, comme ce bien ne se rapporte pas à la manière de sentir de la personne, mais à sa manière d'agir, ou à la règle de la raison qui doit être sa cause déterminante, il suit qu'il est essentiellement absolu.

C'est à cette espèce de bien ou de mal que songeait ce stoïcien, qui, au milieu des plus vives souffrances de la goutte, s'écriait : Douleur, tu as beau me tourmenter, je n'avouerai jamais que tu sois un mal ! Il ne voulait pas dire qu'il ne sentît pas la douleur, mais seulement qu'elle n'était pas un mal, en ce sens que, si son bien-être en souffrait, la valeur de sa personne n'en était nullement diminuée, comme s'il s'était rendu coupable de quelque mensonge ou de quelque injustice [1].

[1] Trad. franç., p. 225.

Voilà donc deux idées du bien ou du mal qu'il faut soigneusement distinguer, quoique, comme le remarque Kant, la langue latine [1], — et nous pouvons ajouter la langue française, — les confonde sous une seule et même expression [2] : d'un côté, ce qui est bon ou mauvais relativement à notre manière de sentir, ou ce que l'on appelle ordinairement le bien ou le mal physique; de l'autre, ce qui est bon ou mauvais en soi, ce que nous concevons immédiatement comme tel en vertu d'une loi de la raison et indépendamment de toute considération empirique, ou le bien et le mal moral.

Sans doute la considération de notre bien et de notre mal a une grande part dans nos jugements pratiques, et notre nature sensible rapporte tout au bonheur, c'est-à-dire à la plus complète et à la plus durable satisfaction possible de tous ses besoins : car le bonheur est autre chose aussi que le plaisir fugitif du moment. Mais, si le bonheur est le but de notre nature sensible, il n'est pas tout le but de la vie; nous n'y devons pas tout rapporter en général. L'homme a des besoins à satisfaire, puisqu'il est un être sensible : partant, sa raison a une charge à laquelle elle ne peut se refuser, celle de veiller aux intérêts de notre sensibilité, c'est-à-dire à notre bonheur, et de nous fournir des maximes en vue de ce but. Mais elle a aussi une

---

[1] De là le sens équivoque de cette formule de l'école : *Nihil appetimus, nisi sub ratione boni; nihil aversamur, nisi sub ratione mali.*

[2] Plus heureuse, la langue allemande a deux expressions différentes pour désigner ces deux espèces différentes de bien ou de mal : *Gute* et *Wohl*; *Bœse* et *Uebel* (ou *Weh*).

fonction supérieure. Si elle ne nous avait été donnée que pour jouer en nous le rôle que l'instinct remplit chez les animaux, il n'y aurait rien là qui nous fît bien supérieurs à eux. Mais l'homme est capable aussi de prendre en considération ce qui est bon ou mauvais en soi, indépendamment de tout intérêt personnel, et c'est surtout pour cela qu'il a reçu le privilége de la raison : là est le but et la dignité de la vie.

Il faut donc bien se garder de confondre ce qui est bon ou mauvais en soi et ce qui n'est bon ou mauvais que relativement. La raison seule est juge de la première espèce de bien ou de mal ; la seconde se rapporte toujours à notre sensibilité. De là aussi le moyen de les distinguer. S'agit-il d'un principe rationnel que nous concevions comme étant, par lui-même et indépendamment de toute considération sensible, la loi de notre volonté, nous devons regarder toute action faite en vue de cette loi et la volonté qui s'y conforme comme bonnes en soi et absolument, et ce bien lui-même, comme la condition à laquelle tout autre bien doit être subordonné, et sans laquelle nul autre n'a de prix. S'agit-il, au contraire, de quelqu'une de ces maximes qui ont pour but de nous procurer tel plaisir ou de nous soustraire à telle peine, quoique la raison intervienne ici pour nous indiquer les moyens à suivre, afin d'arriver plus sûrement à ce but, les actions que nous faisons en conséquence de ces maximes ne sont pas bonnes par elles-mêmes, mais seulement dans leur rapport au plaisir ou à la peine. Le bien ou le mal n'est donc pas ici absolu, mais relatif ; et ce but même n'est pas quelque chose qui soit bon absolument, puisqu'il se fonde sur la sensibilité et non sur la raison. Il n'y a donc que la raison pure qui puisse fournir et déterminer l'idée du bien absolu.

C'est ici que Kant explique pourquoi, selon lui, la vraie méthode exige qu'au lieu de commencer par déterminer la notion du bien et du mal, qui semble d'abord devoir servir de fondement à celle de la loi morale, on débute au contraire par la seconde, pour en tirer ensuite la première. Supposez que l'on veuille déterminer d'abord l'idée du bien et du mal, afin d'en dériver la loi de la volonté : on devra faire abstraction de toute idée antérieure de la loi morale, c'est-à-dire d'un principe conçu comme devant être la loi de notre conduite, par cela seul qu'il est conçu comme la loi de toute volonté raisonnable. Que nous concevions d'abord une telle loi, c'est ce que nous sommes censés ignorer; car c'est précisément ce dont il s'agit, et il est contraire à toute méthode philosophique de supposer ce qui est en question. Il faut donc partir exclusivement de l'idée du bien ou du mal. Or, puisque l'on ne peut fonder cette idée sur celle d'une loi pratique *à priori*, que reste-t-il, sinon d'en chercher l'explication dans l'accord des objets avec notre sensibilité? En effet quelle autre pierre de touche aurions-nous, pour juger du bien et du mal? Mais, comme l'expérience seule peut nous enseigner cet accord, il suit que la loi qu'on tirera de là sera toujours empirique, et ne s'élèvera jamais à la hauteur d'un principe moral absolu. On voit donc que la première chose à faire ici, c'est de chercher si la raison ne nous fait pas d'abord concevoir une telle loi, pour en dériver ensuite l'idée du bien; car, en suivant la méthode opposée, on manque le but qu'on veut atteindre. Et c'est ce qui explique, selon Kant, toutes les erreurs où sont tombés les philosophes touchant le principe suprême de la morale. Cherchant d'abord un objet de la volonté qui servît de fondement à la loi qu'ils voulaient établir, au lieu de commencer par déterminer la loi même que la raison impose *a priori* à notre volonté et par laquelle elle en détermine aussi l'objet, il leur fallait toujours recourir à un certain rapport des objets à notre sensibilité; et, par conséquent, quel que fût l'objet auquel ils s'arrêtassent, bonheur, perfection, sentiment moral ou volonté de Dieu, ils étaient toujours condamnés à n'aboutir qu'à un principe hétéronome. Les anciens suivaient aussi cette méthode vicieuse, en se proposant de déterminer d'abord le concept du souverain bien, pour faire ensuite de ce concept la règle de la volonté, ou y fonder la loi morale. Chez les modernes, la question du souverain bien semble n'être plus à l'ordre du jour; mais, sous des expressions plus vagues, la méthode est tout aussi vicieuse, et l'on manque également le but, qui est à savoir de fonder une loi morale capable de dicter *a priori* des ordres universels.

Les concepts du bien et du mal, que Kant vient de tirer de la loi morale, ne se rapportent point à des objets, comme ceux de l'entendement, mais aux déterminations d'une causalité que nous concevons comme indépendante des lois de la nature, c'est-à-dire d'une libre causalité. Si donc on peut les considérer comme des modes de la catégorie de la causalité, il ne faut pas oublier qu'il n'est plus question ici de la causalité naturelle, mais d'une causalité dont les lois sont celles mêmes de la liberté, et non plus celles de la nature. Mais aussi, comme il n'en reste pas moins que ces modes n'ont d'application possible que dans le monde des phénomènes, puisque, si les actions déterminées par la loi morale doivent être considérées comme les actes d'une causalité intelligible, elles appartiennent aussi aux phénomènes, comme évènements du monde sensible, il suit que, sous ce rapport, ils supposent les catégories de l'entendement. Seulement il ne s'agit pas de les employer à la connaissance des objets donnés dans l'expérience, en ramenant la diversité des intuitions à l'unité de conscience, mais de les appliquer à la détermination du libre arbitre, en ramenant la diversité des désirs à l'unité de la loi morale, dont nous avons conscience comme de la loi de la raison pure. De là ce que Kant appelle les *catégories de la liberté*[1], qu'il distingue de celles de la nature. Les premières ont sur les secondes un avantage signalé : tandis que celles-ci ne sont que des formes générales de la pensée, qui ne peuvent être converties en connaissances qu'autant qu'elles s'appliquent à des intuitions sensibles, celles-là ne supposent autre chose que la forme même d'une volonté pure, et, étant indépendantes des intuitions sensibles, elles sont immédiatement des connaissances. Il ne s'agit pas en effet des conditions physiques d'une action, mais seulement de la détermination de la volonté; et ici, chose singu-

[1] P. 234.

lière, le concept pratique est le principe même de la réalité de ce à quoi il s'applique.

Kant trace ici [1] un *tableau des catégories de la liberté relativement aux concepts du bien et du mal*; mais il fait remarquer que ce tableau, concernant la raison pratique en général, embrasse, avec des catégories qui sont encore moralement indéterminées, mais qui sont prises assez universellement pour s'entendre aussi de la volonté pure, celles qui sont uniquement déterminées par la loi morale. Ce tableau est-il aussi clair que son auteur le veut bien dire, et surtout est-il de tous points aussi solide et aussi utile qu'il le prétend [2]? Sans doute la science doit avoir à cœur de fonder ses divisions sur des principes; mais, en visant trop au caractère systématique, on tombe souvent dans l'artificiel, et c'est, je crois, avec l'une des principales qualités, l'un des plus graves défauts de notre philosophe.

On vient de voir comment les concepts du bien et du mal, qui déterminent un objet pour la volonté, sont eux-mêmes déterminés par les lois de la raison pratique. Il ne s'agit plus que de décider si telle ou telle action, physiquement possible, est ou non un cas qui rentre sous la règle, ou d'appliquer *in concreto* à une certaine action ce que la règle contient *in abstracto*. C'est l'affaire du Jugement pratique. Mais ici se présente une difficulté : tous les cas possibles d'action étant nécessairement soumis, comme événements du monde sensible, à la loi de la nature, et, à ce titre, devant être rattachés à des principes empiriques de

[1] Voyez Trad. franç., p. 236.
[2] P. 237.

détermination, comment leur appliquer une loi d'après laquelle la volonté doit pouvoir se déterminer indépendamment de tout élément empirique et sans aucun autre motif que la considération de cette loi même ? Cela ne semble-t-il pas absurde ? Et dès-lors où trouver un cas auquel s'applique le concept intelligible du bien moral ? Lorsque, dans l'exercice de la raison théorique, il s'agit d'appliquer les concepts purs de l'entendement, par exemple celui de la causalité, on trouve dans les conditions *à priori* de la sensibilité des formes qui rendent cette application possible et servent ainsi de *schèmes* à ces concepts. Mais ici, l'objet étant supra-sensible, on ne trouve dans aucune intuition sensible rien qui y corresponde. Comment donc sortir de la difficulté que présente l'application d'une loi de la liberté à des actions qui, comme événements du monde sensible, appartiennent à la nature et rentrent sous sa loi ? Kant nous indique une issue : il remarque que, quand il s'agit de subsumer sous une loi de la raison pure pratique une action réalisable dans le monde sensible, il n'est pas question de la possibilité de l'action considérée comme événement de ce monde, ou que la question n'est pas de savoir ce qui a lieu en effet dans le monde sensible, mais ce qui doit avoir lieu d'après la loi de la liberté[1]. Il n'y a donc plus besoin, comme quand il s'agit des choses d'expérience, d'une schème ou d'une forme universelle, fournie par l'intuition sensible, à laquelle on puisse appliquer le concept de la causalité. Ce concept est soumis ici à

[1] Cf. plus haut, p. 102.

des conditions toutes différentes de celles qui constituent la liaison naturelle des effets et des causes : il est indépendant de toute condition sensible. Aussi n'y a-t-il point d'intuition, et, par conséquent, de schème sensible à y subsumer pour l'appliquer *in concreto*.

Mais aussi, comme il s'agit d'appliquer à des objets sensibles, aux actions humaines (quelles qu'elles soient d'ailleurs en fait), le concept de la loi morale, et par suite celui du bien absolu, nous devons pouvoir donner à cette loi la forme d'une loi de la nature ; et cette forme, en nous servant de règle pour juger si les actions données rentrent ou non dans la loi morale, c'est-à-dire sont moralement bonnes ou mauvaises, sert ainsi de *type* à cette loi[1]. « Demande-toi si, en considérant l'action que tu as en vue comme devant arriver d'après une loi de la nature dont tu serais toi-même partie, tu pourrais encore la regarder comme possible pour ta volonté » ; telle est donc la règle que Kant nous présente ici[2]. Telle est aussi celle que nous suivons dans nos jugements. Qui voudrait faire partie d'un ordre de choses où chacun croirait pouvoir se permettre de tromper, quand il y trouverait son avantage, ou bien se montrerait parfaitement indifférent aux maux d'autrui ? Je sais très-bien que, si je me permets secrètement quelque infraction à la loi, ce n'est pas une raison pour que chacun en fasse autant de son côté ; mais je reconnais aussi que, si cela arrivait, cet ordre de choses me serait insupportable, et c'est pour-

---

[1] Voyez plus haut dans ce travail, p. 32 et 99.
[2] Trad. franç., p. 241.

quoi, si je veux être conséquent avec moi-même, je juge que je ne dois pas me permettre ce que je ne voudrais pas que tout le monde se permît, ou que je ne dois pas agir de telle sorte que la maxime de mon action ne puisse revêtir la forme d'une loi universelle de la nature.

C'est ainsi que, pour employer les expressions de Kant, nous nous servons de la nature du monde sensible, considérée dans sa forme, comme d'un type d'une nature intelligible. C'est là ce qu'il appelle la *typique de la raison pure pratique*. Elle nous préserve à la fois de l'*empirisme* et du *mysticisme* : de l'empirisme, qui fait dépendre les concepts du bien et du mal moral de l'expérience ; du mysticisme, qui croit avoir l'intuition d'un monde intelligible, d'un royaume invisible de Dieu, où il cherche l'application de ces concepts, et qui s'égare ainsi en des régions transcendantes. Entre ces deux excès opposés se place le *rationalisme*, qui prend tout juste à la nature sensible ce que la raison pure est capable d'en concevoir par elle-même, la forme de lois, et qui ne transporte au monde supra-sensible que ce qui peut réellement s'exprimer dans le monde sensible sous la forme de lois générales de la nature. Mais c'est surtout contre l'empirisme que Kant veut nous mettre en garde, car c'est là surtout qu'est le danger. Le mysticisme n'est pas absolument incompatible avec la pureté et la sublimité de la loi morale, et ce n'est pas d'ailleurs une chose naturelle et qui aille au commun des hommes. L'empirisme, au contraire, en substituant au principe du devoir celui de l'intérêt, empoisonne la moralité dans sa source, dans l'intention; et, en flattant la sensibilité de chacun, il séduit aisément l'humanité qu'il dégrade [1].

III.

Dans le premier chapitre de son Analytique, Kant nous a présenté la loi morale comme une règle pratique absolue, ou comme un principe qui oblige la volonté à titre même de loi pour toute volonté raisonnable ; dans le second, il nous a montré comment ce principe détermine en même temps les concepts du bien et du mal moral, ou des objets de la volonté. Reste à expliquer comment ce même principe, que nous concevons, objectivement, comme la loi suprême de notre volonté, peut en être aussi, subjectivement, la cause déterminante, ou comme dit Kant, le mobile. Le mobile de toute détermination morale ne peut être que l'effet même de la loi morale : car toute action, qui n'est pas faite en vue de la loi morale, aurait beau être entièrement conforme à cette loi, elle pourrait bien avoir un caractère légal, elle n'aurait point un caractère moral ; et, si elle était bonne quant à la lettre, elle ne le serait pas quant à l'esprit. C'est donc dans la loi morale elle-même qu'il faut chercher la raison de l'influence qu'elle doit exercer sur la volonté. Mais il reste à déterminer cette influence ou à montrer quel effet elle produit sur le sujet qui s'y reconnaît soumis

[1] Trad. franç., p. 244.

et de quelle manière elle devient pour lui un mobile. Or c'est ce que l'on peut faire *à priori*[1], et c'est ce que Kant entreprend dans le nouveau chapitre, auquel nous sommes arrivés, et dont on peut déjà comprendre le titre : *Des mobiles de la raison pure pratique*[2].

La loi morale exige, dans certains cas, le sacrifice de nos inclinations, quelquefois les plus chères, lorsqu'elles sont contraires à ses prescriptions ; dans d'autres cas, lorsqu'elles semblent lui être favorables, elle en exclut le concours ; dans tous les cas, elle leur porte ainsi un véritable préjudice. Or, par cela même qu'elle porte préjudice à tous nos penchants, elle doit exciter en nous un certain sentiment de peine. Tel est l'effet qu'elle doit d'abord nécessairement produire sur nous ; cet effet, jusqu'ici purement négatif, peut être déterminé *à priori* : Kant remarque que c'est ici le premier et peut-être le seul cas ou il soit permis de déterminer *à priori* le rapport d'un concept ou d'une connaissance au sentiment du plaisir ou de la peine. Insistons avec lui sur ce premier effet de la loi morale. Il y a dans l'homme un double penchant qui résume en quelque sorte tous les autres, et qui consiste à tout

---

[1] Il y a quelque contradiction entre ce que Kant dit ici et ce qu'il avait dit dans les *Fondements de la Métaphysique des mœurs*. Voyez plus haut, p. 62. — Mais il faut ajouter qu'il distingue la question que nous venons de poser, d'après lui, de celle de savoir comment la loi morale peut être par elle-même et immédiatement un principe de détermination pour la volonté : il ramène cette dernière à celle de savoir comment est possible une volonté libre, et la déclare insoluble. Nous retrouvons donc ici encore cette excessive réserve que nous avions déjà rencontrée dans l'ouvrage que nous venons de rappeler.

[2] Trad. franç., p. 245-272.

rapporter à soi, et à s'estimer soi même au-dessus de tout : c'est l'amour de soi et la présomption. Or la loi morale exclut des déterminations de la volonté l'amour de soi, et elle confond la présomption. Elle repousse en effet toute prétention à l'estime de soi-même qui ne se fonde pas sur la moralité. Ainsi elle nous humilie. C'est là le sentiment négatif qu'elle produit en nous par son opposition même aux inclinations de notre nature sensible et au penchant que nous avons à les ériger en lois. Mais nous n'avons considéré encore l'effet de la loi morale que par son coté négatif. Or il a aussi un coté positif; car cette loi est quelque chose de positif en soi : c'est la loi de toute volonté libre. En même temps donc qu'elle est pour nous une cause d'humiliation, elle est aussi un objet de respect, même du plus grand respect, et la source d'un sentiment positif, dont nous pouvons aussi reconnaître *à priori* la nécessité, car il a une cause tout intellectuelle. L'effet produit en nous par la loi morale est donc double : négatif d'un coté, positif de l'autre, c'est à la fois un sentiment d'humiliation et de respect.

Cet effet ou ce sentiment, que l'on peut désigner sous le nom de sentiment moral, est précisément le mobile que nous cherchons. C'est par là que la loi morale exerce sur le sujet l'influence dont elle a besoin pour se faire obéir. En effet, en enlevant à l'amour-propre son influence, et à la présomption son illusion, elle écarte un obstacle redoutable et acquiert ainsi une force réelle : car on peut estimer un obstacle écarté à l'égal d'un effet positif. C'est ainsi que le sentiment dont nous venons de parler et qui n'est autre chose que l'effet même de la loi morale est en même temps le mobile de la moralité.

En appelant ainsi le sentiment moral au service de la loi morale, Kant veut qu'on remarque bien qu'il ne fait pas de ce sentiment, à l'exemple de certains moralistes dont il a déjà réfuté la doctrine[1], quelque chose d'antérieur à la loi morale et lui servant de fondement. Le sentiment dont il s'agit ici est l'effet même de la loi, et, par conséquent, il la suppose. Ce n'est donc pas un sentiment d'une espèce particulière, qui aurait d'abord son principe dans notre nature sensible et nous prédisposerait à la moralité, si l'on pouvait encore parler de moralité, dans cette supposition. Sans doute la condition de ce sentiment est dans notre sensibilité; mais la cause qui le détermine n'est pas du tout sensible, elle est intellectuelle, ou, comme dit Kant, ce n'est point un effet *pathologique*, mais un effet *pratique*.

C'est donc dans la loi morale même qu'il faut chercher le principe du sentiment moral, et par suite du mobile de la moralité; et ce sentiment se confond avec celui du respect, lequel en effet n'est pas autre chose que le sentiment, négatif et positif tout ensemble, déterminé en nous par la loi morale. Aussi voit-on qu'il ne peut s'appliquer aux choses ou aux animaux, comme aux personnes, c'est-à-dire à des êtres soumis à cette loi. Certaines choses ou certains animaux peuvent nous inspirer de l'inclination ou de l'amour, et d'autres, de la crainte, mais jamais de respect.

---

[1] Voyez plus haut, p. 48 et 94.

L'admiration même qui ressemble si fort au respect est un sentiment d'étonnement que les choses ou les animaux peuvent produire en nous, par exemple la hauteur de certaines montagnes, la grandeur et la multitude des corps célestes, la force et l'agilité de quelques animaux ; mais ce n'est pas encore là le sentiment du respect. Un homme peut aussi être un objet d'amour ou de crainte, d'admiration ou d'étonnement, sans être pour cela un objet de respect. « Je m'incline devant un grand, disait Fontenelle, mais mon esprit ne s'incline pas. » « Et moi j'ajouterai, s'écrie Kant[1], après avoir rapporté ces paroles de Fontenelle, devant l'humble bourgeois, en qui je vois l'honnêteté du caractère portée à un degré que je ne trouve pas en moi-même, mon esprit s'incline, que je le veuille ou non, et si haut que je porte la tête, pour lui faire remarquer la supériorité de mon rang. C'est que son exemple me rappelle une loi qui confond ma présomption, quand je la compare à ma conduite, et dont je ne puis regarder la pratique comme impossible, puisque j'en ai sous les yeux un exemple vivant... Le respect est un tribut que nous ne pouvons refuser au mérite ; nous pouvons bien ne pas le laisser paraître au dehors, mais nous ne saurions nous empêcher de l'éprouver intérieurement. »

Nous ne nous y livrons pas d'ailleurs volontiers, car nous n'aimons pas naturellement ce qui nous humilie, ou ce qui nous rappelle notre propre indignité. Aussi nous plaisons-nous à chercher dans la conduite des

---

[1] P. 253.

hommes, même des morts, qui ont droit à notre respect, quelque chose qui puisse alléger ce fardeau et nous dédommager de l'humiliation que nous ressentons devant eux. Bien plus, si nous aimons à rabaisser la loi morale elle-même, cet objet suprême de notre respect, jusqu'au point d'en faire un précepte d'intérêt bien entendu, n'est-ce pas, demande Kant, pour nous débarrasser de ce terrible respect qu'elle nous impose? Ce n'est donc pas, à proprement parler, un sentiment de plaisir que le sentiment du respect, puisqu'il nous coûte tant. Mais, d'un autre côté, ce n'est pas non plus un pur sentiment de peine ; car, une fois que nous avons mis notre présomption à nos pieds et que nous avons donné à ce sentiment une influence pratique, nous ne pouvons plus nous lasser d'admirer la majesté de la loi morale, et notre âme se croit élevée elle-même d'autant plus qu'elle voit cette sainte loi plus élevée au-dessus d'elle et de sa fragile nature [1].

On a vu tout-à-l'heure comment le sentiment de respect que la loi morale nous inspire est en même temps un *mobile* qui nous porte à l'observer. De là aussi l'*intérêt* que nous attachons à cette loi, et qui, entièrement indépendant des sens, a uniquement sa source dans la raison. De là enfin les *maximes* en vertu desquelles nous n'agissons pas seulement conformé-

---

[1] Kant veut même que l'admiration qu'excite en nous un grand talent joint à une activité non moins grande ait au fond le même principe que le sentiment du respect. Car, comme il nous est impossible de faire exactement, dans un homme d'un grand talent, la part des dispositions naturelles et celle de l'activité personnelle, nous lui faisons de ce talent un mérite moral, que nous nous proposons comme un exemple.

ment à la loi, mais par respect pour elle, et qui donnent ainsi à notre conduite un caractère vraiment moral. Mais il faut remarquer que ces trois concepts, d'un mobile, d'un intérêt et d'une maxime, comme celui même du respect sur lequel ils se fondent, ne peuvent s'appliquer qu'à des êtres finis et partant sensibles, tels que nous. Supposez en effet un être infini et pur de tout mouvement sensible, comme Dieu : sa volonté s'accordera toujours d'elle-même avec la loi de sa raison ; et alors disparaîtra ce sentiment de respect, négatif et positif tout à la fois, dont nous avons tout-à-l'heure expliqué l'origine par le conflit qui s'engage en nous entre la loi morale et les penchants de notre sensibilité. Par la même raison, il n'y aura plus besoin ici d'un *mobile*, qui pousse la volonté à l'accomplissement d'une loi à laquelle elle se conforme naturellement ; d'un *intérêt*, qui l'attache à la pratique de cette loi ; de *maximes*, qui la lui fassent prendre pour motif déterminant. Tout cela suppose une volonté dont les intentions ne sont pas naturellement conformes aux lois de la raison, mais qui, rencontrant dans sa nature un obstacle à l'accomplissement de ces lois, a besoin d'y être poussée par quelque moyen, c'est-à-dire une volonté comme celle de l'homme.

Là est aussi le principe de l'idée de contrainte qu'éveille en nous la loi morale et qu'exprime le mot *devoir*[1]. Telle est notre nature que notre volonté ne suit pas d'elle-même et volontiers les lois de la raison ;

---

[1] Cf. plus haut, p. 74 et les pages déjà citées.

il faut pour cela qu'elle lutte contre les penchants de notre sensibilité et qu'elle leur fasse violence. Ainsi la nécessité pratique qui est le caractère de la loi morale revêt en nous une forme coërcitive, la forme de l'obligation ou du devoir. C'est sous cette forme que la loi morale se présente à l'homme, et c'est par là qu'elle produit en nous ce sentiment de respect que nous avons décrit tout-à-l'heure et qui doit être le mobile de nos déterminations morales. Agir par devoir ou par respect pour la loi, non par amour et par inclination, telle est en effet la moralité humaine.

« Il est très beau, dit Kant, dont je ne puis m'empêcher de reproduire ici les éloquentes paroles [1], « il est très beau de faire du bien aux hommes par humanité et par sympathie, ou d'être juste par amour de l'ordre; mais ce n'est pas là encore la vraie maxime morale qui doit diriger notre conduite, celle qui nous convient, à nous autres hommes. Il ne faut pas que, semblables à des soldats volontaires, nous ayons l'orgueil de nous placer au-dessus de l'idée du devoir, et de prétendre agir de notre propre mouvement, sans avoir besoin pour cela d'aucun ordre. Nous sommes soumis à la discipline de la raison, et dans nos maximes nous ne devons jamais oublier cette soumission, ni en rien retrancher. Il ne faut pas diminuer par notre présomption l'autorité qui appartient à la loi (quoiqu'elle vienne de notre propre raison), en plaçant ailleurs que dans la loi même et dans le respect que nous lui devons, le principe déterminant de notre

---

[1] Trad. franç., p. 282.

volonté, celle-ci fût-elle d'ailleurs conforme à la loi. Devoir et obligation, voilà les seuls mots qui conviennent pour exprimer notre rapport à la loi morale. Nous sommes, il est vrai, des membres législateurs d'un royaume moral que notre liberté rend possible, et que la raison pratique nous propose comme un objet de respect, mais en même temps nous en sommes les sujets, non les chefs[1]; méconnaître l'infériorité du rang que nous occupons comme créatures, et refuser par présomption à la sainte loi du devoir l'autorité qui lui appartient, c'est déjà commettre une infraction à l'autorité de cette loi, quand même on en remplirait la lettre. »

La loi morale est donc pour nous une loi de devoir, c'est-à-dire une loi qui nous ordonne, au nom de la raison, ce que nous ne faisons pas volontiers, mais ce que nous devons faire par respect pour elle, en dépit de tous les obstacles que lui opposent les penchants de notre nature sensible. Cette pratique de la loi morale, qui se fonde sur le respect du devoir et suppose l'effort et la lutte, est le seul état moral auquel nous puissions arriver. On l'appelle la *vertu*, et il la faut distinguer de la *sainteté*[2], c'est-à-dire de cet état où la volonté s'accorderait d'elle-même et infailliblement avec la loi de la raison, de telle sorte que cette loi, ne rencontrant en elle aucune résistance, n'aurait pas besoin de prendre vis-à-vis d'elle le ton du commandement. Il ne nous est pas donné de nous élever jusqu'à ce degré de moralité ; car, comme nous ne

[1] Cf. plus haut, p. 43.
[2] Cf. plus haut, p. 86.

pouvons jamais nous débarrasser entièrement du joug des désirs et des inclinations, notre volonté ne saurait se flatter de pouvoir toujours se conformer sans peine et infailliblement à la loi morale. Une telle présomption ne nous siérait guère. Pourtant Kant reconnaît que cet état est pour nous comme un idéal dont nous devons travailler à nous rapprocher, sans espérer de pouvoir jamais l'atteindre. Il faut faire, dit-il, du pur amour de la loi le but constant, quoique inaccessible, de nos efforts, et travailler ainsi à changer la vertu en sainteté. Et de fait, nous voyons que la facilité plus grande que nous acquérons par l'usage, en adoucissant l'effort, transforme peu à peu la crainte en inclination, et le respect en amour. Mais il ne faut pas oublier non plus que notre nature n'est pas capable de cette perfection qui s'appelle la sainteté, et l'on doit bien se garder de ce fanatisme moral, si vanté par les romanciers ou même par certains philosophes, qui consiste à substituer au respect de la loi je ne sais quel mouvement du cœur qui rendrait tout commandement inutile; au sentiment du devoir, celui d'un mérite que nous nous attribuerions, pour ainsi dire, de gaîté de cœur; à la modestie enfin, qui convient si bien à notre nature, cet orgueil qui rêve une perfection morale chimérique. C'est là un défaut dont les plus sévères de tous les philosophes, les stoïciens, ne sont pas exempts. Retenir les hommes sous la discipline du devoir, tout en leur montrant au-delà un idéal, mais qu'ils ne sauraient se flatter d'atteindre, voilà ce que doit faire toute doctrine qui veut tenir compte à la fois de la sublimité du principe moral et des conditions de notre nature. C'est là, selon Kant, ce que la morale chrétienne a l'honneur d'avoir fait la première : la première, elle approprie le principe moral à la nature de l'homme, en même temps qu'elle le présente dans toute sa pureté, comme un idéal de sainteté, dont nous devons travailler à nous rapprocher incessamment, sans espérer de l'atteindre jamais. En rendant cet hommage à la morale évangélique, Kant n'a pas besoin de repousser tout soupçon d'hypocrisie [1]; mais je ne sais si la façon dont il interprète ici en particulier ce précepte : « Aime Dieu par-dessus tout et ton prochain comme toi-même », est aussi exacte qu'elle est sincère. Quoi qu'il en soit, voici comment il l'entend. D'abord, comme Dieu n'est pas un objet des sens, l'amour de Dieu ne peut être considéré comme une inclination de la sensibilité. Quant à l'amour des hommes, il est sans doute possible comme inclination sensible, mais on ne saurait en faire l'objet d'un ordre, car il n'est au pouvoir de personne d'aimer quelqu'un par ordre. Aimer Dieu, dans ce précepte, ne peut donc rien signifier, sinon aimer à suivre ses commandements, et aimer son prochain, aimer à remplir tous ses devoirs envers lui. Mais cette disposition même ne peut être ordonnée ; et d'ailleurs il implique contradiction d'ordonner à quelqu'un d'aimer à faire une chose, car ce que l'on fait volontiers et de soi-même n'a pas besoin d'être ordonné. Que nous commande donc ce précepte ? de tendre à cet état de perfection où l'on arriverait à faire le bien sans effort

---

[1] Trad franç., p. 208.

et sans peine. C'est là, en effet, l'idéal que nous devons nous proposer, mais sans espérer pouvoir l'atteindre.

C'est donc toujours au devoir qu'il en faut revenir; c'est là l'idée que Kant nous rappelle sans cesse. « Devoir, s'écrie-t-il ici [1], dans une sublime apostrophe, souvent citée, « Devoir ! mot grand et sublime, toi qui n'as rien d'agréable ni de flatteur, et commandes la soumission, sans pourtant employer, pour ébranler la volonté, des menaces propres à exciter naturellement l'aversion et la terreur, mais en te bornant à proposer une loi, qui d'elle-même s'introduit dans l'âme et la force au respect (sinon toujours à l'obéissance), et devant laquelle se taisent tous les penchants, quoiqu'ils travaillent sourdement contre elle; quelle origine est digne de toi ! Où trouver la racine de ta noble tige, qui repousse fièrement toute alliance avec les penchants, cette racine où il faut placer la condition indispensable de la valeur que les hommes peuvent se donner à eux-mêmes ! »

Cette racine, Kant la place dans cette partie de notre nature qui nous élève au-dessus du monde sensible et nous soustrait à ses lois, et où, par conséquent, réside la personnalité ou la liberté. C'est par là que l'homme est pour lui-même l'objet du plus profond respect ; et, si lui-même n'est pas saint, ce qui constitue sa personnalité lui doit être saint. C'est par là encore que, tandis que toutes les autres choses de ce monde peuvent être considérées et traitées comme des moyens, lui seul doit être considéré et traité comme une fin en soi,

---

[1] Trad. franç., p. 269.

et que c'est le dégrader, que de se servir de lui comme d'un pur instrument, ainsi qu'on fait des choses ou des animaux [1].

« Cette idée de la personnalité [2], qui excite notre respect et nous révèle la sublimité de notre nature, en même temps qu'elle nous fait remarquer combien notre conduite en est éloignée, et que par là elle confond notre présomption, » Kant remarque qu'elle surgit naturellement dans la raison la plus vulgaire. « Y a-t-il, se demande-t-il ici, un homme tant soit peu honnête, à qui il ne soit parfois arrivé de renoncer à un mensonge, d'ailleurs inoffensif, par lequel il pouvait se tirer lui-même d'un mauvais pas, ou rendre service à un ami cher et méritant, uniquement pour ne pas se rendre secrètement méprisable à ses propres yeux. L'honnête homme, frappé par un grand malheur, qu'il aurait pu éviter, s'il avait voulu manquer à son devoir, n'est-il pas soutenu par la conscience d'avoir maintenu et respecté en sa personne la dignité humaine, de n'avoir point à rougir de lui-même, et de pouvoir s'examiner sans crainte? Cette consolation n'est pas le bonheur sans doute, elle n'en est pas même la moindre partie. Nul en effet ne souhaiterait l'occasion de l'éprouver, et peut-être ne désirerait la vie à ces conditions; mais il vit et ne peut souffrir d'être à ses propres yeux indigne de la vie [3]. »

Ainsi, pour résumer, avec Kant, le beau chapitre

[1] Cf. plus haut, p. 38.
[2] Trad. franç., p. 270.
[3] *Nec propter vitam vivendi perdere causas.* — Kant aimait à citer ce beau vers, qui est comme la devise de sa philosophie morale.

que nous venons d'analyser, le vrai et unique mobile moral, c'est le respect que la loi morale excite en nous. C'est là-dessus seulement qu'il faut s'appuyer pour donner à cette sainte loi l'influence qu'elle doit avoir. « Sans doute [1] assez d'attraits et d'agréments peuvent s'associer à ce mobile, pour qu'un épicurien raisonnable, réfléchissant sur le plus grand bien de la vie, soit fondé à croire que le parti le plus prudent est de choisir une conduite morale ; il peut même être bon de joindre cette perspective d'une vie heureuse au mobile suprême et déjà suffisant par lui-même de la moralité ; mais il ne faut avoir recours à ce genre de considération que pour contrebalancer les séductions que le vice ne manque pas d'employer de son côté, et non pour en faire, si peu que ce soit, un véritable mobile de détermination, quand il s'agit de devoir. Car ce ne serait rien moins qu'empoisonner l'intention morale à sa source. La majesté du devoir n'a rien à démêler avec les jouissances de la vie ; elle a sa loi propre, elle a aussi son propre tribunal. On aurait beau secouer ensemble ces deux choses pour les mêler et les présenter comme un remède à l'âme malade, elles se sépareraient bientôt d'elles-mêmes ; et, si la vie physique y gagnait quelque force, la vie morale s'éteindrait sans retour. »

Nous avons analysé les diverses parties de l'*Analytique* de la raison pratique, en conservant la forme systématique adoptée par notre philosophe. Kant, qui en

---

[1] Trad. franç., p. 272.

général fait de la forme systématique la condition essentielle de chaque science et de chaque partie d'une science, et ne croit pas que, dans la recherche de la forme qui convient à une science ou à une partie d'une science, on puisse pousser trop loin la rigueur, Kant s'arrête ici un moment, pour rapprocher, sous ce point de vue, la raison spéculative et la raison pratique, lesquelles rentrent toutes deux, par leurs éléments purs, dans la même faculté de connaître, puisqu'elles sont toutes deux la raison : il veut par là expliquer et justifier la forme systématique qu'il vient de donner à l'Analytique de la raison pratique et qui est toute différente de celle de l'Analytique de la raison spéculative. Tel est le principal but d'un appendice, ayant pour titre : *Examen critique de l'Analytique de la raison pure pratique* [1].

La raison spéculative ou théorique est la raison dans son rapport à la connaissance des objets qui peuvent s'offrir à l'entendement humain. Or, comme cette connaissance suppose d'abord des intuitions sensibles qui en sont la matière, c'est de là qu'il faut partir; on s'élèvera ensuite aux concepts qui sont les formes constitutives de la connaissance, mais qui, sans ces intuitions auxquelles elles s'appliquent, ne seraient, comme dit Kant, que des formes vides; on arrivera enfin aux principes, c'est-à-dire aux règles les plus hautes de la connaissance humaine. Intuitions sensibles, concepts, principes, voilà en trois mots la méthode de l'Analytique de la raison spéculative. Or ici l'ordre est

[1] Trad. franç., p. 275-303.

renversé. C'est qu'en effet il ne s'agit plus, comme tout à l'heure, de la faculté de connaître, au moyen de la raison, certains objets donnés, mais de celle d'agir conformément à ses principes et de réaliser ainsi ce qu'elle nous fait concevoir *à priori*, c'est-à-dire de la volonté. La première chose à faire est donc de montrer que cette faculté trouve en effet dans la raison des principes capables de la déterminer par eux-mêmes, ou de lui servir de lois *à priori* ; par conséquent, c'est dans la raison même ou dans ses principes, et non dans l'intuition sensible, qu'il faut placer son point de départ. Cela fait, c'est-à-dire une fois établi ce que Kant appelle la *possibilité de principes pratiques à priori*, on peut s'élever aux concepts des objets de la raison pratique, c'est-à-dire aux concepts du bien et du mal absolus, qu'ils déterminent et qui ne peuvent dériver que de cette source, et enfin rechercher l'effet qu'ils doivent avoir sur la sensibilité et que l'on appelle le *sentiment moral*. Principes, concepts, sentiment, tel devait donc être l'ordre suivi par l'Analytique de la raison pratique. Tandis que l'Analytique de la raison spéculative se divisait en *Esthétique* et *Logique transcendentale*, celle-ci se divise en Logique et Esthétique, s'il est permis d'employer ici ces expressions. Dans la critique de la raison spéculative, la Logique allait des concepts aux principes ; dans celle-ci, elle va des principes aux concepts. Là l'Esthétique comprenait deux parties, parce qu'il y a deux espèces d'intuition sensible ; ici la sensibilité n'étant pas considérée comme faculté intuitive, mais seulement dans son rapport avec la loi morale, qui détermine en elle un sentiment particulier, la même subdivision ne s'applique plus. Enfin, si l'on n'a pas divisé en général l'Analytique de la raison pratique, comme celle de la raison spéculative, en deux grandes parties, avec leurs subdivisions, c'est qu'il en faut nécessairement reconnaître trois, qui s'enchaînent à la manière des propositions d'un syllogisme. Elle part en effet du général, c'est-à-dire du principe moral, lequel forme en quelque sorte la majeure ; puis elle subsume sous ce principe les actions qu'elle doit considérer comme bonnes ou mauvaises, c'est la mineure ; enfin elle tire de là l'idée d'un mobile moral, ou d'un intérêt qui s'attache au bien absolu, et c'est la conclusion.

Mais comment établir et justifier la pureté du principe moral ? Il est facile de démontrer l'existence des principes *à priori* de la raison spéculative, car il suffit pour cela d'invoquer l'exemple des sciences qui, en faisant de ces principes un usage méthodique, les dépouillent de tous les éléments étrangers qui peuvent s'y mêler dans la connaissance vulgaire et les montrent ainsi dans toute leur pureté. Ici on ne peut s'adresser d'abord à la science, car il s'agit précisément des principes qui doivent lui servir de fondement, et qui, par conséquent, n'en peuvent être dérivés : il faut commencer par poser l'existence d'un principe de détermination indépendant de tout mobile empirique et puisant exclusivement dans la raison pure son origine et sa valeur, pour que la science puisse en faire usage, comme d'un fait antérieur à tous les raisonnements qu'on peut faire sur sa possibilité et à toutes les conséquences qu'on en peut tirer ; c'est donc la raison vulgaire elle-même qu'il faut d'abord invoquer. Or la raison vulgaire a justement ici un avantage qu'elle n'a pas en matière de spéculation : d'elle-même elle distingue et sépare de tous les principes empiriques les principes purement rationnels, qui seuls lui apparaissent comme de véritables principes moraux; et la loi morale ne brille jamais plus clairement et n'a jamais plus d'autorité à ses yeux que quand elle se montre à elle entièrement dégagée de toute inclination sensible et qu'elle repousse tout alliage étranger. De là naît aussi ce sentiment singulier que seule la loi morale est capable de nous inspirer et qui est comme un hommage rendu à la pureté de son origine. Il suffit donc de faire un appel au jugement de la raison commune, pour reconnaître, avec toute la certitude désirable, la nature et la valeur des principes moraux et la différence qui les sépare de tous les principes empiriques de détermination. La philosophie n'a, en quelque sorte, qu'à recueillir cette distinction, qu'elle trouve dans la raison pratique de chaque homme, si peu cultivé qu'il soit. Si elle n'a pas ici, comme dans la connaissance spéculative, l'intuition pour fondement, elle peut du moins expérimenter en tout temps sur la raison pratique de chacun, comme fait la chimie sur les corps. De même en effet que, quand on ajoute de l'alcali à une dissolution de chaux dans de l'esprit de sel, celui-ci abandonne la chaux pour se joindre à l'alcali; de même, quand à l'utilité que quelqu'un peut retirer d'un mensonge, on ajoute la loi morale, sa raison pratique, dans le jugement qu'elle porte sur ce qu'il doit faire, abandonne aussitôt l'utilité pour se joindre à la loi qui ordonne la véracité, quoi qu'il en puisse coûter. C'est donc une distinction vulgaire que celle que la philosophie doit établir entre la doctrine de l'intérêt ou du bonheur et celle du devoir ou de la loi morale ; il faut qu'elle y apporte autant de soin que le géomètre dans sa science, mais elle n'a pour cela qu'à suivre et à imiter la raison commune. Ce n'est pas d'ailleurs qu'il faille convertir cette distinction en une opposition absolue : « La raison, dit Kant[1], ne demande pas qu'on renonce à toute prétention au bonheur; mais que, lorsqu'il s'agit de devoir, on ne le prenne point en considération. Ce peut être même, sous un certain rapport, un devoir de songer à son bonheur ; car, d'une part, le bonheur donne les moyens de remplir son devoir, et, d'autre part, la privation du bonheur pousse l'homme à y manquer. Seulement, ce ne peut jamais être immédiatement un devoir de travailler à notre bonheur, et bien moins encore le principe de tous les devoirs. » Il faut donc, sous peine d'enlever à la loi morale toute sa valeur, la dégager de toute considération d'intérêt personnel ou de bonheur, et, en général, de tout élément empirique. « C'est de même, dit encore Kant, que le moindre mélange d'éléments empiriques avec les principes de la géométrie, détruirait toute évidence mathématique, c'est-à dire (au jugement de Platon), ce qu'il y a de plus excellent dans les mathématiques et ce qui surpasse même leur utilité. »

Ainsi, pour établir et justifier le principe suprême de la moralité, en le distinguant de tout principe hété-

---

[1] Trad. franç., p. 279.

rogène, il a suffi d'en appeler au jugement de la raison commune. Il n'y avait pas besoin d'autre preuve. Mais, en cherchant l'explication de la possibilité d'une semblable connaissance *à priori*, ou, selon une expression de Kant, qui nous est déjà connue, la déduction de la loi morale [1], on a été conduit à placer dans la liberté la condition nécessaire de la loi morale, et dans la loi morale la preuve de la liberté [2]. Ce sont là en effet deux concepts si inséparablement unis qu'on pourrait définir la liberté l'indépendance de la volonté par rapport à toute loi autre que la loi morale ; d'où il suit qu'il n'y aurait pas de loi morale sans liberté, et que, dès qu'on admet la loi morale comme la loi de notre volonté, il faut admettre aussi la liberté de cette volonté. Mais la liberté est elle-même, selon Kant, un attribut transcendantal, dont nous ne pouvons apercevoir la possibilité, et dont nous n'avons d'autre garant que la loi morale. Or, pour que nous puissions l'admettre à ce titre, il faut, au moins, qu'on n'en puisse pas prouver l'impossibilité ; car, autrement, nous devrions la rejeter absolument et avec elle la loi morale même qui ne peut aller sans elle. C'est précisément, selon Kant, la conséquence où aboutit la doctrine de ceux qui considèrent la liberté, non comme un attribut transcendantal, mais comme une propriété psychologique dont la connaissance ne suppose qu'un examen attentif de l'âme et des mobiles de la volonté : en croyant sauver ainsi la liberté, ils la ruinent, et avec elle la loi morale. Kant croit donc devoir montrer ici

---

[1] Cf. plus haut, p. 103.
[2] *Ibid.* et p. 81-83 ; 62 ; 83.

l'impuissance de cette doctrine, qu'il désigne sous le nom d'empirisme.

Il n'y aurait aucun moyen, selon lui, de concilier la liberté de la volonté avec la nécessité de la loi de la causalité, s'il fallait admettre que les choses fussent en elles-mêmes comme elles nous apparaissent dans le temps. Il suit en effet de la loi de la causalité que tout évènement, toute action par conséquent, qui arrive dans un point du temps, dépend nécessairement de ce qui a eu lieu dans le temps précédent. Or, comme le temps passé n'est plus en mon pouvoir, tout acte que j'accomplis d'après des causes déterminées qui ne sont plus en mon pouvoir doit être nécessaire, c'est-à-dire que je ne suis jamais libre dans le point du temps où j'agis. Dès lors, comment, en jugeant d'après la loi morale, puis-je supposer que l'action aurait pu ne pas être faite, parce que la loi dit qu'elle aurait dû ne pas l'être? En d'autres termes, comment peut-on considérer un homme comme étant, dans le même point du temps et relativement à la même action, libre à la fois et inévitablement soumis à la nécessité physique?

Cherchera-t-on à éluder la difficulté en ne voyant dans la liberté que la faculté d'être déterminé par des mobiles intérieurs, et non par des causes étrangères; ce serait là un misérable subterfuge. Car que les causes déterminantes de notre volonté soient en nous ou hors de nous, qu'elles soient psychologiques ou physiologiques, c'est-à-dire que ce soient des représentations de l'esprit ou des mouvements du corps, qu'importe? si ces représentations qui nous déterminent ont leur raison d'être dans le temps et dans un état antérieur, lequel à son tour a la sienne dans un état précédent, et ainsi de suite, elles ont beau être intérieures : elles n'en sont pas moins soumises aux conditions nécessitantes du temps écoulé, lesquelles, au moment où je dois agir, ne sont plus en mon pouvoir. Il n'y a donc rien là qui puisse changer la nécessité en liberté. A moins qu'on n'entende la liberté de la volonté dans le sens où l'on parle du libre mouvement d'une montre, qui, une fois montée, pousse d'elle-même ses aiguilles.

La seule manière de lever la contradiction apparente de la liberté et de la nécessité dans une seule et même action, c'est de considérer les choses et notre propre existence en particulier comme échappant *en soi* aux conditions du temps, auxquelles elles sont soumises comme phénomènes[1]. A ce point de vue, l'être raisonnable est fondé à dire de toute action illégitime, qu'il aurait pu ne pas la commettre, quoique cette action, comme phénomène, comme fait du monde sensible, doive être considérée comme nécessairement déterminée par le passé. La nécessité physique en effet ne s'applique aux déterminations d'une chose qu'autant que cette chose est soumise aux conditions du temps, et ces conditions elles-mêmes ne s'appliquent au sujet agissant qu'autant qu'on le considère comme phénomène. Comme être en soi, comme noumène, il ne dépend plus de ces conditions, par suite de cette nécessité, et dès lors il peut être considéré comme libre. Si la vie *sensible* tombe sous la loi de la nécessité, on

---

[1] Cf. plus haut, p. 60 et 104.

ne doit point juger la vie *intelligible* d'après cette loi, mais d'après l'absolue spontanéité de la liberté. Kant va même jusqu'à accorder que, s'il était possible de pénétrer assez profondément l'âme d'un homme, pour connaître tous les mobiles, même les plus légers, qui peuvent la déterminer, et de tenir compte en même temps de toutes les circonstances antérieures qui peuvent agir sur elle, on pourrait, tout en continuant de le déclarer libre, calculer la conduite future de cet homme avec autant de certitude qu'une éclypse de soleil ou de lune. C'est ainsi encore que, quoique nous regardions certains hommes comme incorrigibles, nous ne les en tenons pas moins pour responsables. Or nous ne pourrions les juger ainsi, si nous ne leur attribuions une volonté libre, tout en concevant leurs actes comme formant un enchaînement naturel qui nous permet de deviner leur conduite future, dans telle ou telle circonstance donnée.

Il veut expliquer et justifier la solution qu'il nous propose par les sentences de cette merveilleuse faculté qu'on appelle la conscience. « Un homme, dit-il [1], a beau chercher à se justifier, en se représentant une action illégitime, qu'il se rappelle avoir commise, comme une faute involontaire, comme une de ces négligences qu'il est impossible d'éviter entièrement, c'est-à-dire comme une chose où il a été entraîné par le torrent de la nécessité physique : il trouve toujours que l'avocat qui parle en sa faveur ne peut réduire au silence la voix intérieure qui l'accuse, s'il a conscience

---

[1] Trad. franç., p. 288.

d'avoir été dans son bon sens, c'est-à-dire d'avoir eu l'usage de sa liberté, au moment où il a commis cette action ; et, quoiqu'il s'explique sa faute par une mauvaise habitude qu'il a insensiblement contractée en négligeant de veiller sur lui-même, et qui en est venue à ce point que cette faute en peut être considérée comme la conséquence naturelle, il ne peut pourtant se défendre des reproches qu'il s'adresse à lui-même. Tel est aussi le fondement du repentir, que le souvenir d'une mauvaise action passée depuis longtemps ne manque jamais d'exciter en nous. » Ce sentiment est fort légitime, si l'action, à quelque moment qu'elle ait eu lieu, nous appartient comme acte ; mais il est inexplicable et absurde dans la doctrine que Kant réfutait tout-à-l'heure.

La solution qu'il propose est aussi la seule, selon lui, qui permette de lever une autre difficulté, où la liberté semble menacée d'une ruine entière. Dès qu'on admet, sous le nom de Dieu, une cause première de toutes choses, il paraît nécessaire aussi d'admettre qu'elle est la cause de l'existence de la substance même, et que, par conséquent, l'existence de l'homme et toutes les déterminations de sa causalité dépendent de la causalité d'un être suprême, distinct de lui, c'est-à-dire de quelque chose qui est tout à fait hors de son pouvoir. Et c'est ce qui arriverait, si les déterminations de l'homme, en tant que nous nous les représentons dans le temps, ne concernaient pas l'homme considéré comme phénomène, mais comme chose en soi. Il ne serait plus dès lors qu'une sorte d'automate construit et mis en mouvement par le suprême ouvrier. La conscience de lui-même en serait sans doute un automate pensant; mais il serait le jouet d'une illusion, en prenant pour la liberté la spontanéité dont il aurait conscience : cette spontanéité ne mériterait en effet le nom de libre que relativement, puisque, si les causes prochaines qui le feraient agir et toute la série de ces causes, en remontant de l'une à l'autre, étaient intérieures, la cause dernière et suprême serait toujours placée dans une main étrangère. Dira-t-on, avec Moïse Mendelsohn, que le temps et l'espace sont bien des conditions nécessairement inhérentes à l'existence des êtres finis et dérivés, mais que l'être infini est en dehors de ces conditions; comment justifier cette distinction? Comment même échapper à la contradiction qu'elle renferme? car, si Dieu est la cause de l'existence des choses finies, et si le temps est la condition même de ces choses, sa causalité, relativement à cette existence, doit être soumise elle-même à la condition du temps, ce qui ne s'accorde plus avec les concepts de son infinité et de son indépendance. Quand donc l'on considère les êtres comme existant réellement dans le temps, et qu'on les regarde comme des effets d'une cause suprême, c'est faire preuve de peu de conséquence d'esprit, que de ne pas les identifier eux-mêmes avec cette cause et son action, et de les considérer comme des substances. Malgré l'absurdité de son idée fondamentale, le Spinozisme est beaucoup plus conséquent, en faisant de l'espace et du temps des déterminations essentielles de l'être premier et en regardant les choses qui dépendent de cet être (nous-mêmes, par conséquent) comme des accidents qui lui sont inhérents. Car, si ces choses n'existent comme effets de l'être premier que dans le temps, qui serait la condition de leur existence en soi, leurs actions ne peuvent être que les actions de cet être, agissant en quelque point de l'espace et du temps.

Il n'y a donc ici encore qu'un moyen de lever la difficulté, c'est de considérer l'existence dans le temps comme un mode purement sensible de représentation, propre aux créatures intelligentes, et non comme un mode de leur existence en soi. Dès lors la création de ces êtres est une création de choses en soi ou de noumènes, ce qu'implique d'ailleurs l'idée de création. Dès lors aussi ils peuvent être libres ; car, s'il est possible d'affirmer la liberté malgré le mécanisme naturel des actions, considérées comme phénomènes, cette circonstance que les êtres agissants sont des créatures ne fait rien ici, puisque la création concerne leur existence intelligible, non leur existence sensible, et que, par conséquent, elle ne peut être regardée comme la cause déterminante des phénomènes.

Kant convient d'ailleurs [1] que la solution qu'il propose n'est pas elle-même sans difficulté, et qu'il est à peine possible de l'exposer clairement; mais il soutient que de toutes celles qu'on a tentées ou qu'on peut tenter à l'avenir, elle est encore la plus simple et la plus claire. Il reproche à ce sujet aux métaphysiciens dogmatiques « d'avoir montré plus de ruse que de sincérité en écartant, autant que possible, ce point difficile, dans l'espoir que, s'ils n'en parlaient pas, personne

---

[1] P. 295.

n'y songerait. » Je ne cherche pas si ce reproche est juste, mais on ne saurait trop méditer le conseil qu'il y joint, indépendamment de l'application qui'il en fait. « Quand on veut rendre service à une science, il ne faut pas craindre d'en révéler toutes les difficultés, et même de rechercher celles qui peuvent lui nuire secrètement ; car chacune de ces difficultés appelle un remède qu'il est impossible de découvrir, sans que la science y gagne quelque chose, soit en étendue, soit en certitude, en sorte que les obstacles tournent à son avantage. Au contraire cache-t-on à dessein les difficultés, ou essaie-t-on d'y appliquer des palliatifs, elles deviennent tôt ou tard des maux irrémédiables, qui finissent par ruiner la science en la précipitant dans un scepticisme absolu. »

Il se demande ensuite d'où vient que, de toutes les idées de la raison pure, celle de la liberté soit la seule qui donne à la connaissance une si grande extension dans le champ du supra-sensible. Il rappelle comment la raison spéculative, en voulant pousser à l'inconditionnel les catégories qu'il nomme *mathématiques*, celles de la quantité et de la qualité, rencontrait deux moyens opposés, également faux, parce que l'inconditionnel cherché était toujours relatif au temps et à l'espace, c'est-à-dire à quelque chose de conditionnel, tandis que, pour des catégories qu'il appelle *dynamiques*, celles de la causalité et de la nécessité, les deux manières, opposées en apparence, d'arriver à l'inconditionnel, pouvaient se concilier dans une synthèse transcendante, c'est-à-dire fondée sur l'idée d'un monde supra-sensible, qu'il était au moins permis de concevoir. C'est ainsi qu'en se plaçant au point de vue d'un ordre de choses intelligible, on concevait au moins comme possible une causalité indépendante de toute condition sensible, une causalité inconditionnelle, c'est-à-dire la liberté, tout en continuant d'appliquer, au point de vue des choses sensibles, la loi de la causalité naturelle aux événements du monde et aux actes de notre volonté. Restait seulement à convertir cette possibilité en réalité, en montrant que certaines actions, ordonnées par la loi morale, et en ce sens objectivement nécessaires (qu'elles aient lieu ou non en effet) supposaient nécessairement une causalité de ce genre. C'est ce que l'on a fait en invoquant la loi morale, c'est-à-dire la loi absolue de notre volonté. Or de là vient précisément le caractère singulier qui distingue la liberté entre toutes les idées de la raison pure : elle m'apparaît comme l'attribut même de mon être, en tant que je me reconnais soumis à la loi morale. Je n'ai pas besoin, comme quand il s'agit, par exemple, de l'être nécessaire, de la chercher hors de moi dans un monde intelligible, dont rien ne m'est donné et dont je ne puis déterminer le rapport avec le monde sensible; mais je la trouve en quelque sorte en moi-même, dans le fait de ma raison me montrant la loi morale comme le principe intelligible de mes actions dans le monde sensible. Être sensible, j'ai conscience aussi d'appartenir par la raison pratique, qui est en moi, à un monde intelligible, dont le principe moral est la loi, et la liberté, le caractère essentiel. Dès lors, la liberté n'est plus un attribut problématique et indéterminé ; c'est l'attribut d'un être qui, tout en appartenant au monde sensible, appartient aussi à un monde intelligible, dont la raison pratique assure la réalité et détermine la loi. De ce monde, quelque chose nous est ici donné, et dans son rapport avec le monde sensible : c'est à savoir la loi que ma raison me fait concevoir comme devant être celle de ma volonté dans le monde sensible, et la liberté que cette loi suppose dans la volonté qui lui est soumise. La connaissance que j'en ai, à ce point de vue, n'est donc plus *transcendante*, comme au point de vue de la raison spéculative ; elle est *immanente* [1]. Le concept de la liberté est sans doute celui d'un mode de causalité inconditionnelle ou absolue, mais je puis du moins déterminer la loi de ce mode ; et c'est ici le seul cas où je n'ai pas à chercher hors de moi l'inconditionnel et l'intelligible pour le conditionnel et le sensible. Seulement il ne faut pas oublier que, si nous pouvons étendre ici notre connaissance au-delà des limites du monde sensible, ce ne peut être qu'au point de vue pratique et tout juste autant qu'il est nécessaire pour satisfaire aux exigences de la raison pratique.

Kant se félicite, en terminant, de voir les résultats de la raison pratique concorder parfaitement avec ceux de la raison spéculative ; et cette concordance, qu'il n'a point cherchée, dit-il [2], mais qui s'est offerte à lui d'elle-même, confirme, selon lui, cette maxime déjà reconnue et vantée par d'autres, à savoir que, dans toute recherche scientifique, il faut poursuivre tranquillement son chemin, sans s'occuper des obstacles qu'on pourra

---

[1] Cf. plus haut, p. 108.
[2] Trad. franç., p. 301.

rencontrer ailleurs. « Une longue expérience, ajoute-t-il, m'a convaincu que ce qui, au milieu d'une recherche, m'avait paru parfois douteux, comparé à d'autres doctrines étrangères, quand je négligeais cette considération et ne m'occupais plus que de ma recherche, jusqu'à ce qu'elle fut achevée, finissait par s'accorder parfaitement et d'une manière inattendue avec ce que j'avais trouvé naturellement... Les écrivains s'épargneraient bien des erreurs et des peines, s'ils pouvaient se résoudre à mettre plus de sincérité dans leurs travaux. »

LIVRE DEUXIÈME : DIALECTIQUE.

On sait ce que, dans la critique de la raison spéculative, Kant entend par *dialectique* : c'est l'explication de l'illusion où tombe cette faculté, dans sa poursuite de l'absolu, en appliquant cette idée à de purs phénomènes, comme à des choses en soi, et qui se trahit par le conflit que la raison engage alors avec elle-même. Sans ce conflit, en effet, on ne s'apercevrait point de cette illusion ; par conséquent, on ne serait point conduit à en rechercher la cause, et, en la découvrant, à entrevoir un monde intelligible, dont on ne peut encore affirmer la réalité et déterminer la nature, mais que l'on conçoit au moins comme possible. Ainsi expliquer les antinomies de la raison théorique et l'illusion qu'elles révèlent et qui en est le principe ; en même temps ouvrir à l'esprit humain la perspective d'un ordre de choses supérieur au monde sensible, que la raison pratique viendra ensuite confirmer et déterminer; tel était le but de la dialectique de la raison spéculative.

Or la raison pratique doit avoir aussi sa dialectique. Car elle aussi tend à l'absolu, et, dans cette poursuite, engage avec elle-même un conflit qui révèle et qu'explique une illusion, analogue à celle de la raison spéculative et dont la découverte nous conduit à son tour aux plus heureux résultats. Il ne s'agit pas, bien entendu, du principe de détermination que la raison fournit à la volonté, car ce principe est en soi inconditionnel ou absolu : il se suffit à lui-même et n'a besoin d'aucune autre condition; il s'agit de l'objet de la raison pratique, ou de ce que l'on appelle le souverain bien. Dans cet objet le principe moral peut bien entrer comme élément ou comme condition; mais le souverain bien est, comme on va le voir, un tout complexe, et par suite il suppose quelque autre chose : de là l'antinomie particulière à laquelle il donne lieu, et la dialectique de la raison pratique [1].

Il ne faut pas d'ailleurs [2] oublier que la loi morale doit être l'unique principe de détermination de toute volonté pure, et que cette loi, étant essentiellement formelle, c'est-à-dire commandant à titre de loi universelle, doit exclure, comme principe de détermination, toute matière, et, par conséquent, tout objet de la volonté. Que si la loi morale entre dans le souverain bien, on peut considérer celui-ci comme

[1] Trad. franç., p. 303 et suiv.
[2] P. 307.

devant être notre principe de détermination ; mais c'est alors la loi morale, et non pas quelque objet étranger, qui doit être elle-même ce principe, ou qui nous doit déterminer à prendre le souverain bien pour objet de notre volonté. Cette remarque a, selon Kant, une grande importance : nous l'avons vu plus haut [1] signaler le danger où l'on s'expose, en renversant ici l'ordre des termes, ou en prenant, sous le nom de bien, quelque objet pour principe déterminant de la volonté, avant d'avoir établi la loi morale.

Qu'est-ce donc que le souverain bien ? On a déjà montré que la vertu est la condition suprême de tout ce qui peut nous paraître désirable, et, par conséquent, de toute recherche du bonheur, en ce sens qu'elle seule peut nous en rendre dignes et nous y donner des droits [2]. Elle est donc le bien suprême. Mais est-elle pour cela le bien tout entier, le bien complet ? Non, car si elle n'est pas accompagnée du bonheur, la raison conçoit que quelque chose manque, pour que tout soit bien, et elle ne peut admettre que cela soit conforme à la volonté parfaite d'un être souverainement raisonnable et souverainement puissant. Elle joint donc nécessairement le bonheur à la vertu dans l'idée qu'elle conçoit du souverain bien, et elle veut que le premier de ces éléments soit exactement proportionné au second. Tel est le souverain bien, qui représente le bien tout entier, le bien complet; il comprend deux termes : la vertu et le bonheur. Le premier est le bien suprême, c'est-à-dire quelque chose de bon en soi, absolument,

[1] P. 110 et 115.
[2] Plus haut p. 113-114; 134-135. — Cf p. 10.

sans condition ; mais, pour devenir le bien tout entier, il appelle le bonheur. Le second, quoique toujours agréable à celui qui le possède, n'est pas bon absolument, mais à condition que nous en soyons dignes, et il a ainsi sa condition dans la vertu. Tous deux réunis dans cet ordre constituent le bien tout entier, le souverain bien.

Dans cette détermination du souverain bien, Kant considère la vertu et le bonheur comme deux choses essentiellement distinctes, quoiqu'unies par un lien nécessaire, et le lien qu'il établit entr'elles est celui de principe à conséquence ou de cause à effet. Or c'est ce que n'ont pas vu, selon lui, les Épicuriens et les Stoïciens, lorsqu'ils entreprirent de déterminer l'idée du souverain bien [1]. En général, dans l'Antiquité, la détermination de cette idée et de la conduite à suivre pour la réaliser, était le problème capital de la philosophie; c'est ce qu'exprimait le mot même qui servait à désigner cette science. Kant recommande aux philosophes l'ancienne signification du nom qu'ils portent [2]: ce nom, ainsi interprété, désigne un but qui, en assignant une fin morale à leurs recherches, propose à leur conduite un idéal que chacun doit s'efforcer de poursuivre, sans pouvoir se flatter de l'atteindre jamais entièrement, et qui, parconséquent, doit être pour nous un motif de modestie, en même temps que le but constant de nos efforts. Malheureusement, en s'attachant à déterminer scientifiquement le concept du souverain bien, les anciens, et particulièrement les

[1] Trad. franç., p. 311.
[2] P. 305.

deux grandes écoles que nous venons de nommer, eurent le tort de vouloir identifier les deux concepts essentiellement distincts, qui le constituent, en ramenant soit la vertu au bonheur, soit le bonheur à la vertu. Entreprendre de réduire à un seul les deux termes essentiellement distincts du souverain bien, c'est là leur commune méthode et leur erreur commune ; mais ces deux écoles se séparèrent entièrement sur le choix qu'elles firent de celui des deux concepts qu'elles prirent pour fondement et auquel elles tentèrent de ramener le second : l'une choisit le bonheur, dans lequel elle fit rentrer la vertu ; l'autre, la vertu, dans laquelle elle fit rentrer le bonheur. Pour les Épicuriens comme pour les Stoïciens, le souverain bien n'a qu'un terme ; mais pour les premiers, il consiste tout entier dans le bonheur, qui contient en soi la vertu, laquelle n'en est qu'une maxime ; pour les seconds, il réside tout entier dans la vertu, qui contient en soi le bonheur, lequel n'est autre chose que le sentiment même de la possession de la vertu.

Ces doctrines sont fausses toutes deux ; c'est ce qui résulte de ce qui a été précédemment établi. Il est impossible de ramener la vertu au bonheur ou le principe de la moralité à celui de l'intérêt[1] : celui-là n'est pas vertueux qui ne fait que chercher son bonheur ; et, d'un autre côté, il est impossible de ramener le bonheur à la vertu : on n'est pas heureux par cela seul qu'on a conscience d'être vertueux. Le bonheur et la moralité sont donc deux choses distinctes, si bien dis-

---

[1] Voyez plus haut, p. 90-93.

tinctes qu'elles luttent souvent dans le même sujet. Mais en même temps nous concevons qu'elles doivent s'unir pour constituer le souverain bien. Celui-ci contient donc deux termes, et le lien qui les unit, au lieu d'être analytique, comme l'avaient supposé les anciens, est au contraire synthétique.

Mais comment concevoir la possibilité d'une liaison de ce genre, c'est-à-dire d'un rapport de causalité entre les deux éléments qui constituent le souverain bien ? Il est absolument impossible d'admettre que le bonheur soit la cause, et la vertu, l'effet ; car il est suffisamment prouvé que placer dans le désir du bonheur personnel la cause des déterminations de la volonté, c'est leur enlever toute valeur morale et supprimer toute vertu. Mais n'est-il pas également impossible d'admettre que la vertu soit la cause du bonheur? Les conséquences de nos actions, comme faits du monde sensible, ne se règlent pas sur les intentions qui les dictent et où réside toute leur valeur morale, mais sur les lois de la nature, que nous pouvons jusqu'à un certain point connaître et appliquer à nos desseins. D'après cela, on ne peut espérer que l'observation même la plus exacte des lois morales ait nécessairement pour effet dans le monde le bonheur, comme l'exige le concept du souverain bien. Et pourtant la raison pratique conçoit cette relation entre la vertu et le bonheur comme un lien nécessaire ; et, par conséquent, elle est forcée d'en admettre la possibilité. La raison déclare donc, d'un côté, le souverain bien impossible, tandis que de l'autre, elle le déclare possible, en jugeant nécessaire la liaison qui le constitue ; telle est l'*antinomie* qui s'élève ici [1]. Il importe de la résoudre ; car, si le souverain bien, c'est-à-dire l'harmonie de la vertu et du bonheur était impossible, cette impossibilité entraînerait la fausseté de la loi morale même, à la pratique de laquelle nous concevons que le bonheur doit être nécessairement uni. En effet si le but que nous propose ici la raison pratique était chimérique, ne serions-nous pas conduits à penser que la loi à laquelle ce but est indissolublement lié est elle-même quelque chose de fantastique et de faux ?

Mais il en est de cette antinomie comme de celle qui s'élevait, dans le sein de la raison spéculative, entre la nécessité physique et la liberté : la contradiction n'est qu'apparente, et elle s'évanouit, lorsque au lieu de prendre les événements et le monde même où ils se produisent pour des choses en soi, on les considère comme de simples phénomènes. S'il est absolument faux que la recherche du bonheur puisse produire la vertu, il ne l'est pas absolument que la vertu puisse avoir le bonheur pour conséquence nécessaire : cela n'est faux que sous une certaine condition, c'est que mon existence dans le monde sensible soit mon seul mode possible d'existence. Mais, si j'ai le droit de concevoir et si même la loi morale m'autorise à m'attribuer une existence indépendante des conditions du monde sensible, dès lors « il n'est pas impossible, dit Kant [2], que la moralité de l'intention ait, comme cause, avec le bonheur, comme effet dans le monde sensible, une connexion nécessaire, sinon im-

---

[1] Trad. franç., p. 314.
[2] P. 317.

médiate, du moins médiate (par le moyen d'un auteur intelligible du monde), tandis que, dans une nature qui serait purement sensible, cette connexion ne pourrait être qu'accidentelle, et, par conséquent, ne saurait suffire au souverain bien. »

Telle est la solution de cette nouvelle antinomie, laquelle résulte, comme toutes les autres, d'une méprise, consistant à regarder de simples phénomènes comme des choses en soi. En dissipant la contradiction qu'engendre cette méprise, et en montrant que le souverain bien est possible, à un certain point de vue, elle sauve la loi morale même, qui nous propose cet objet comme le but de notre activité raisonnable, et qui, par conséquent, serait fort compromise, s'il fallait tenir ce but pour chimérique. Il suffit pour cela d'invoquer une idée, dont la réalité se trouve désormais établie, celle d'un ordre de choses ou d'un monde purement intelligible.

Comment donc les philosophes de l'antiquité et des temps modernes ont-ils pu croire que cette vie ou ce monde sensible contenait naturellement l'harmonie de la vertu et du bonheur, et qu'ils la trouvaient dans leur conscience même. Ici Kant rencontre de nouveau sur son passage la doctrine des Épicuriens et celle des Stoïciens : elles vont l'arrêter un instant, la première surtout [1]. Épicure, à l'honnêteté duquel il se plaît d'ailleurs à rendre un éclatant hommage, Épicure, qui, dit-il, ne montrait point dans ses préceptes pratiques des sentiments aussi grossiers qu'on pourrait le

[1] P. 318.

croire, d'après les principes théoriques de sa philosophie, et qu'on l'a cru souvent, à cause du mot de volupté, qui joue un si grand rôle dans sa doctrine morale, Épicure, d'accord en cela avec les Stoïciens, élevait par-dessus tout le bonheur qui résulte dans la vie de la conscience de la vertu [1]. Mais il se séparait des Stoïciens, en plaçant dans le plaisir le principe de nos déterminations morales, et en cela il était la dupe d'une illusion que ceux-ci avaient au moins le mérite d'éviter. C'est cette illusion que Kant entreprend ici d'exposer et d'expliquer, et cela même le conduit à montrer comment la conscience de la vertu peut produire dans l'âme un sentiment que les Épicuriens (sauf l'illusion où ils sont tombés) et à plus forte raison les Stoïciens ont très-bien pu exalter, mais qui pourtant n'est pas le bonheur que suppose le concept du souverain bien.

Le vertueux Épicure, dit Kant, commit une faute où tombent encore aujourd'hui beaucoup d'hommes, dont les intentions morales sont excellentes, mais qui ne réfléchissent pas assez profondément sur les principes : il voulut donner pour mobile à la vertu un sentiment qui suppose lui-même ce dont on veut qu'il soit le mobile, à savoir la vertu. Comment en effet vanter la sérénité d'âme qui résulte pour l'homme de la conscience de son honnêteté et sans laquelle il est

---

[1] « Il plaçait, dit Kant, la pratique la plus désintéressée du bien au rang des jouissances les plus intimes ; et, dans sa morale du plaisir (il entendait par là une constante sérénité d'âme), il recommandait la tempérance et la domination des penchants, comme le peut faire le moraliste le plus sévère. »

vrai de dire qu'il ne saurait être heureux, quelque favorable que lui fût d'ailleurs la fortune ; comment la lui prêcher, sans admettre d'abord en lui cette conscience d'une vie honnête. c'est-à-dire précisément ce que l'on veut expliquer par là? N'est-ce point renverser l'ordre naturel des termes, en substituant la conséquence au principe et le principe à la conséquence, et tomber dans cette faute que l'on appelle *vitium subreptionis*. Mais, selon Kant, cette illusion est naturelle ; et, s'il importe de la signaler, afin qu'on ne s'y laisse plus tromper désormais, il est impossible de l'éviter entièrement. La conscience de la conformité de nos déterminations avec la loi morale est toujours accompagnée en nous d'une satisfaction particulière : seulement ce n'est point cette satisfaction qui est le principe des déterminations morales de la volonté ; ce sont au contraire ces déterminations qui sont le principe de cette satisfaction. Mais, comme l'effet est immédiat, et qu'il révèle une activité semblable à celle que peut produire le sentiment de plaisir qu'on se promet d'une action, il est facile ici de tomber dans l'illusion, en prenant l'effet pour la cause, et en supposant d'abord un sentiment particulier, qui serait le principe de nos déterminations morales. Sans doute il y a ici un sentiment sublime, qu'il faut savoir reconnaître et cultiver [1] ; mais il ne faut pas fonder le principe des déterminations morales sur ce qui n'en peut être que la conséquence.

Sous cette condition, on ne saurait trop vanter ce

---

[1] Sur l'origine et la nature de ce sentiment, voyez plus haut, p. 122 et s.

sentiment. Mais, s'il n'y a pas sans lui de bonheur possible, lui-même n'est pas encore le bonheur. Qu'est-ce donc et de quel nom l'appeler? C'est la satisfaction qui résulte de la conscience de notre indépendance vis-à-vis des penchants de la sensibilité et en général de la nature, et, dans ce sens, on peut l'appeler le contentement de soi-même. Cette indépendance n'est pas absolue, et c'est pourquoi nous ne pouvons nommer ce contentement béatitude; mais, comme nous avons au moins le pouvoir de nous affranchir du joug de nos penchants, la conscience de cet empire de la volonté sur la nature est la source d'une satisfaction, que l'on peut très-bien désigner sous le nom de contentement de soi-même, car cette conscience rend en effet content de soi. Kant ajoute même qu'elle seule a cette vertu, et que tout le reste, loin de nous satisfaire au gré de nos désirs, finit toujours par nous être à charge. « En effet, dit-il[1], les inclinations changent ou croissent en raison même de la faveur qu'on leur accorde, et laissent toujours après elle un vide plus grand que celui qu'on avait voulu combler. » Il n'y a pas jusqu'aux penchants bienveillants qui ne subissent cette loi : ils peuvent bien nous pousser à des actes qui s'accordent avec le devoir; mais ils sont toujours aveugles et serviles, et, par conséquent, nous imposent un joug dont une âme vraiment morale voudrait être délivrée, pour n'être plus soumise qu'à la loi de la raison. Les Stoïciens font donc bien de vanter la satisfaction qui résulte de la conscience de la vertu, et les Épicuriens

---

[1] Trad. franç., p. 322.

auraient raison aussi de la vanter, s'ils ne commettaient en cela une pétition de principe. Mais les uns et les autres ont également tort d'identifier ce sentiment avec le bonheur.

Le bonheur est essentiellement distinct de la vertu et de la satisfaction qui l'accompagne ; mais nous concevons qu'il lui doit être nécessairement lié, comme la conséquence au principe ; et c'est dans l'harmonie de ces deux termes que consiste justement le souverain bien. Or, pour en revenir au point où nous en étions tout à l'heure, le souverain bien doit être conçu comme possible, puisque la raison pratique nous le donne comme nécessaire, et Kant nous a montré qu'on peut en effet, d'un certain point de vue, en admettre la possibilité sans contradiction. Reste maintenant à déterminer les conditions qu'exige cette possibilité, et que, par conséquent, il faut admettre comme réelles, puisqu'il s'agit d'une chose nécessaire aux yeux de la raison pratique. C'est là ce qu'il désigne sous le nom de *postulats de la raison pratique*. L'un de ces postulats, ou l'une de ces conditions de la possibilité du souverain bien a déjà été établie : c'est la liberté, que la loi morale même suppose, et qui nous permet de travailler, autant qu'il dépend de nous, à la réalisation du souverain bien, c'est-à-dire de fonder et de maintenir en nous la moralité. Cette condition est en notre pouvoir, et par là elle se distingue des autres, qu'il reste à indiquer : je veux parler de l'immortalité de l'âme et de l'existence de Dieu, que Kant, suivant l'expression rappelée tout à l'heure, va considérer ici comme deux postulats de la raison pratique.

On sait que la raison spéculative s'était déclarée impuissante à affirmer ce que la raison pratique se croit fondée à accepter pour vrai. A celle-ci appartient donc la suprématie sur la première [1]. Mais il n'y a point là de conflit. En effet, si la raison spéculative ne croyait pas pouvoir établir dogmatiquement certaines propositions, elle ne les déclarait point contradictoires, et, par conséquent, elle laissait le champ libre à la raison pratique ; et, d'un autre côté, si l'intérêt de la raison pratique exige qu'on admette certaines choses, celui de la raison théorique, qui est de réprimer les excès de la témérité spéculative, n'a point à en souffrir : car il n'est pas question d'acquérir par là une vue plus pénétrante des choses, mais seulement d'admettre ce qu'exige la raison pratique. Quand on parle d'ailleurs de l'intérêt de la raison pratique, il ne s'agit pas de la satisfaction d'un désir arbitraire de notre nature sensible. « Autrement, comme dit très-bien Kant [2], on imposerait, chacun selon son goût, ses fantaisies à la raison, les uns, le paradis de Mahomet, les autres, les théosophes et les mystiques, une ineffable union avec Dieu, et autant vaudrait n'avoir pas de raison que de la livrer ainsi à tous les songes. » C'est bien alors que la raison spéculative devrait repousser les prétentions de la raison pratique. Mais il s'agit ici de ce qu'exige *à priori* la raison pratique, au nom de la loi morale, et de ce qu'on ne pourrait se refuser à admettre sans ébranler l'autorité de cette faculté supérieure. Venons donc à ses postulats.

[1] Trad. franç., p. 325.
[2] P. 327.

La loi morale nous fait un devoir de travailler à réaliser le souverain bien dans le monde. Or, on l'a vu tout à l'heure, le souverain bien contient deux éléments, et le premier de ces éléments, considéré dans son absolue perfection, c'est la parfaite conformité de la volonté avec la loi morale, ou, d'un seul mot, la sainteté. Mais la sainteté est une perfection dont aucun être raisonnable n'est capable dans le monde sensible, à aucun moment de son existence; et pourtant la raison ne laisse pas de nous ordonner d'y tendre, comme à un but nécessaire et par conséquent possible. Il faut donc la chercher dans un progrès indéfiniment continu; et, comme ce progrès n'est lui-même possible que dans la supposition d'une existence et d'une personnalité indéfiniment persistantes, ou de ce que l'on appelle l'immortalité de l'âme, il est nécessaire d'admettre celle-ci, à ce point de vue. Ainsi l'immortalité de l'âme se trouve établie comme un postulat de la raison pratique, c'est-à-dire comme une proposition que la raison théorique ne pouvait démontrer, mais que la raison pratique nous force à admettre, parce qu'elle est inséparablement liée à la loi morale [1].

Ce postulat a, selon Kant, une grande importance morale; car, si on le rejette, il arrivera de deux choses l'une : ou bien on dépouillera la loi morale de sa sainteté, et on la pliera aux commodités de cette vie; ou bien on s'exaltera au point de croire que l'on peut atteindre ici bas le terme inaccessible que notre destination est de poursuivre sans cesse, et l'on rêvera

---

[1] P. 328 et suiv.

ainsi une perfection imaginaire; dans l'un et l'autre cas, on arrêtera cet effort incessant vers la sainteté morale, que la raison nous prescrit et qui est la seule chose possible pour nous.

Il faut que cet effort puisse être indéfiniment poursuivi, car la sainteté des créatures morales ne peut résider que dans cette continuité, qui pour nous est sans fin, mais que l'Être infini, Dieu, pour qui la condition du temps n'est rien, saisit dans une seule intuition intellectuelle. Nulle créature ne peut espérer d'arriver jamais à cette perfection morale, soit ici bas, soit dans quelque moment de son existence à venir, si loin qu'elle pousse son progrès; mais, pour tendre à un but reculé jusque dans l'infini, ce progrès n'en a pas moins pour Dieu la valeur d'une possession réelle. Par conséquent, si la sainteté est une idée qu'une créature raisonnable ne peut se flatter de réaliser absolument à aucun moment donné, notre âme peut du moins espérer de la posséder, avec la satisfaction qui en doit être l'effet et que l'on appelle la béatitude, dans l'infinité de sa durée, que Dieu seul peut embrasser d'une seule vue.

On vient de voir comment le premier des deux éléments du souverain bien postule l'immortalité de l'âme, sans laquelle il ne serait pour nous qu'un idéal fantastique; on va voir [1] comment le second de ces éléments, le bonheur, dans son rapport au premier, la moralité, postule l'existence de Dieu, sans laquelle ce rapport, c'est-à-dire l'harmonie du bonheur et de la moralité serait impossible, et, par conséquent, le souverain bien,

---

[1] Page 332 et suiv.— Cf. *Critique du Jugement*. Trad. franç., tom. II; p. 155 et suiv., et *Examen de la Critique du Jugement*, p. 272 et suiv.

qui réside justement dans cette harmonie, chimérique.

La loi morale est un principe de détermination entièrement indépendant de toute considération intéressée; et, d'un autre côté, si nous concevons que la pratique de cette loi doive nécessairement avoir pour conséquence le bonheur, comme nous ne sommes pas les auteurs et les maîtres de la nature, nous ne pouvons pas établir et maintenir nous-mêmes cette exacte harmonie entre le bonheur comme effet et la moralité comme cause. Il faut donc, puisque cette harmonie est nécessaire, admettre l'existence d'une cause du monde, distincte du monde lui-même et capable d'y introduire un juste accord entre la moralité, qui réside tout entière dans l'intention, et le bonheur, c'est-à-dire l'existence d'un être suprême, doué d'intelligence et de volonté, car il n'y a qu'un tel être qui puisse réaliser un tel accord, en un mot, l'existence de Dieu. Voilà comment le souverain bien, que la raison pratique nous fait concevoir comme l'objet nécessaire de notre volonté, supposant lui-même un *souverain bien primitif* d'où il puisse dériver, il est nécessaire d'admettre celui-ci, c'est-à-dire Dieu, en même temps que le premier; et, puisque la raison nous fait un devoir de travailler, autant qu'il est en nous, à la réalisation de ce souverain bien *dérivé*, qui serait impossible sans Dieu, il est donc moralement nécessaire d'admettre l'existence de Dieu.

Kant ne veut pas dire d'ailleurs que cela soit un devoir : car, remarque-t-il [1], ce ne peut jamais être un devoir d'admettre l'existence d'une chose; mais c'est un

[1] Trad. franç. p. 331.

besoin de la raison pratique, qui a sa source dans l'idée même du devoir. Il ne veut pas dire non plus que Dieu soit le fondement de l'obligation morale, car ce fondement n'est autre que l'autonomie de la raison même ; mais que, comme il est l'unique principe de la possibilité d'une chose à laquelle la raison nous ordonne de travailler et que par conséquent nous devons admettre comme possible, nous devons aussi admettre son existence à ce point de vue. Elle ne nous est point démontrée par la raison théorique : elle n'est toujours pour celle-ci qu'une hypothèse ; mais au point de vue pratique, elle devient l'objet d'une croyance nécessaire. Cette croyance, Kant l'appelle un acte de foi, mais un acte de foi purement rationel, car il a sa source dans la raison même.

On voit donc comment le souverain bien suppose l'immortalité de l'âme et l'existence de Dieu, sans lesquelles il serait impossible. Or c'est ce que n'ont pas vu, selon Kant, les deux grandes écoles grecques dont il a déjà parlé, et sur lesquelles il revient encore ici [1] ; et c'est pourquoi elles ont échoué dans leur tentative d'expliquer la possibilité du souverain bien. Elles ont cru à tort pouvoir ici se passer de Dieu et tout expliquer par l'homme même. Sans doute elles firent bien d'établir le principe des mœurs en lui-même et indépendamment de la croyance à l'existence de Dieu, en le déduisant du rapport de la raison à la volonté ; mais si c'est là la condition suprême du souverain bien, ce n'est pas le souverain bien tout entier ; et, pour expli-

[1] P. 338.

quer celui-ci, il faut absolument sortir des conditions de l'humanité et recourir à Dieu. Il est vrai de dire que les Épicuriens, en cela conséquents avec eux-mêmes, abaissèrent leur concept du souverain bien au niveau du faux principe qu'ils avaient donné pour fondement à leur morale; car ils ne promettaient pas à l'homme de plus grand bonheur que celui que peut procurer l'humaine prudence, et ils ne se dissimulaient pas sans doute que c'est là quelque chose d'assez misérable, et, dans tous les cas, de très-variable. Quant aux Stoïciens, s'ils furent mieux avisés dans le choix de leur premier principe, et s'ils virent que la vertu est la condition suprême du souverain bien, ils eurent le tort de croire que le degré de vertu exigé par la loi est un terme accessible en cette vie, et que sa possession nous donne par le fait même tout le bonheur possible : en exaltant ainsi la puissance morale de l'homme, ils lui attribuèrent une sagesse qui est au-dessus des conditions de sa nature, comme le prouve une exacte connaissance de soi-même; et, en plaçant tout le bonheur dans la conscience de la vertu, ils étouffèrent la voix de leur propre nature.

A cette doctrine des Stoïciens Kant oppose celle du Christianisme, qu'il considère, bien entendu, d'un point de vue purement philosophique [1]. Selon lui, l'idée que cette dernière nous donne du souverain bien est beaucoup plus juste, et elle est la seule qui satisfasse aux exigences les plus sévères de la raison pratique. Car, d'une

[1] P. 357.

part, tandis que les Stoïciens faisaient de leur sagesse un idéal accessible en cette vie, et, en exaltant ainsi outre mesure l'homme à ses propres yeux, donnaient pour mobile à sa volonté une sorte de fausse grandeur ou d'orgueilleux héroïsme, qui n'est déjà plus le sentiment du devoir et ne convient guère à sa nature, la doctrine chrétienne, tout en montrant à l'homme la sainteté comme le but idéal de ses efforts, lui rappelle en même temps qu'il ne peut se flatter d'y arriver et de s'y maintenir en cette vie, et que tout ce qu'il peut faire, c'est d'y tendre par un progrès continu : par là elle conserve au principe moral toute sa sévérité, et, tout en nous donnant le juste espoir d'une destinée immortelle, elle ne nous permet pas d'oublier la modestie que nous impose notre condition [1]. Et d'autre part, tandis que le Stoïcisme identifiait le bonheur avec la conscience de la vertu et laissait ainsi réellement de côté le second élément du souverain bien, le Christianisme,

---

[1] Kant, rapprochant la doctrine chrétienne des diverses écoles grecques, au point de vue de l'idée qu'elles ont prise pour type et pour règle de la moralité humaine, les caractérise et les distingue de la manière suivante : l'idée des *Cyniques*, c'est la *simplicité de la nature*; celle des Épicuriens, la *prudence*; celle des *Stoïciens*, la *sagesse*; celle au contraire des *Chrétiens*, la *sainteté*. Les trois écoles grecques ne suivaient pas toutes les mêmes voies pour arriver à ces idées : ainsi les Cyniques se contentaient du sens commun, tandis que les Épicuriens et les Stoïciens ne croyaient pas pouvoir se passer de la science ; mais les uns et les autres pensaient que les forces naturelles de l'homme et la vie présente suffisent parfaitement pour atteindre le but, tandis que la morale chrétienne ôte à l'homme la confiance de pouvoir réaliser, dans cette vie du moins, l'idéal de sainteté, qu'elle lui propose, mais en lui laissant espérer que, s'il fait ce qu'il peut, le reste ne lui manquera pas. « Aristote et Platon, ajoute Kant, dont il est bon de consigner tous les jugements historiques, ne se distinguent que relativement à l'origine de nos concepts moraux. »

voyant trop que la pratique du souverain bien ne donne point par elle-même le bonheur, invoque la puissance d'un être saint qui opère l'harmonie de la vertu et du bonheur, ou, pour considérer ces éléments dans toute la perfection que suppose le souverain bien, de la sainteté et de la béatitude, et c'est ce qu'il appelle le *règne de Dieu*. Il ne donne pas pour cela, dit Kant, la connaissance de Dieu et de sa volonté pour fondement à l'autorité de la loi morale, mais seulement à l'espoir d'arriver au souverain bien, en suivant cette loi; et il ne place point le mobile qui nous doit déterminer dans l'attente des conséquences qui résulteront de notre conduite, mais dans l'idée du devoir, comme dans la seule chose dont la fidèle observation puisse nous rendre dignes du bonheur.

C'est ainsi que, selon Kant, la *morale* nous mène à la *religion*, ou que nous sommes conduits à regarder tous les devoirs comme des commandements de Dieu[1]. En effet, puisque nous ne pouvons espérer d'arriver au souverain bien, que la loi morale nous fait un devoir de poursuivre, que par l'intermédiaire d'une volonté souverainement juste et en même temps toute puissante, nous sommes dès lors fondés à penser qu'en nous conformant à l'une, nous obéissons à l'autre, et à considérer la première comme le commandement de la seconde. Il ne s'agit point là, comme on le voit, d'un ordre qui nous serait arbitrairement prescrit par une volonté toute puissante et auquel nous ne céderions que par crainte de certains châtiments, ou

---

[1] Trad. franç., p. 340. — Cf, *Critique du Jugement*, trad. franç., t. II, p. 225, et *Examen de la Critique du Jugement*, p. 281.

dans l'espoir de certaines récompenses ; car nous n'allons pas de l'idée de Dieu, conçu comme un législateur arbitraire, à celle de la loi morale, mais au contraire de l'idée de la loi morale, conçue comme la loi nécessaire de toute volonté raisonnable, à celle de Dieu, qui seul peut assurer à cette loi sa sanction nécessaire ou réaliser le souverain bien, et à ce titre doit être considéré comme le suprême législateur du monde moral, dont il est le juge suprême.

On le voit aussi : quoique la religion, ainsi entendue, nous fasse espérer de participer au bonheur en proportion des efforts que nous aurons faits pour nous en rendre dignes, comme ce n'est point d'après la considération du bonheur à recueillir de notre conduite que nous devons nous déterminer, si nous voulons donner à nos actes un caractère vraiment moral, mais d'après la loi morale même, il suit qu'il ne faut pas regarder la morale comme une doctrine qui nous enseigne à nous rendre heureux, mais à nous rendre dignes du bonheur. On a vu[1] combien il importe de ne pas confondre le principe de la doctrine morale avec celui de la doctrine du bonheur : seulement, comme nous concevons en définitive, que, grâce à la religion, son couronnement nécessaire, la morale doit avoir le bonheur pour conséquence, nous pouvons la considérer elle-même à ce titre comme une doctrine du bonheur, mais à une condition : c'est que dans son principe elle soit essentiellement désintéressée.

Il suit encore de tout ce qui précède que le dernier

---

[1] Plus haut, p. 90 et suiv. et p. 155-156.

but de Dieu dans la création du monde ne pouvait pas être directement le bonheur des créatures morales, car le bonheur suppose lui-même dans les créatures une condition suprême, c'est qu'elles en soient dignes ; et que, par conséquent, ce but ne pouvait être que le souverain bien, c'est-à-dire l'harmonie du bonheur et de la moralité [1]. Autrement Dieu ne serait pas souverainement sage : il pourrait être *bon*, mais il ne serait pas *saint* par excellence ; nous pourrions l'aimer pour ses bienfaits, mais non l'adorer pour sa sainteté ; car, ainsi que nous le voyons parmi les hommes mêmes, un être bienfaisant n'est pour nous un objet, je ne dis pas d'amour, mais de respect, qu'autant qu'il sait mesurer la bienfaisance au mérite. C'est donc dans ce sens qu'il faut entendre cette *gloire de Dieu*, où les théologiens placent le but de la création [2] : la gloire de Dieu ne consiste pas à faire des créatures heureuses, mais des créatures dignes de l'être, et à leur attribuer une part de bonheur proportionnée à leurs efforts.

Ainsi liberté de la volonté, immortalité de l'âme, existence de Dieu, tels sont les trois postulats de la raison pratique. Tous trois dérivent du principe fondamental de la moralité, qui n'est pas lui-même un postulat, mais une loi que la raison impose immédiatement à la volonté avec une inébranlable autorité, et qui à son tour communique aux concepts, auxquels elle est indissolublement unie, la réalité objective qu'elle possède et qui leur manquait. C'est ainsi que le con-

[1] Cf. *Critique du Jugement*, trad. franç., t. II, p. 131-153, et *Examen de la Critique du Jugement*, p. 273-279.
[2] *Ibid.* p. 116; *Ibid.* p. 282.

cept de la liberté, sur lequel la raison spéculative aboutissait à une *antinomie*, qu'elle ne pouvait résoudre qu'au moyen d'une idée problématique, reçoit de la loi morale, dont il est inséparable, la réalité objective qu'il restait à démontrer. C'est ainsi encore que le concept de l'immortalité de l'âme, sur lequel la raison spéculative ne pouvait produire que des *paralogismes*, incapable qu'elle était d'affirmer quelque chose du sujet pensant considéré en soi, est maintenant établi par la loi morale, qui, en nous faisant un devoir de tendre à un certain but inaccessible dans cette vie, suppose par là même une durée appropriée à la destination qu'elle nous impose. C'est ainsi enfin que le concept de Dieu, qui pour la raison spéculative n'était qu'un *idéal* purement transcendental et parfaitement indéterminé, est postulé par la loi morale, qui à la fois le justifie et le détermine, comme contenant le principe de la possibilité du souverain bien dont elle fait l'objet nécessaire de notre volonté [1].

Mais notre connaissance se trouve-t-elle ainsi réellement étendue? Elle l'est en ce sens que nous pouvons maintenant affirmer la valeur objective de certains concepts, par eux-mêmes problématiques, puisque les objets de ces concepts, étant inséparablement liés à la loi morale, la réalité de cette loi entraîne celle de ces objets. Mais si, sous ce rapport, qui est purement pratique, nous sommes fondés à leur attribuer une valeur objective, nous n'en acquérons pas pour cela une vue plus pénétrante. Tout ce que nous pouvons

---

[1] Trad. franç., p. 344-347. — Cf. *Critique de la raison pure*, Dialectique transcendentale et *Méthodologie*.

dire, c'est que des concepts, qui, pour la raison spéculative, étaient transcendants et n'avaient d'autre valeur que celle de principes régulateurs, c'est-à-dire ne nous faisaient en réalité connaître aucun objet au-delà de l'expérience et ne servaient qu'à donner à celle-ci plus de perfection, sont pour la raison pratique des idées immanentes et constitutives, par cela même qu'elles servent à nous faire concevoir comme possible la pratique de ses lois et la réalisation de son objet nécessaire, le souverain bien. Mais en eux-mêmes les objets de ces concepts nous demeurent inaccessibles; nous ne pouvons porter sur eux aucun jugement synthétique et en déterminer théoriquement l'application, c'est-à-dire que nous n'en avons aucune connaissance spéculative. Ainsi la liberté est sans doute postulée par la loi morale, mais nous ne saisissons pas pour cela en elle-même cette espèce de causalité. Il en est de même des autres idées. « Aucun entendement humain, dit Kant, n'en découvrira jamais la possibilité [1]. » Mais aussi, s'empresse-t-il d'ajouter, « n'y a-t-il pas de sophisme qui puisse persuader aux hommes, même les plus vulgaires, que ce ne sont pas là de véritables concepts. » C'est ainsi qu'il faut entendre ce qu'il dit ensuite [2], qu'on peut concevoir une extension de la connaissance au point de vue pratique, sans l'admettre en même temps au point de vue de la connaissance spéculative. Et cette distinction est fort importante ici, même au point de vue pratique; car elle nous préserve à la fois de l'anthropomorphisme, qui

[1] Trad. franç., p. 347.
[2] P. 348.

croit étendre l'idée de Dieu au moyen de notre propre expérience et donne ainsi naissance à la superstition, et du mysticisme, qui pense fonder à son tour la même idée sur une intuition supra-sensible, dont l'esprit humain est incapable.

Kant rappelle [1] que la raison ne peut concevoir aucun objet qu'au moyen de certaines *catégories*, qui sont les concepts purs de l'entendement, et qu'elle ne peut former aucune connaissance au moyen de ces concepts qu'en les appliquant à des intuitions sensibles; d'où il suit qu'il n'y a pour elle de véritable connaissance que celle qui se rapporte à des objets d'expérience. Or les idées dont il est ici question, la liberté, l'immortalité de l'âme, l'existence de Dieu ne sont pas des objets d'expérience possible : ce sont des *idées* de la raison. Il n'y a donc pas de connaissance à en attendre. Mais aussi ne s'agit-il pas de connaître ces objets mêmes; il ne s'agit que de savoir si ces idées ont en général des objets. Or la question ainsi posée est résolue affirmativement par la raison pratique, qui, au moyen de la loi morale, communique à ces idées la valeur objective que la raison spéculative ne se croyait pas fondée à leur attribuer, mais dont elle ne rejetait pas non plus la possibilité. Et il n'y a point là de contradiction ; car, si, pour constituer en nous une véritable connaissance des objets, les catégories ont besoin d'intuitions auxquelles elles s'appliquent, comme elles ont leur siége et leur origine dans l'entendement pur, elles peuvent s'appliquer aussi à des choses qui

---

[1] Trad. franç., p. 347.

ne nous sont pas données dans l'intuition [1]. Reste à savoir seulement s'il existe en effet des choses de cette nature, comme Dieu, comme l'immortalité de l'âme, comme la liberté. Or, encore une fois, c'est ce que prouve la raison pratique par la loi morale, sans nous donner pour cela aucune connaissance théorique [2].

Pourtant est-ce que nous ne déterminons pas ces idées, celle de Dieu, par exemple, au moyen des attributs que nous trouvons dans notre propre nature, et est-ce que nous n'arrivons pas ainsi à une véritable connaissance? Non, selon Kant; ce serait de l'anthropomorphisme. Sans doute, pour concevoir la possibilité du souverain bien, nous attribuons à Dieu l'entendement et la volonté, qui sont des facultés que nous trouvons en nous-mêmes; mais, en les lui attribuant, nous faisons précisément abstraction de tout ce que l'expérience nous apprend de l'exercice de ces facultés en nous, et il ne nous reste qu'un concept purement négatif, nécessaire sans doute au point de vue pratique, mais qu'on ne saurait convertir en connaisance au point de vue spéculatif. En effet, lorsque de l'idée de l'entendement vous avez écarté la propriété qu'il a en nous d'être discursif, et que vous essayez de con-

---

[1] Cf. plus haut, p. 107-109.
[2] Kant remarque plus loin (p. 359-360) que la méthode qu'il indique est la seule qui nous puisse préserver de deux excès : l'un qui, regardant avec Platon ces idées comme *innées*, y fonde de transcendantes prétentions à des connaissances supra-sensibles, dont on ne voit pas la fin, et fait ainsi de la théologie une lanterne magique de conceptions fantastiques; l'autre qui, regardant avec Épicure toutes nos idées comme *acquises*, en restreint l'application, même sous le rapport pratique, aux objets et aux mobiles sensibles.

cevoir, comme il le faut bien, quand il s'agit de Dieu,
un entendement intuitif, c'est-à-dire un entendement
dont les idées ne forment qu'une seule et même pensée et
ne supposent pas, comme en nous, des perceptions qui se
succèdent dans le temps, qu'elle connaissance avez-vous?
De même pour la volonté, qu'il faut concevoir en Dieu
indépendante de tout désir. Je ne parle pas des attributs métaphysiques, de la durée infinie de Dieu, par
exemple, que nous devons concevoir comme échappant à la condition du temps, quoique le temps soit
pour nous le seul moyen de nous représenter les choses.
Que les théologiens ne vantent donc pas si haut leur
prétendue science de Dieu; Kant les met au défi [1] « de
citer, outre les attributs purement ontologiques, une
seule propriété dont on ne puisse prouver irréfutable-
ment qu'après en avoir abstrait tout élément anthropomorphique, il ne nous reste que le mot, sans le
moindre concept par lequel on puisse espérer d'étendre
la connaissance théorique. » Mais aussi n'avons-nous
pas besoin de cela, au point de vue pratique : il nous
suffit de pouvoir attribuer à Dieu l'entendement et la
volonté, sans lesquels nous ne saurions concevoir la
possibilité du souverain bien ; et, puisqu'il est nécessaire, à ce point de vue, d'admettre cette possibilité,
il est également nécessaire, au même point de vue,
d'admettre l'existence de Dieu, et en Dieu de certains
attributs qui en sont les conditions. Le reste dépasse les
limites de notre esprit, qu'il ne faut jamais oublier,
même au point de vue pratique, afin de ne faire ici de

[1] P. 334.

l'idée de Dieu et des autres idées du même genre d'autre usage que celui que la raison pratique autorise.

Ainsi se trouve résolue, selon Kant, la question de savoir si l'idée de Dieu appartient à la physique, à la métaphysique ou à la morale. Elle n'appartient pas à la physique, car, dit Kant[1], « avoir recours à Dieu, comme à l'auteur de toutes choses, pour expliquer les dispositions de la nature ou ses changements, ce n'est pas du moins donner de ces dispositions et de ces changements une explication physique, et c'est toujours avouer qu'on est au bout de sa philosophie, puisqu'on est forcé d'admettre quelque chose dont on n'a aucune idée, pour pouvoir se faire une idée de la possibilité de ce qu'on a devant les yeux. » En général nous ne saurions nous élever sûrement de l'idée de ce monde à celle de l'existence d'un être tel que celui que nous concevons sous le nom de Dieu ; car, pour être en droit d'affirmer que ce monde ne peut exister que par Dieu, il faudrait le connaître comme le tout le plus parfait possible, c'est-à-dire posséder l'omniscience. Que si de l'ordre et de l'harmonie que nous trouvons dans le monde nous croyons pouvoir conclure l'existence d'une cause sage, bonne, puissante, pouvons-nous, d'une connaissance si restreinte du monde, conclure certainement l'existence d'une cause souverainement sage, bonne et puissante[2]? Il est sans doute naturel et raisonnable de supposer que, puisque, dans les choses

---

[1] P. 355.
[2] Cf. *Critique du Jugement*, trad. franç., t. II, p. 143-153, et p. 223; et *Examen de la Critique du Jugement*, p. 269-270.

dont nous pouvons acquérir une connaissance approfondie, nous voyons éclater la sagesse et la bonté, il en doit être de même de toutes les autres, et qu'ainsi l'auteur du monde doit être tout parfait; mais ce n'est plus là une conclusion absolument certaine, c'est une hypothèse qu'il reste à justifier. On peut donc dire en ce sens que le concept de Dieu n'appartient pas à la physique, ou, si l'on veut, à la métaphysique de la nature. Il n'appartient pas davantage à la métaphysique transcendantale : elle ne peut démontrer l'existence de cet être par l'idée que nous en avons ; car ce n'est pas une proposition analytique, mais une proposition synthétique que celle qui, de l'existence en nous d'une certaine idée, conclut l'existence hors de nous d'un objet qui lui correspond. Vous avez beau analyser la première, vous n'en ferez jamais sortir la seconde [1]. Reste donc la morale, qui seule peut démontrer l'existence de Dieu et en même temps en déterminer le concept. La loi morale en effet postule, comme on l'a vu, l'existence de Dieu, et elle ne permet pas que nous nous en fassions une autre idée que celle d'un auteur du monde doué d'une souveraine perfection. « Il doit être *omniscient*, afin de pénétrer jusqu'à nos plus secrètes intentions dans tous les cas possibles et dans tous les temps ; *omnipotent*, afin de départir à ma conduite les suites qu'elle mérite, et de même, *omniprésent*, *éternel*, etc. [2] » C'est ainsi, ajoute

---

[1] Voyez, pour le développement de cette idée, la *Critique de la raison pure*, *Dialectique transcendantale*.
[2] Trad. franç., p. 358.—Cf. *Critique du Jugement*, trad. franç., t. II, p. 157, et *Examen de la Critique du Jugement*, p. 281.

Kant, que la loi morale détermine, à l'aide de l'idée du souverain bien, celle de l'Être suprême, ce que ne pouvait faire ni la méthode physique, ni la méthode métaphysique, c'est-à-dire en général toute la raison spéculative.

Cette impuissance de la raison spéculative, à l'endroit de l'existence et des attributs de Dieu, ne pouvait échapper, selon Kant, à des esprits aussi pénétrants que les philosophes grecs; et c'est pourquoi ils ne se crurent pas fondés à admettre une hypothèse, raisonnable sans doute, mais qu'il est impossible de prouver absolument et que l'expérience même contredit, et ils cherchèrent dans des causes purement naturelles l'explication de tous les phénomènes. Mais l'étude des choses morales, sur lesquelles, dit-il, les autres peuples n'ont jamais fait que du verbiage, leur fournit une idée déterminée de Dieu, qui, une fois établie, put tirer de la contemplation de la nature une éclatante confirmation [1].

Kant insiste sur la nature des croyances morales qu'il veut établir ici. Ces croyances sont un besoin pour la raison pratique. Mais n'est-ce pas un besoin aussi pour la raison spéculative, lorsqu'elle veut s'expliquer l'ordre et la finalité que nous trouvons dans la nature, de supposer un Dieu, qui en soit la cause? Sans doute; seulement cette supposition, qui sera, si l'on veut, l'opinion la plus raisonnable que nous puissions admettre, reste toujours une hypothèse, parce que, comme on l'a déjà remarqué, il y a un abîme

---

[1] Cf. *Critique du Jugement*, trad. franç., t. II, p. 182-184, et *Examen de la Critique du Jugement*, p. 283.

entre l'effet, tel qu'il nous est donné dans l'expérience, et la cause que nous concevons sous le nom de Dieu. Mais, dira-t-on, c'est un besoin pour la raison spéculative, qui nous fournit *à priori* l'idée d'un être absolument nécessaire, non-seulement d'admettre cette idée, mais aussi de la déterminer avec plus de précision. Soit encore ; seulement elle ne saurait prouver qu'elle fait en cela autre chose que des hypothèses. Quand on parle au contraire du besoin qu'a la raison pratique d'admettre l'existence de Dieu, l'immortalité de l'âme et la liberté de la volonté, il s'agit d'une nécessité qui se fonde sur la loi morale, laquelle est elle-même apodictiquement certaine, et à son tour rend certaines les conditions sans lesquelles serait impossible l'objet qu'elle nous ordonne de poursuivre. La loi morale m'ordonne de travailler à réaliser le souverain bien, puisqu'elle me présente celui-ci comme l'objet nécessaire de ma volonté : il faut donc que j'en admette la possibilité ; et, puisque cette possibilité suppose elle-même l'existence de Dieu, l'immortalité de l'âme et la liberté de la volonté, il faut donc aussi que j'admette ces choses, au nom même de la loi morale. Ce n'est plus là une supposition destinée à satisfaire un besoin de la spéculation, une hypothèse permise à ce titre ; c'est un besoin, une nécessité, qui dérive de la loi morale même, en un mot un postulat pratique. Il y a loin aussi de ce besoin à celui qui se fonderait uniquement sur tel ou tel désir arbitraire. Sans doute nous n'avons pas le droit de conclure du besoin que nous avons de croire une chose à la réalité de cette chose, lorsque ce besoin ne repose que sur notre inclination particulière. C'est à tort, par exemple, qu'un amoureux, tout plein de l'idée d'une beauté qui n'existe que dans son imagination, en conclut que cette beauté existe réellement. Si la croyance dont il s'agit ici n'avait pas d'autre fondement, elle ne serait pas plus légitime. Mais il s'agit au contraire d'une croyance qui ne dérive point d'une inclination ou d'un désir arbitraire, c'est-à-dire d'un principe subjectif, mais qui se fonde sur un principe objectif, la loi morale, laquelle, en nous ordonnant de travailler à la réalisation du souverain bien, nous autorise à admettre tout ce sans quoi cette réalisation serait impossible. Ce n'est pas d'ailleurs, on l'a déjà remarqué, qu'elle nous fasse de cette croyance un devoir : une croyance ordonnée est un non-sens ; mais l'ordre qu'elle nous prescrit, de travailler à la réalisation du souverain bien, supposant que cette réalisation est possible, et cette réalisation même n'étant possible que sous certaines conditions, de là la nécessité d'admettre, avec cette possibilité, les conditions qu'elle exige. Il y a cependant une nouvelle restriction à apporter ici. Kant qui ne croit pas pouvoir pousser trop loin la réserve, et qui semble craindre d'avoir trop accordé précédemment, se demande[1] si le jugement que nous portons sur l'existence de Dieu, comme condition nécessaire de la possibilité du souverain bien, a véritablement une valeur objective, en tant qu'il regarde cette condition comme nécessaire absolument ? La raison a-t-elle bien le droit de décider que l'harmonie où réside le souverain bien ne peut absolument dériver

---

[1] Trad. franç., p. 366.

de lois universelles, sans le concours d'une cause sage qui y préside? Elle ne le peut, selon lui, objectivement; et, pour dire le vrai, cette impossibilité même où nous sommes de concevoir comme possible la parfaite harmonie du bonheur et de la moralité, du règne de la nature et de celui des mœurs, sans supposer une cause morale du monde, est purement subjective. Il est sans doute impossible à notre raison de concevoir que cette harmonie puisse exister sans un être tel que Dieu; mais nous ne saurions prouver que cela soit impossible absolument. Mais aussi, comme, en nous ordonnant par la loi morale de travailler à la réalisation du souverain bien, la raison pratique nous force à en admettre la possibilité, et que c'est là une nécessité objective ou absolue; et, comme, d'un autre côté, elle se prononce en faveur de la supposition d'un sage auteur du monde, il suit que cette supposition est fondée au point de vue moral, en même temps qu'elle n'a rien de contraire à la raison théorique, qui laissait la question indécise. C'est donc une croyance toute morale, ou, comme Kant l'appelle [1], une foi pratique, purement rationnelle; « elle peut bien, dit-il [2], chanceler parfois, même dans des âmes bien intentionnées, mais elle ne saurait jamais dégénérer en incrédulité. »

Et que l'on ne se plaigne pas des bornes où sont ici renfermées nos facultés de connaître. Quoiqu'elles soient souvent insuffisantes à la solution de certains problè-

[1] P. 167.
[2] Trad. franç., p. 367.

mes qui touchent à notre destination, ou plutôt pour cette raison même, elles y sont merveilleusement appropriées [1]. Supposons en effet que la nature nous ait ici servis à souhait, où nous ait accordé cette pénétration et ces lumières que nous voudrions bien posséder, et dont quelques-uns même se croient en possession, qu'en résulterait-il ? Dieu et l'éternité, avec leur majesté redoutable, étant sans cesse présents à nos yeux, cette vue ne nous laisserait plus la liberté de chercher dans l'idée même de la loi morale le mobile qui nous doit déterminer et la force morale dont nous avons besoin pour résister à nos penchants ; c'est-à-dire que nous perdrions justement ce qui fait notre valeur et notre dignité. Notre conduite serait sans-doute extérieurement conforme à la loi ; mais elle n'aurait plus d'autre mobile que la crainte ; et, à la place de cette lutte de la volonté humaine contre les penchants, qui n'est si noble que parce qu'elle est toute désintéressée, l'homme n'offrirait plus que le triste spectacle d'une machine mue par un ressort extérieur. Il est donc bien que, malgré tous les efforts de notre raison, nous n'ayons de l'avenir qu'une idée obscure et incertaine, et que le maître du monde nous laisse plutôt soupçonner qu'apercevoir et prouver clairement son existence et sa majesté : la loi morale obtient ainsi de nous un culte plus désintéressé, et la valeur morale de l'homme en est plus grande. Reconnaissons donc, ajoute Kant en finissant [2], que « la sagesse impénétrable par laquelle

[1] P. 368.
[2] P. 370.

nous existons n'est pas moins digne de vénération pour ce qu'elle nous a refusé que pour ce qu'elle nous a donné en partage. »

MÉTHODOLOGIE.

Kant entend par *Méthodologie*[1] de la raison pratique l'ensemble des moyens à employer pour ouvrir aux principes qu'il a précédemment établis un accès dans l'âme humaine et leur donner de l'influence sur la volonté, ou, en termes techniques, pour faire que la raison, qui est objectivement pratique, le devienne aussi subjectivement, c'est-à-dire que les lois absolues qui en émanent servent en effet de principes de détermination au sujet qui s'y reconnaît soumis. C'est la question de la méthode qui doit présider à l'éducation de l'homme dans son rapport avec la loi morale, et nous apprendre comment il faut en jeter en lui les fondements et en assurer la solidité. Or la solution de cette question ressort des idées précédemment établies et développées ; il est aisé de l'en tirer, et quelques pages suffisent à Kant pour en esquisser les principaux traits.

Il rappelle d'abord un point sur lequel il est souvent revenu[2], c'est que le seul principe de détermination qui puisse donner à nos actions une valeur morale, c'est la considération de la loi morale ou du

---

[1] Trad. franç., p. 375.
[2] Voyez plus haut, p. 13-14, 122, etc.

devoir : notre conduite a beau être extérieurement conforme à cette loi, si elle n'a pas eu uniquement pour mobile le respect de cette loi même, la moralité lui fait défaut. Cela est clair pour tout le monde. Mais ce qui ne l'est pas autant, et même ce qui paraît invraisemblable au premier coup d'œil, c'est que ce pur respect de la loi, cette considération exclusive du devoir, qui seule constitue la moralité de l'intention, soit en même temps un mobile beaucoup plus puissant que tous ceux qui se fondent sur l'appât du plaisir et du bonheur ou sur la crainte de la douleur et du mal, en un mot, que tous les mobiles sensibles. Et pourtant il faut bien admettre, pour l'honneur de l'humanité, qu'il en est ainsi. On peut, sans doute, pour préparer à la pratique du bien une âme encore inculte ou déjà dégradée, faire briller à ses yeux l'appât de quelque avantage personnel ou la crainte de quelque danger ; mais, s'il est permis et même nécessaire d'employer ce moyen mécanique au début, il faut se hâter de l'abandonner, dès qu'elle est en état de concevoir le motif moral dans toute sa pureté ; car non-seulement il n'y a que ce motif qui puisse fonder une conduite vraiment morale, mais encore, en nous apprenant à sentir notre dignité personnelle, il nous donne une force devant laquelle disparaît celle de tous les mobiles, et qui nous rend capables de nous affranchir de leur joug [1]. Le vrai principe d'une éducation morale, c'est donc la pure idée de la loi morale et le mobile qui s'y fonde. Mais par quel moyen éveiller et

---

[1] Cf. plus haut, p. 123 et suiv.

développer cette idée et ce sentiment dans les âmes, et y jeter ainsi les fondements de la moralité?

Qu'on observe, dit Kant [1], ce qui se passe dans la plupart des entretiens, on verra qu'il n'y a pas de sujet qui revienne plus souvent et intéresse davantage que la question de décider la valeur morale de telle ou telle action, de tel ou tel homme, et que les esprits, même les plus étrangers à toute espèce d'étude spéculative, montrent, dans l'investigation des motifs et dans l'examen de la pureté des intentions, une finesse et une pénétration incroyables. Les uns semblent se plaire à rechercher et à faire ressortir tout ce qui peut altérer cette pureté : ce n'est pas d'ailleurs qu'ils aient toujours le dessein de montrer que la vertu n'est qu'un nom, en la bannissant successivement de toutes les actions humaines; car leur sévérité vient quelquefois de la pureté même de l'idée qui leur sert de mesure pour juger les actions, et qui en effet rabaisse beaucoup notre amour-propre. D'autres au contraire, partout où il y a présomption en faveur de la droiture d'intention, aiment à la montrer pure de toute tache, même la plus légère, de peur sans doute que l'habitude de nier la pureté de toute vertu humaine ne conduise à regarder la vertu elle-même comme un insaisissable fantôme, et à renoncer à des efforts sans objet. Quoi qu'il en soit, il est certain qu'il y a en nous un penchant qui nous fait trouver du plaisir à soumettre à l'examen le plus subtil les questions morales qu'on nous propose. Or il est étonnant que les instituteurs de la jeunesse

[1] Trad. franç., p. 376.

n'aient pas songé, depuis longtemps, à mettre ce penchant à profit. Il faudrait donc, selon Kant, en s'appuyant d'abord sur un catéchisme purement moral [1], chercher dans les biographies des temps anciens et modernes des exemples de tous les devoirs indiqués dans ce catéchisme ; et, par l'examen de ces exemples, surtout par la comparaison d'actions semblables faites en des circonstances diverses, exercer le jugement des enfants à discerner le plus ou le moins de valeur morale des actions. C'est là en effet un genre d'exercice où la jeunesse, alors même qu'elle n'est encore mûre pour aucune espèce de spéculation, peut montrer beaucoup de pénétration et trouver beaucoup d'intérêt, et qui, tout en n'étant d'abord qu'un jeu d'esprit où les enfants peuvent rivaliser entre eux, finira par laisser en eux une impression durable d'estime pour le bien et de mépris pour le mal, et les préparera ainsi à vivre honnêtement. Seulement, ajoute Kant [2], je souhaite qu'on leur épargne ces exemples d'actions soi-disant nobles et magnanimes, qui, en leur proposant pour modèle une sorte de fausse grandeur d'âme, en feraient des héros de roman, pour qui les devoirs de la vie deviendraient insignifiants. Il ne faut jamais oublier que ce qui fait et assure la valeur morale de la conduite humaine, ce n'est pas une exaltation éphémère, mais la soumission de la volonté au devoir, et que, par conséquent, c'est toujours à l'idée du devoir

[1] Il nous a donné lui-même, dans ses *Éléments métaphysiques de la Doctrine de la vertu*, un curieux échantillon d'un catéchisme de ce genre.
[2] P. 370.

qu'il faut en revenir[1]. C'est cette idée qu'il faut présenter aux enfants en des exemples où elle brille dans tout son éclat.

Kant nous indique lui-même un de ces exemples : « Racontez, dit-il [2], l'histoire d'un honnête homme qu'on veut déterminer à s'adjoindre aux diffamateurs d'une personne innocente, mais d'ailleurs sans crédit (comme, par exemple, Anne de Boleyn, accusée par Henri VIII, roi d'Angleterre). On lui offre de grands avantages, comme de riches présents ou un rang élevé ; il les refuse. Cette conduite excitera simplement l'assentiment et l'approbation dans l'âme de l'auditeur, car elle peut être avantageuse. Mais supposez maintenant qu'on en vienne aux dernières menaces. Au nombre des diffamateurs, sont ses meilleurs amis, qui lui refusent leur amitié, de proches parents qui veulent le déshériter (lui sans fortune), des puissants qui peuvent le poursuivre et le tourmenter en tout lieu et en tout temps, un prince qui menace de lui ôter la liberté et même la vie. Enfin, pour que la mesure du malheur soit comblée, et qu'il ressente la seule douleur qu'un cœur moralement bon puisse ressentir, représentez sa famille, menacée de la dernière misère, le suppliant de céder, et lui-même, dont le cœur, pour être honnête, n'est pas plus fermé au sentiment de la pitié qu'à celui de son propre malheur, réduit à souhaiter de n'avoir jamais vu le jour qui le soumet à une si rude épreuve, mais persévérant dans son honnêteté, sans hésiter, sans chanceler un seul instant : alors mon

---

[1] Cf. plus haut, p. 129-136.
[2] P. 380.

jeune auditeur passera successivement de la simple approbation à l'admiration, de l'admiration à l'étonnement, et enfin à la plus haute vénération, et il souhaitera vivement de ressembler à un tel homme (sans toutefois désirer le même sort). » Or d'où vient que la vertu, dont cet exemple nous offre une image, est estimée si haut? Ce n'est pas assurément parce qu'elle procure quelque avantage, mais au contraire parce qu'elle coûte cher. L'admiration qu'elle nous cause vient justement de ce qu'elle se montre dégagée de toute considération d'intérêt personnel, et que, loin de s'appuyer sur quelque mobile de ce genre, elle suppose au contraire le sacrifice des intérêts les plus chers. C'est donc ainsi qu'il faut la présenter, si l'on veut qu'elle ait de l'influence sur le cœur de l'homme. En outre, ajoute Kant, cette action agira bien plus fortement sur l'âme de l'auditeur, si, au lieu de l'expliquer par quelque exaltation extraordinaire de l'âme, par quelque grand sentiment, on lui donne uniquement pour mobile la considération du devoir.

Il se plaint[1] de ce que de son temps on s'imagine qu'en inspirant aux jeunes gens des sentiments qui amollissent et gonflent le cœur, et qui, loin de le fortifier, l'affaiblissent, on les dirigera mieux dans la voie du bien, qu'en leur présentant la sévère image du devoir, telle qu'elle convient à l'imperfection de la nature humaine. C'est le moyen de leur inspirer le dédain des devoirs ordinaires de la vie, et d'en faire des êtres fantasques. Il ne croit pas pouvoir trop s'élever contre cette fausse

[1] P. 382.

doctrine qui cherche dans le sentiment le moyen de former et d'améliorer l'âme. Le sentiment, remarque-t-il avec raison, produit son effet dans le moment même où il est arrivé à son plus haut degré d'intensité ; puis il se dissipe, et l'âme retombe alors dans son état accoutumé, dans sa langueur habituelle. Ainsi le sentiment ne peut produire que des accès, et non cette conduite raisonnée, soutenue, sûre d'elle-même, sans laquelle il n'y a ni conscience ni valeur morale. C'est seulement dans les idées de la raison qu'il faut chercher le principe d'une telle conduite. C'est là en effet qu'on trouvera une loi qui ne caresse pas, mais qui commande, qui n'enfle pas l'âme d'une présomption vaine, mais qui, sans la décourager, l'oblige à des efforts constants, en lui montrant un but haut placé ; une loi enfin qui veut qu'on lui obéisse par devoir, non par amour.

C'est donc ainsi qu'il faut la présenter aux jeunes âmes, et par là on agira bien plus fortement sur elles que si on cherchait à les flatter, je ne dis pas même par la considération de quelque intérêt personnel, mais par celle de quelque grand mérite qu'elles se donneraient ainsi. Il faut la montrer au contraire dans tout ce qu'elle a de sévère et de coûteux pour nous, comme le font ces beaux vers de Juvénal :

> Esto bonus miles, tutor bonus, arbiter idem
> Integer ; ambiguæ si quando citabere testis
> Incertæque rei, Phalaris licet imperet, ut sis
> Falsus, et admoto dictet perjuria tauro.
> Summum crede nefas animam præferre pudori,
> Et propter vitam vivendi perdere causas.

Ces préliminaires posés, Kant indique la marche à suivre dans l'éducation morale des jeunes âmes Il s'agit d'abord d'exercer le jugement moral, et de s'attacher à en faire une sorte d'occupation naturelle et comme une habitude. Pour cela, on commencera par demander si l'action est entièrement conforme à la loi morale et à quelle loi, et le jugement apprendra ainsi à distinguer les diverses espèces de devoirs auxquelles elle peut se rapporter, ceux, par exemple, qui nous imposent une obligation stricte, ou ceux qui ne nous imposent qu'une obligation large. Puis, on demandera si l'action, extérieurement conforme à telle ou telle loi, l'est aussi intérieurement, c'est-à-dire si elle a été faite en vue de cette loi même, et si l'intention a été ainsi véritablement morale. Par là le jugement apprendra à discerner la véritable moralité de ce qui n'en a que l'apparence. Mais ce n'est pas tout encore. Voilà le jugement exercé, et c'est déjà beaucoup : car il n'est pas douteux que nous ne finissions par aimer les choses dans la contemplation desquelles nous sentons croître les forces de notre esprit ; par cela seul donc qu'on exerce le jugement moral, on dispose l'âme à la moralité. Pourtant, comme on ne doit pas se borner ici à une admiration contemplative, telle que celle qu'inspire la beauté, mais qu'avant tout il faut agir, de sorte qu'on ne puisse pas dire de la vertu : *laudatur et alget*, un second exercice est nécessaire, qui a pour but de cultiver et de développer, au moyen d'exemples bien choisis, le sentiment de la liberté intérieure. Quoique l'abnégation que suppose cette puissance puisse produire en nous un sentiment pénible à certains égards, cependant, comme nous nous sentons délivrés par là du joug importun des passions, notre âme s'ouvre à un sentiment d'un ordre nouveau, à un plaisir jusqu'alors inconnu. Tel est l'effet que produit en nous l'exemple d'une détermination purement morale, où les inclinations, même les plus chères, ont dû être sacrifiées : il excite ou développe la conscience de notre liberté intérieure. Qu'on nous présente l'exemple d'un homme, qui, reconnaissant qu'il a eu des torts envers un autre, est disposé à en faire l'aveu, quelque pénible que cela soit pour son amour-propre et quoi que ses intérêts en puissent souffrir, cet exemple ne nous fait-il pas sentir le pouvoir de nous élever au-dessus de toute considération personnelle et intéressée, pour obéir à une loi supérieure, c'est-à-dire la conscience de notre liberté morale? Et cette conscience même, à son tour, ne produit-elle pas en nous un sentiment d'estime pour nous-mêmes? C'est là son côté positif. Or ce sentiment, qui fait que nous ne craignons rien tant que de nous trouver méprisables à nos propres yeux, est le meilleur, ou plutôt l'unique gardien de cette liberté même.

Telles sont les maximes les plus générales qui doivent présider à l'éducation de la volonté. Resterait à les appliquer à nos divers devoirs particuliers, mais Kant ne veut pas entreprendre maintenant cette tâche : il lui a suffi de poser ses principes. Nous le verrons plus tard revenir sur l'œuvre qu'il n'a fait ici qu'esquisser.

Dans la *Conclusion* qui couronne l'ouvrage, Kant rapproche et oppose ces deux choses, dont l'une nous écrase, tandis que l'autre nous relève : le monde physique, au sein duquel nous sommes, pour ainsi dire, perdus, et la loi morale, qui nous donne une valeur infinie. On sait que c'est par un contraste de ce genre qu'il explique le sentiment du sublime [1]; il semble avoir voulu joindre ici l'exemple au précepte : il n'y a rien de plus sublime en effet que ce passage de la *Critique de la raison pratique*. Mais on n'analyse point une telle page, l'une des plus admirables qui soient sorties de la main des hommes ; il faut la citer tout entière :

« Deux choses remplissent l'âme d'une admiration et d'un respect toujours renaissants, et qui s'accroissent à mesure que la pensée y revient plus souvent et s'y applique davantage : *Le ciel étoilé au-dessus de nous, la loi morale au-dedans*. Je n'ai pas besoin de les chercher et de les deviner, comme si elles étaient enveloppées de nuages ou placées, au-delà de mon horizon, dans une région inaccessible ; je les vois devant moi et je les rattache immédiatement à la conscience de mon existence. La première part de la place que j'occupe dans le monde extérieur, et elle étend ce rapport de mon être avec les choses sensibles à tout cet immense espace où les mondes s'ajoutent aux mondes et les systèmes aux systèmes et à toute la durée sans bornes de leur mouvement périodique. La seconde part de mon invisible moi, de ma personnalité, et me place dans un monde qui possède la véritable infinité, mais où l'entendement seul peut pénétrer, et auquel je me reconnais lié par un rapport, non plus seulement con-

---

[1] Voyez la *Critique du Jugement*, trad. franç., tom. I, p. 137-201, et l'*Examen de la Critique du Jugement*. *Du Sublime*, p. 93-94, et p. 98.

tingent, mais universel et nécessaire (rapport que j'étends aussi à tous ces mondes visibles). Dans l'une, la vue d'une multitude innombrable de mondes anéantit presque mon importance, en tant que je me considère comme une *créature animale*, qui, après avoir (on ne sait comment) joui de la vie pendant un court espace de temps, doit rendre la matière dont elle est formée à la planète qu'elle habite (et qui n'est elle-même qu'un point dans l'univers). L'autre, au contraire, relève infiniment ma valeur, comme *intelligence*, par ma personnalité, dans laquelle la loi morale me révèle une vie indépendante de l'animalité et même de tout le monde sensible, autant du moins qu'on en peut juger par la destination que cette loi assigne à mon existence, et qui, loin d'être bornée aux conditions et aux limites de cette vie, s'étend à l'infini [1]. »

Malheureusement, ajoute Kant, la contemplation de ces deux choses a bientôt dégénéré parmi les hommes : ils avaient devant les yeux le plus magnifique spectacle qu'ils pussent se proposer, et ils se sont jetés dans l'astrologie; ils trouvaient en eux le plus noble attribut de la nature humaine, et ils sont tombés dans le fanatisme et la superstition. Mais aussi, avertis par ces tristes chutes, ils ont appris à faire un meilleur usage de leur raison ; et aujourd'hui la science du système du monde est arrivée à des connaissances claires et solides, qu'on peut bien espérer d'étendre par de nouvelles découvertes, mais qu'on n'a pas à craindre de voir jamais renverser. Or il en doit être de même

---

[1] Trad. franç., p. 389.

de la morale : une meilleure méthode lui promet de meilleurs résultats. Cette méthode, Kant l'a indiquée et pratiquée dans le cours de cet ouvrage : c'est une méthode analogue, non pas à celle des mathématiques, mais à celle de la chimie[1], c'est-à-dire qui, en s'appliquant à séparer, par des essais tentés sur la raison commune[2], les éléments rationnels des éléments empiriques, veut montrer les uns et les autres dans toute leur pureté, afin que l'on puisse bien faire voir ce que chacun d'eux peut faire séparément. C'est ainsi qu'on préviendra les erreurs qui naissent de l'ignorance ou du défaut de culture, et les extravagances de ceux qui substituent leurs rêves aux résultats solides de la science. Car, dit Kant en finissant[3], « la science, entreprise dans un esprit critique et méthodiquement dirigée, est la porte étroite qui conduit à la doctrine de la sagesse... La philosophie doit toujours rester la gardienne de cette science; et, si le public ne prend aucun intérêt à ces subtiles recherches, il s'intéresse du moins aux doctrines, qui, grâce à ces travaux, peuvent enfin paraître à ses yeux dans tout leur jour. »

[1] Cf. plus haut p. 159.
[2] *Ibid.*
[3] P. 392.

DEUXIÈME PARTIE.

CRITIQUE.

Je me suis borné jusqu'ici à analyser les *Fondements de la métaphysique des mœurs* et la *Critique de la raison pratique*; il faut joindre maintenant l'appréciation à l'analyse. On n'attend pas de moi que je rentre dans toutes les complications et dans tous les détails des deux ouvrages, que j'ai voulu faire connaître d'abord par une exposition scrupuleusement exacte et complète ; je dois m'appliquer au contraire à en dégager la pensée de Kant sur les diverses questions qu'il a lui-même traitées dans ces deux ouvrages, pour la considérer en elle-même plutôt que dans la forme dont il l'a revêtue, et la juger ainsi, d'un point de vue un peu élevé.

Une question s'offre d'abord à l'esprit : celle de la distinction, disons mieux, de l'opposition établie par Kant entre la raison *spéculative* et la raison *pratique*. On sait qu'il accorde aux principes *à priori* de la raison pratique la valeur objective qu'il refuse aux principes *à priori* de la raison spéculative, et qu'il fonde sur les premiers tout un ordre de connaissance, que les seconds étaient incapables de nous fournir : la connaissance pratique, laquelle s'étend de la loi morale à la liberté de la volonté, à l'immortalité de l'âme, à l'existence et aux attributs de Dieu, toutes choses entièrement inaccessibles à la raison théorique. Or cette distinction ou cette opposition est-elle légitime? C'est la première question qui se présente, et il semble naturel de l'examiner la première. Mais, comme elle se trouve engagée dans diverses questions particulières, on est naturellement conduit à la traiter, en traitant ces questions mêmes; ou, si l'on voulait en faire un chapitre à part, on ne pourrait le placer qu'à la suite de ces questions et non pas au début. C'est pourquoi je renvoie la discussion de cette grande question à celle des questions particulières dans lesquelles elle est comprise.

Autant en dirai-je d'une autre question capitale : celle de la méthode appliquée par Kant à la partie de sa doctrine que nous avons à examiner. Elle se trouve mêlée aux divers points de cette doctrine, particulièrement à la question de la recherche et de la détermination du principe sur lequel il veut fonder sa morale; ou, si l'on voulait l'embrasser et la juger dans son ensemble, il faudrait avoir d'abord parcouru tous ces points. Pour moi, je me propose de la traiter là où je la rencontrerai, c'est-à-dire surtout à propos de la question que je viens d'indiquer et par laquelle je dois débuter.

A la question du *principe* fondamental de la morale kantienne il faut immédiatement joindre, outre les questions générales que j'y ai déjà en partie rattachées, celles de l'*idée du bien et du mal* et du *sentiment moral* que Kant déduit de ce principe. Ce sera mon premier chapitre.

Ensuite, comme c'est uniquement sur le principe de la loi morale que Kant fonde la preuve et la connaissance de la *liberté*, qui autrement resterait pour nous hypothétique et transcendante, l'examen de ce second point se placera naturellement à la suite du premier.

De l'idée de la loi morale et de celle de la liberté, Kant s'élève à l'idée du *souverain bien*; j'examinerai cette idée, telle qu'il nous la présente, en la rapprochant, à son exemple, de celles qu'en avaient déjà données ces deux grandes écoles morales de l'antiquité, l'Épicuréisme et le Stoïcisme. — A son tour l'idée du souverain bien le conduit à deux dogmes, placés, selon lui, au-dessus de la portée de la raison spéculative, mais dont il fait, suivant son expression, des *postulats de la raison pratique* : je veux parler de l'*immortalité de l'âme* et de l'*existence de Dieu*; j'aurai encore à examiner sa doctrine sur ces deux points.

Enfin, sous le nom de *Méthodologie* de la raison pratique, Kant, appliquant les idées qu'il a exposées, nous indique les moyens propres à cultiver et à développer dans l'homme les semences de la moralité; j'apprécierai, en terminant, cette partie de son œuvre, qui n'est pas la moins curieuse et la moins importante.

Tels seront les divers points sur lesquels je vais faire porter l'examen que j'entreprends. Ils représentent, comme on le voit, toutes les grandes questions résolues par Kant dans les deux ouvrages que j'ai précédemment analysés, et dont il me reste maintenant à juger les principaux résultats.

I.

DE LA LOI MORALE OU DU DEVOIR. — DE L'IDÉE DU BIEN ET DU MAL MORAL. — DU SENTIMENT MORAL.

Le but de Kant, dans ce qu'il appelle la philosophie pratique, est de faire des principes de la morale une science toute rationnelle, dérivée uniquement de la raison et entièrement dégagée de tout élément empirique. Une fois ces principes établis, quand il s'agira de les appliquer à la nature humaine et aux diverses circonstances où elle peut se trouver placée, on devra sans doute tenir compte de ce que l'expérience nous enseigne; mais il faut d'abord les exposer tels qu'ils dérivent de la source pure de la raison et abstraction faite de toute connaissance expérimentale : autrement, en corrompant la pureté de leur origine par un alliage étranger, on compromettrait leur valeur et leur autorité, et l'on ruinerait d'avance la morale que l'on voudrait établir. C'est en effet à la source pure de la raison que les principes de la morale puisent la valeur et l'autorité qui leur sont propres : nous ne concevons les lois morales comme obligatoires pour notre volonté que parce que nous les concevons comme les lois de toute volonté raisonnable; tirées de l'expérience ou lui devant quelque chose, elles cesseraient d'être universelles et absolues, partant obligatoires. On voit donc combien il importe de ne pas confondre ici ces deux espèces d'éléments, ceux qui sortent de la raison et ceux qu'apporte l'expérience, et c'est pourquoi Kant veut que, non content de les distinguer, mais les séparant entièrement, on construise d'abord, sur l'unique fondement de la raison, et sans rien emprunter à l'expérience, la science des principes de la morale. A cette science ainsi conçue il donne le nom de *Métaphysique des mœurs*[1].

Avant d'aller plus loin, tout en accordant à Kant qu'il n'y a de salut pour la morale qu'autant qu'on lui donne la raison pour fondement, et qu'on ne la fait pas reposer sur tel ou tel principe empirique, le sentiment, par exemple, ou l'intérêt, on pourrait demander s'il est possible et juste de faire ici, comme il le veut, abstraction de toute idée tirée de la connaissance de nous-mêmes, et si, non-seulement pour appliquer les lois morales, mais pour les déterminer, il n'est pas nécessaire, tout en suivant la raison pour guide, de tenir compte des conditions de notre nature. Kant a très-bien vu qu'il fallait chercher dans la raison le fondement de la morale; mais il a peut-être trop étendu l'idée de cette science, qui ne serait plus ainsi que quelque chose d'entièrement abstrait, sans rapport à la réalité. Il ne s'agit pas en effet de déterminer les lois qui conviennent à Dieu ou à des êtres d'une autre nature, mais celles qui nous conviennent, à nous autres hommes. Or, sans doute, la raison seule peut communiquer à ces lois un caractère universel et absolu et en faire ainsi des principes véritablement obligatoires; mais, encore une fois, comment les déterminer, comment dire à l'homme : fais

---

[1] Pour le développement des idées que je viens de résumer, voyez la *première partie* de ce travail, pages 5, 7, 21, 25, 36, etc.

ceci ou ne fais pas cela, sans consulter sa nature et ses rapports avec les autres êtres? Aussi, voit-on Kant lui-même, soit dans l'exécution, soit dans la préparation de l'œuvre qu'il a conçue, tirer plus d'un enseignement de la source dont il prétend faire complètement abstraction. Comme je retrouverai plus tard l'occasion d'expliquer et par là de justifier l'observation que j'ai dû indiquer ici d'une manière générale, je n'y insiste pas davantage en ce moment.

Sous le nom de *Métaphysique des mœurs*, Kant veut donc faire de la science des principes de la morale une doctrine toute rationnelle, tout *à priori*. Mais, avant de travailler à l'établissement de cette doctrine, il faut commencer par examiner et scruter la source même d'où l'on devra la tirer, c'est-à-dire ici la raison pratique, puisque Kant nomme ainsi la raison, en tant qu'elle fournit à la volonté les lois qui doivent la déterminer. Il n'y a pas en effet de doctrine philosophique scientifiquement légitime sans une investigation préalable de la faculté intellectuelle qui en est le principe, sans un examen régulier et approfondi de la nature, de la valeur et de la portée de cette faculté. De là donc, comme base de la métaphysique des mœurs, une critique de la raison pratique [1]. Telle est l'œuvre préliminaire commencée par Kant dans le petit ouvrage qu'il a justement intitulé : *Fondements de la métaphysique des mœurs*, et puis, reprise et achevée dans celui qui porte le titre même de *Critique de la raison pratique*. Le premier, comme l'auteur nous en avertit

---

[1] Voyez plus haut, p. 7-8.

lui-même dans sa préface[1], est bien déjà une partie de cette œuvre ; mais elle n'en est qu'une partie qu'il restait à compléter, et c'est à quoi est destiné le second. Là, il se bornait à tirer de la raison commune l'idée du devoir et celle de la liberté pour en analyser les caractères et en déterminer la formule ; ici il veut soumettre à son investigation la raison pratique elle-même et dans toute son étendue, depuis les principes qu'elle fournit à la volonté jusqu'aux croyances qu'elle établit sur ce fondement.

Comme on le voit, Kant place son point de départ dans la raison commune[2], qui fournit à tous les hommes l'idée du devoir et par là éveille celle de leur liberté, et qui nous guide tous naturellement et avec une admirable exactitude dans l'appréciation morale de nos actions et de celles de nos semblables. Mais, après avoir rendu cet hommage au sens commun, Kant n'en proclame pas moins l'utilité d'une philosophie morale, qui, sans rien ajouter au sens commun, en éclaircisse les principes et les mette à l'abri des sophismes par lesquels la suggestion, naturelle aussi, de nos passions et de nos intérêts, peut troubler et fausser notre jugement[3]. Et puis, remarque-t-il ailleurs[4], il est impossible de ne pas aimer vivement ce que l'on a étudié de près ; en sorte que l'étude de la philosophie morale, en nous attachant à

---

[1] Plus haut, *ibid.*
[2] Plus haut, p. 9-20. — Cf. 139.
[3] Plus haut, p. 20.
[4] Dans la *Méthodologie* de la *Critique de la raison pratique.* Voyez plus haut, p. 192.

l'idée du devoir, nous en rend par là même la pratique plus aisée. Il devrait ajouter que c'est un besoin de notre esprit de se rendre un compte scientifique de toutes ses idées, et de les ériger en un corps de doctrine. Ici, sans doute, ce besoin spéculatif correspond à un besoin moral; mais l'un n'empêche par l'autre. Kant a donc tort d'oublier le premier pour ne penser qu'au second[1]. Il eût été facile d'ailleurs d'établir plus fortement encore la nécessité de la philosophie morale, même au point de vue pratique. On pourrait demander en effet ce que serait le sens commun sans la réflexion, ou la raison sans la culture. Sans doute la raison, c'est-à-dire ici la faculté de concevoir les vérités morales, appartient naturellement à tous les hommes, et il répugnerait de penser qu'il en pût être autrement; mais, en l'absence de toute culture, les trésors qu'elle renferme restent enfouis et cachés : il faut les en extraire par le travail; car le travail est ici, comme partout, la loi de notre nature. La conquête de la vérité, même dans l'ordre moral, est à ce prix, et sans lui la raison serait en nous à peu près comme si elle n'était pas. Or ce nécessaire travail de la raison sur elle-même, c'est justement la philosophie : elle en est, du moins, l'expression la plus haute et la plus pure.

La nature de la méthode à suivre, selon Kant, dans la métaphysique des mœurs, et d'abord dans la critique de la raison pratique, qui en est le fondement, se dé-

[1] Voyez plus haut, p. 20.

duit de l'idée qu'il se fait de cette partie de la philosophie : elle doit être toute rationnelle. Mais comment doit-elle procéder? Il s'agit de constater l'existence de lois que la raison impose à notre volonté à ce seul titre que ce sont des lois pour toute volonté raisonnable, indépendamment de toutes les conditions et de toutes les circonstances particulières auxquelles elle peut être soumise ; car c'est aussi à ce seul titre qu'elles peuvent être conçues comme de véritables lois morales ou comme des principes obligatoires. Il faut donc, en opérant sur la raison commune, prise en quelque sorte pour objet d'expérimentation, s'appliquer à distinguer et à séparer : d'un côté, tout ce qui dans le vouloir peut être considéré comme particulier et relatif à la nature et aux conditions particulières du sujet, c'est-à-dire tout ce qui vient de l'expérience, ou ce que Kant appelle la *matière* de la volonté ; et, de l'autre, ce qui peut être conçu comme universel ou absolu, c'est-à-dire la *forme* ou la loi que la raison seule peut donner à la volonté. On obtiendra de cette manière, distingué et séparé de tout élément empirique, l'élément purement rationnel ; et cet élément, ainsi dégagé et mis à part, en montrant toute sa pureté, montrera aussi toute sa valeur et sa vertu. Telle est la méthode que Kant veut que l'on emploie ici et dont il donne l'exemple avec le précepte : il la compare quelque part [1] fort ingénieusement à celle du chimiste, séparant les éléments divers qui entrent dans la composition des corps et déterminant ainsi la vertu de chacun. Comme on le voit, c'est

---

[1] Dans la *Conclusion* de la *Critique de la raison pratique*, V. plus haut, p. 198. — Cf. p. 139-140.

la même méthode qu'il avait déjà appliquée à la critique de la raison spéculative ; seulement, cette méthode, qui ne lui avait donné alors que des résultats subjectifs, va lui en fournir ici d'un caractère tout opposé. Nous expliquerons et discuterons cette singulière différence dans les résultats d'une méthode identique au fond ; ce n'est pas le lieu de nous en occuper. Ce qu'il faut remarquer ici, c'est que cette méthode de Kant ramène une observation générale, que nous avons déjà eu occasion de présenter au sujet de sa manière d'envisager la philosophie morale : il a bien vu que la méthode qui convient à cette science doit avoir, comme cette science même, un caractère rationnel, puisque il n'y a que la raison qui puisse fonder une règle des mœurs ; mais cette méthode, faute de tenir suffisamment compte de la réalité, revêt chez lui une forme abstraite qui la rend elle-même insuffisante à rendre exactement compte de nos déterminations et de nos idées morales. C'est que la vraie méthode, en matière de morale, consiste moins à faire abstraction de la nature humaine qu'à l'éclairer à la lumière de la raison. Mais nous jugerons mieux des qualités et des défauts de la méthode kantienne, en la considérant dans ses applications.

Empruntons à Kant l'un de ses exemples familiers[1] : j'ai entre les mains un dépôt qui m'a été secrètement confié, et dont le propriétaire est mort, sans divulguer son secret à personne : en m'appropriant ce dépôt, je

---

[1] V. plus haut, p. 81. — Cf. p. 18.

ferais une chose qui me serait fort avantageuse, sans avoir d'ailleurs aucun risque à courir ; ma commodité présente et en général mon intérêt m'engage donc à prendre cette détermination. Mais il s'agit de savoir si elle est aussi conforme à la raison qu'à mon avantage personnel. Pour cela, il faut faire entièrement abstraction de toute considération de ce genre, et se demander quelle est ici, indépendamment de tout avantage ou de tout inconvénient particulier, la détermination de la volonté qui peut être universalisée, c'est-à-dire étendue à toutes les volontés raisonnables : celle-là seule sera conforme à la raison, puisqu'on pourra la regarder comme une maxime s'appliquant à toute volonté raisonnable, indépendamment de toute considération personnelle ; et ainsi universalisée, en exprimant la seule forme du vouloir qui puisse s'adapter à toute volonté raisonnable, elle exprimera la loi même de la raison. Or ce n'est pas la détermination dont nous parlions tout à l'heure qui peut revêtir cette forme ; car elle se détruirait elle-même en s'universalisant. Supposez en effet que ce fût une maxime générale de nous approprier tout dépôt qui nous aurait été confié ; dès lors il n'y aurait plus de confiance possible, partant plus de dépôt. Il n'y a que la détermination contraire, celle de rendre le dépôt confié, qui puisse être universalisée, ou revêtir la forme de loi : elle seule est donc conforme à la raison.

De là aussi l'*obligation* ou le *devoir*, auquel je me reconnais soumis, d'adopter cette détermination et de repousser la détermination opposée : puisque celle-ci ne peut être généralisée, elle est donc contraire à la raison; et dès-lors, si je veux agir en être raisonnable, je dois la repousser pour suivre la détermination qui seule peut être érigée en règle générale. Celle-ci est donc *obligatoire* pour moi; elle l'est précisément, parce qu'elle m'apparaît comme la seule qui puisse être érigée en règle pour toute volonté raisonnable [1]?

C'est en effet dans ce caractère d'universalité ou dans cette forme de loi, qui les étend à toutes les volontés raisonnables, que certaines maximes de notre volonté puisent l'obligation qu'elles nous imposent : ce qui doit être conçu comme une règle pour toute volonté raisonnable en est une aussi pour moi ; et, par conséquent, je suis *obligé* de m'y soumettre. Telle est donc la source de l'obligation ou du devoir, qui ne saurait venir d'ailleurs.

Supposez qu'on me dise : fais du bien à tes semblables, parce qu'il y a en toi un penchant naturel qui t'y porte ; est-ce là une maxime véritablement obligatoire? Non, car ce n'est point une loi universelle : elle dépend d'une condition qui n'a rien d'absolu. Peut-être trouverai-je bon d'agir ainsi, si je sens en effet en moi le penchant dont vous parlez; mais, si je ne sens point ce penchant, ou s'il est étouffé par quelque autre plus impérieux, que devient la maxime? De même, si l'on me dit : fais du bien à tes semblables, parce que cela est dans ton intérêt; cette maxime est-elle plus obligatoire que la précédente? pas davantage et pour la même raison. Si je n'ai aucun profit à attendre de cette conduite, ou si je préfère celui que me pro-

[1] Cf. plus haut, loc. cit.

curerait la conduite contraire, me voilà affranchi de votre maxime, et je puis sans scrupule me renfermer dans le plus complet égoïsme. Mais si l'on me dit : fais du bien à tes semblables, parce qu'en agissant autrement tu violerais une loi universelle, c'est-à-dire une loi à laquelle sont soumises toutes les volontés raisonnables, aussi bien que la tienne, indépendamment de tout penchant particulier ou de toute considération d'intérêt personnel ; voilà un principe réellement obligatoire. Il ne dépend plus de telle ou telle condition accidentelle ; mais il est absolu : nous le concevons comme une loi universelle pour toute volonté raisonnable, comme pour la nôtre, et c'est pourquoi aussi nous nous reconnaissons obligés par lui. Il exprime ce qui *doit être*, ou ce que nous *devons* faire selon la raison, indépendamment de toute considération de plaisir et d'intérêt, en un mot le *devoir* [1].

Rappelons en outre, pour compléter tout de suite l'explication que Kant nous donne de l'origine de l'idée du devoir, que, si cette idée implique celle d'une loi émanée de la raison et partant universelle, elle suppose aussi que cette loi s'applique à des êtres qui, n'étant pas seulement doués de raison, mais soumis en même temps à une influence fort différente et souvent contraire, ne suivent pas nécessairement et volontiers les lois de la raison, de telle sorte que, par rapport à eux, ces lois signifient plutôt ce qui *doit être* que ce qui *est* en effet, et qu'elles revêtent une forme impérative, exprimée par le mot *devoir*. Supposez une

[1] Cf. plus haut, p. 46, 74.

volonté étrangère à toute autre influence qu'à celle de la raison, elle se conformera infailliblement et d'elle-même à ses lois; et celles-ci, étant toujours et spontanément suivies, n'auront pas besoin en quelque sorte de prendre vis-à-vis d'elle le ton du commandement : cette volonté sera donc en un sens au-dessus du devoir, ou plutôt le devoir se confondra en elle avec le vouloir. Mais telle n'est pas notre volonté : soumise à l'empire de la raison, elle l'est aussi à l'influence des inclinations sensibles, qui rendent incertaine et difficile la pratique des lois de la raison; et de là la forme que ces lois affectent relativement à nous : la raison nous les impose comme des ordres qu'il nous faut exécuter, malgré que nous en ayons; de là, en un mot, l'idée de commandement et de contrainte impliquée dans celle de devoir[1].

De là aussi l'idée de la *vertu*, et la différence qui existe entre la vertu et la *sainteté*[2]. La première est l'observation de la loi morale chez un être qui, étant soumis aux inclinations sensibles en même temps qu'aux lois de la raison, ne se conforme pas naturellement et volontiers à ces lois, ou qui ne parvient à les observer qu'au prix de l'effort et de la lutte et n'est jamais à l'abri de la tentation et du péché. Sous le nom de sainteté au contraire, Kant conçoit l'état d'une volonté qui, étant exclusivement raisonnable et pure de toute inclination sensible, se conforme d'elle-même et sans effort aux lois de la raison et n'a jamais à craindre de faillir. Le premier état est le seul dont nous soyons capables;

[1] Cf. plus haut, p. 26, 43, 58, 74, 86, 128, 130, etc.
[2] Voyez plus haut, p. 86, 130 et 168.

le second n'est pour nous qu'un idéal, mais c'est un idéal dont nous devons travailler à nous rapprocher sans cesse, sans toutefois pouvoir espérer de le réaliser jamais entièrement. On sait quelle importance Kant attache à la distinction que nous venons de rappeler, et ce n'est pas sans raison. Seulement, tout en distinguant avec lui la vertu de la sainteté, et en faisant de la seconde le but idéal où nous devons tendre au moyen de la première, sans pouvoir jamais nous flatter de l'avoir atteint, ne serait-on pas fondé à lui reprocher de proposer à l'homme, par la définition qu'il en donne, un idéal, je ne dis pas inaccessible (c'est le caractère de tout idéal), mais en dehors des conditions de notre nature, puisque cet idéal suppose un être exclusivement raisonnable, c'est-à-dire dépourvu de toute espèce de sensibilité? Mais cette objection touche à l'un des côtés les plus importants de sa doctrine morale, l'exclusion du sentiment, qu'il n'est pas temps encore de discuter. Je n'ai voulu ici que rappeler comment dans cette doctrine le concept de la *vertu* se liait à celui du *devoir*. Continuons à en résumer les principaux points.

On a vu tout à l'heure où il faut placer le principe fondamental de l'obligation morale ou du devoir. Or ce principe absolu, qui seul peut fonder le devoir ou l'obligation morale, Kant l'appelle l'*impératif catégorique*[1], pour le distinguer des autres principes, qui sont conditionnels et qu'il désigne sous le nom d'*impératifs hypothétiques*[2]. Ceux-ci sont des préceptes qui n'ont de

---

[1] Cf. plus haut, p. 27, 74.
[2] *Ibid.*

valeur qu'autant que nous nous proposons en effet l'objet auquel ils se rapportent et que nous ne croyons pas pouvoir y arriver autrement : ils ne prescrivent rien que conditionellement ; celui-là au contraire est un ordre qui s'impose à la volonté par lui-même, ou à titre de loi de la raison : il a donc une valeur ou une autorité absolue. Les impératifs hypothétiques sont relatifs aux objets de nos inclinations et de nos désirs, et, par conséquent, aux conditions particulières de notre nature sensible ; l'impératif catégorique, indépendant de tout objet et par conséquent de toute condition de ce genre, ne concerne que la forme même du vouloir, dont il est la règle universelle. C'est dans le même sens que Kant appelle les premiers *matériels* [1], et le second *formel* [2].

C'est pourquoi aussi il considère celui-ci comme un principe d'*autonomie* [3], ou comme le principe d'une volonté qui ne reçoit pas sa loi des objets extérieurs, mais qui la tire d'elle-même, c'est-à-dire de sa qualité de volonté raisonnable, de telle sorte qu'en obéissant à cette loi, nécessairement universelle, c'est à sa propre loi qu'elle obéit [4]. Tous les autres principes que la volonté ne tire pas ainsi de sa nature de volonté raisonnable, sont au contraire des principes d'*hétéronomie* [5] : la volonté ne s'y soumet pas uniquement parce

---

[1] Voyez plus haut, p. 76.
[2] Plus haut, p. 80, 96.
[3] Plus haut, p. 41, 87.
[4] On se rappelle que, dans les *Fondements de la Métaphysique des mœurs* (voyez plus haut, p. 40-41), Kant a tiré de ce caractère de la loi morale une formule particulière.
[5] Cf. plus haut, p. 49, 90-96.

qu'elle y reconnaît ses propres lois, en même temps que celles de toute volonté raisonnable, mais parce que quelque intérêt étranger l'y attache. C'est en ce sens que Kant assigne pour fondement à la loi morale, ou à l'impératif catégorique, l'*autonomie* de la volonté, et c'est, selon lui, faute d'avoir su reconnaître ce fondement, que la plupart des moralistes ont échoué dans leur entreprise.

On se rappelle la critique à laquelle nous l'avons vu soumettre à deux reprises [1] les divers principes qu'on a voulu donner pour fondement à la morale, en dehors de ce qu'il appelle l'autonomie de la volonté. Les uns se sont adressés à l'expérience, et ils ont choisi pour principe, ceux-ci, le bonheur personnel, et ceux-là, le sentiment moral. Kant réfute supérieurement ces deux doctrines; et, en particulier, sa critique de la doctrine de l'intérêt personnel est peut-être ce qui a jamais été écrit de plus fort contre cette espèce de morale. Il montre admirablement [2] comment les maximes de l'égoïsme ne peuvent jamais être universelles et nécessaires, comme les lois morales ; comment elles ne peuvent que *conseiller*, tandis que les secondes *ordonnent;* comment la connaissance de ce qu'il peut y avoir de plus avantageux pour nous ne peut s'obtenir qu'au moyen d'une longue expérience et reste toujours obscure et hypothétique, tandis que celle de ce qu'exige le devoir est immédiate et d'une éclatante évidence; comment, d'ailleurs, en matière de bonheur personnel, chacun ne peut pas tout ce qu'il veut, tandis qu'il

---

[1] Plus haut p. 47-50; et p. 90-96.
[2] Cf. plus haut, p. 90-93.

n'en est pas de même en matière de devoir, où chacun peut toujours ce qu'il veut, s'il ne veut pas toujours ce qu'il peut; comment les jugements moraux que nous portons sur certaines actions supposent un tout autre critérium que celui de l'intérêt personnel; comment enfin l'idée de la *justice*, qui s'attache à celle de la *punition*, est contradictoire dans la doctrine de l'intérêt. Je ne fais que rappeler ces divers points, qu'il serait inutile de développer de nouveau, puisqu'on en peut retrouver le développement dans la première partie de ce travail, et qu'il n'y a rien à ajouter à une si péremptoire réfutation.

La réfutation de la doctrine du *sentiment moral*, quoique moins explicite, n'est pas moins décisive [1]. Kant se plaît à reconnaître que la doctrine de Hutcheson est très-préférable à celle d'Épicure; mais il en montre très-bien les défauts : d'une part, un sentiment, quel qu'il soit, ne peut fonder une règle universelle et une commune mesure; et, de l'autre, le sentiment qu'on invoque ici sous le nom de sentiment moral suppose précisément ce que l'on veut expliquer par lui, à savoir le concept de la loi morale et du devoir, dont il est la conséquence, si bien que l'on est ici la dupe d'une illusion qui consiste à prendre la conséquence pour le principe. Il remarque en outre que, par un chemin détourné, cette doctrine revient à celle de l'amour de soi, qu'elle veut éviter; car, à moins de tomber dans une pétition de principe par trop grossière, à quel titre recommandera-t-elle son

---

[1] Voyez plus haut, p. 48 et p. 94.

propre principe, si ce n'est au nom de l'influence qu'il peut avoir sur le bonheur personnel? Il ne nie pas d'ailleurs la réalité et l'importance du sentiment moral; il en a fait au contraire une admirable description, que nous rappellerons tout-à-l'heure; mais il reproche avec raison aux partisans de la doctrine du sens moral de vouloir expliquer par ce sentiment ce qui sert précisément à l'expliquer lui-même.

Ce n'est pas seulement en s'adressant à l'expérience[1] qu'on a dénaturé le principe fondamental de la morale; il y a des moralistes qui, en s'adressant ou en croyant s'adresser à la raison, n'ont également abouti qu'à retomber, par un chemin détourné, dans le principe de l'amour de soi, faute de pouvoir justifier autrement leur principe hétéronome : tels sont d'abord ceux qui donnent pour fondement à la morale la volonté divine, Crusius, par exemple, et d'autres théologiens moralistes. Kant a encore raison contre cette doctrine[2]. Sans doute il est juste et même nécessaire, comme il l'expliquera lui-même plus tard, de tenir les lois morales pour l'expression de la volonté divine; mais nous ne pouvons leur attribuer ce caractère qu'après les avoir conçues en elles-mêmes comme

[1] Je rappelle que, dans la *Critique de la raison pratique*, Kant, reprenant, pour le compléter, le tableau qu'il avait déjà esquissé dans les *Fondements de la métaphysique des mœurs*, ajoute aux deux principes empiriques dont nous venons de parler, et qu'il considère comme internes, deux autres principes également empiriques, mais externes, à savoir celui de l'*éducation*, qu'il attribue à Montaigne, et celui de la *constitution civile*, qu'il rapporte à Mandeville; mais, comme il ne fait que les indiquer sans les développer, je ne crois pas devoir m'y arrêter moi-même.

[2] Voyez plus haut, p. 48 et p. 96.

les lois de toute volonté raisonnable. On renverse donc l'ordre des termes, en allant de la volonté divine à la loi morale, au lieu d'aller de la loi morale à la volonté divine ; et, puisque cette volonté ne se révèle à nous que par les lois mêmes de la raison, si l'on commence par faire abstraction de ces lois ou par les destituer de l'autorité qui leur est propre, il ne reste plus, pour appuyer les décrets que l'on veut nous imposer au nom de la volonté divine, qu'à recourir à la promesse des récompenses ou à la menace des châtiments, c'est-à-dire encore au principe de l'amour de soi.

Ce que dit Kant du principe stoïcien de la *perfection*[1], qu'il considère comme un autre principe rationnel, mais également condamné ou à tourner dans un cercle vicieux ou à retomber dans celui de l'amour de soi, me paraît pas moins clair et plus contestable. Selon lui, quand il s'agit de déterminer l'espèce de perfection qui constitue la moralité, il arrive nécessairement de deux choses l'une : ou bien il faut en revenir au principe moral, ce qui est un cercle ; ou bien si, pour éviter ce cercle, on fait abstraction de ce principe, on ne peut recommander la recherche de cette perfection qu'au nom des avantages qui en doivent résulter. Mais ne serait-il pas juste de lui répondre que la raison, qui conçoit cette perfection, nous la montre en même temps comme le but où nous devons tendre, si nous voulons agir d'une manière digne d'elle, et, par conséquent, comme un principe obligatoire ? Elle a elle-même besoin, dit-il, d'être déterminée.

[1] Voyez plus haut, p. 48 et p. 96.

Sans doute; mais c'est ce qu'il est aisé de faire, en considérant les éléments et les facultés de notre nature à la lumière de la raison : celle-ci nous montre clairement en quoi consiste la perfection, et elle nous fait en même temps une loi ou un devoir de la poursuivre. Nous touchons ici à l'une des plus graves difficultés que me paraît soulever la morale kantienne; et cette difficulté tient au défaut que j'ai déjà signalé : une méthode trop abstraite et en quelque sorte trop éloignée de nous. L'examen de la formule où Kant exprime le principe de sa morale, et dont nous pouvons nous servir comme d'une pierre de touche pour la juger, va nous fournir l'occasion de signaler ce qu'on y peut reprendre justement, tout en reconnaissant ce qu'elle contient de vrai, et en lui accordant l'admiration qu'elle mérite.

Cette formule du seul principe qui, selon Kant, puisse fonder l'obligation ou le devoir, ou de ce qu'il appelle l'*impératif catégorique*, ressort des idées que nous venons de rappeler. Puisque ce principe puise uniquement son autorité dans sa forme de loi universelle pour toute volonté raisonnable, nous serons assurés d'agir toujours conformément à ses prescriptions, si nous agissons toujours de telle sorte que la maxime de notre volonté puisse être considérée comme un principe de législation universelle. D'où cette formule, qui est en même temps un criterium au moyen duquel nous pouvons reconnaître si une action donnée est conforme ou contraire à la loi morale : « Agis toujours de telle sorte que tu puisses vouloir que ta maxime devienne une loi universelle [1]. » Après avoir posé d'abord cette formule, Kant la modifie par une addition, qui n'en change point le sens, mais qui ne fait que la préciser davantage, en l'appliquant à l'idée d'une *nature* dont nous fassions nous-mêmes partie : « Agis toujours comme si la maxime de ta volonté devait être érigée par ta volonté en une loi universelle de la nature [2]; » ou encore « Demande-toi si, en considérant l'action que tu as en vue comme devant arriver d'après une loi de la nature dont tu ferais toi-même partie, tu pourrais encore la regarder comme possible pour ta volonté [3]. » L'idée d'une telle nature devient ainsi le *type* [4] d'après lequel nous devons nous déterminer et juger nos actions dans la réalité.

---

[1] La formule que j'indique ici est, textuellement, celle que Kant donne de la loi morale dans la première partie des *Fondements de la Métaphysique des mœurs* (voyez plus haut, p. 17-18), et il la reproduit d'abord dans la seconde partie (voyez plus haut, p. 32); elle est bien, par conséquent, la première expression de sa pensée. Il n'est donc pas exact de prétendre (comme le fait M. Willm, dans son *Histoire de la philosophie allemande*, t. I, p. 405) que « Kant a glissé plus tard dans sa formule un élément nouveau de peu d'apparence, mais fort important, » en y introduisant les mots : *de telle sorte que tu puisses vouloir*. On vient de voir au contraire que c'est là sa première formule; celle que nous trouvons ensuite dans la *Critique de la raison pratique* (V. plus haut, p. 84), ne fait que reproduire la première, en des termes un peu différents, mais qui ont évidemment le même sens. La seule modification véritable que Kant apporte à sa formule est celle que je rappelle moi-même ici ; mais, comme je le fais remarquer, cette modification n'en change nullement le sens primitif : elle ne fait que le préciser davantage.

[2] Voyez plus haut, 32, 33 ; — Cf. p. 99-100.

[3] Plus haut, p. 120.

[4] *Ibid.*

Telle est donc, selon Kant, la formule du principe moral ; cette formule, selon lui, s'applique à tous nos devoirs, envers nous-mêmes ou envers autrui, et elle sert même à discerner ce qui est de devoir parfait et ce qui est de devoir imparfait. S'il est absolument contradictoire d'ériger notre action en loi universelle d'une nature dont nous fassions partie, cette action est contraire à un devoir parfait ; que s'il est possible à la rigueur de concevoir une nature dont cette action généralisée serait la loi, mais sans qu'on puisse toutefois en vouloir faire partie, elle est simplement contraire à un devoir imparfait [1].

Kant semble avoir voulu ici répondre d'avance à une objection que sa formule devait naturellement soulever, à savoir qu'elle est purement négative, en montrant qu'elle s'applique à tous les ordres de devoirs, aux devoirs larges ou imparfaits comme aux devoirs étroits ou parfaits, à la sphère de la bienfaisance et du dévouement comme à celle de la stricte justice. La question est de savoir si elle répond en effet à cette difficulté, et si en général elle exprime d'une manière suffisante le principe fondamental de la moralité. Arrêtons-nous donc un instant sur cette formule, qui, résumant en quelque sorte toute la morale kantienne, nous donne l'occasion de la juger.

Reconnaissons d'abord tout ce qu'elle a de vrai et de bon : il est certain qu'elle est un moyen infaillible de discerner si une action est conforme ou contraire au devoir, puisque toute action qui ne peut être con-

---

[1] Voy. plus haut, p. 33-38.

sidérée sans contradiction comme une loi générale de l'ordre dont nous faisons partie, est évidemment contraire à cet ordre, et, par conséquent, à ce que la raison exige de nous, et que cette action-là seule y est conforme qui en peut être conçue comme une loi générale. C'est en outre un moyen qui peut être fort utile dans certains cas, où l'intérêt personnel est en jeu, en substituant le point de vue général au point de vue particulier, et en nous aidant à corriger les illusions du second au moyen du premier. Mais si, en nous conduisant d'après ce principe, nous pouvons être assurés de ne jamais rien faire de contraire à l'ordre général, par exemple de ne jamais violer la justice, sommes-nous aussi bien guidés dans toutes les circonstances de la vie, quand il ne s'agit plus de ne rien faire de contraire à l'ordre, mais de faire tout ce qui est bien? Il y a beaucoup d'actions dont je puis m'abstenir sans violer en rien l'ordre dont je fais partie, et qui n'en sont pas moins moralement bonnes, ou qui même ont une valeur morale supérieure. Or la formule kantienne ne les exclut pas sans doute ; mais elle ne les contient pas nécessairement, et la pratique de cette formule ne suppose pas absolument celle de ces actions. Kant dira que les actions dont il s'agit ici ne sont pas des devoirs parfaits, mais des devoirs imparfaits, et que sa formule a l'avantage de nous servir à discerner les uns des autres. Mais pourquoi ferai-je quelque chose à quoi je ne suis pas strictement obligé, ou que le devoir ne me commande pas absolument? Voilà ce que ne dit pas sa formule. Bien plus, il y a telle conduite ou telle vie qui est tout à fait en dehors de la sphère du devoir, et qui est toute de dévouement : la formule kantienne suffira-t-elle à l'expliquer et à la produire? On peut très-bien, sans manquer à aucun devoir, soit parfait, soit imparfait, ne pas consacrer sa vie entière au soulagement des malades, comme font les sœurs de charité ; un tel dévouement est beau cependant : je demande si la formule de Kant en contient le principe. Elle est en effet plutôt la formule de la justice que celle de la charité, la formule de la morale du devoir que celle de la morale du dévouement. Et ici nous touchons à un côté de la morale kantienne, où elle est sans doute admirable, mais où elle manque aussi de largeur : c'est que cette morale est elle-même plutôt celle du devoir que celle du dévouement. L'idée du devoir en est en effet l'idée fondamentale : c'est, selon Kant, l'unique principe de la moralité humaine, et tout y doit être ramené. Combien de fois et avec quelle éloquence Kant ne vante-t-il pas l'idée du devoir, comme l'unique fondement de la morale![1] Avec quelle énergie ne s'élève-t-il pas contre ceux qui recommandent certaines actions, non pas comme conformes au devoir, comme obligatoires, mais comme ayant un mérite supérieur, comme héroïques![2] Or, sans doute, la considération et le respect du devoir est ce qu'il y a de plus important pour l'homme, et c'est par là qu'il faut commencer : là est la première condition à remplir pour bien vivre ; mais, au-dessus de ce que nous nous reconnaissons obligés de faire, ne concevons-

---

[1] Voyez toute la première partie de ce travail, mais particulièrement p. 130 et 133.
[2] Voyez plus haut, p. 190-191

nous pas une certaine conduite que nous ferions bien de tenir, et qui serait d'autant plus méritoire pour nous que nous y sommes obligés? Quel mérite ai-je à cela? dit-on quelquefois, je n'ai fait que mon devoir; on conçoit donc qu'il est possible et qu'il serait encore mieux de faire plus que son devoir. La pratique du devoir est, il est vrai, quelquefois fort difficile, et même à ne faire que son devoir, il peut y avoir grand mérite; mais, si je lutte contre les mêmes difficultés et les mêmes périls, non-seulement pour obéir à un devoir impérieux, mais par pur dévouement, mon action n'est-elle pas plus méritoire encore? Sans doute, si un acte de dévouement, ou ce qu'on appelle une belle action, n'était que l'effet d'une sorte d'impulsion aveugle, ou bien n'avait d'autre mobile que l'amour de la gloire ou de la louange, elle n'aurait pas en elle-même une valeur véritablement morale; mais, si elle est faite, je ne dis pas en vue du devoir, puisque je suppose qu'elle n'est nullement obligatoire, mais par cette considération qu'il est bien d'agir ainsi, est-ce que cette action n'aura pas, toutes choses égales d'ailleurs, une valeur morale supérieure à celle qui serait rigoureusement commandée par le devoir? Or tout ce côté de la morale, qui n'a plus trait au devoir, mais au dévouement, Kant a le tort de le négliger; et c'est pourquoi sa doctrine, toute forte qu'elle est, reste exclusive et incomplète. J'aurai occasion d'indiquer plus loin un autre défaut qui tient à la même cause : l'exagération de l'idée du devoir; mais il faut épuiser ici l'examen auquel nous avons entrepris de soumettre la formule de la morale kantienne.

J'ai reproché à cette formule d'être plutôt celle de la morale du devoir que celle de la morale du dévouement; en général, elle est plutôt négative que positive : elle indique plutôt ce qu'il faut éviter que ce qu'il faut faire, ce qui est contraire au bien que ce qui y est conforme. A ce défaut s'en joint un autre, qui est celui de la morale de Kant, comme en général de toute sa philosophie : je veux dire une excessive abstraction. La forme d'universalité est le seul titre sur lequel il fonde l'obligation morale. Or, sans doute, le devoir est quelque chose d'universel : il est obligatoire pour vous comme pour moi; il l'est pour tous les hommes. Mais parler de l'universalité des lois morales, c'est plutôt en indiquer un caractère qu'en déterminer la nature et en justifier les prescriptions. Il ne suffit pas de dire que les lois morales sont universelles, il faut dire encore pourquoi elles le sont; il faut rendre compte de leur universalité même et de l'obligation qu'elles nous imposent à tous. C'est justement ce qui manque à la formule et à la morale de Kant : il voit bien que l'universalité est le caractère essentiel des lois morales; mais il en supprime, pour ainsi dire, les *considérants*. Il appelle quelque part [1] la loi morale un fait de la raison pratique; mais ce fait n'est pas, sans doute, celui d'une règle brutale; et si, dans le même endroit, Kant applique à la raison pratique, qui nous impose cette loi, les premiers mots du fameux vers : *Hoc volo, sic jubeo*, il s'arrête lui-même devant les derniers : *Sit pro ratione voluntas* [2]. Quand vous me dites que je

[1] Cf. plus haut, p. 85.
[2] Voyez Trad. franç., p. 176.

dois agir ainsi, parce qu'ainsi l'ordonne la raison, je puis encore vous demander compte de cet ordre de la raison ; et, si vous invoquez, pour me répondre, l'universalité qu'elle lui attribue, vous n'avez pas encore satisfait à ma question : car il me reste à demander la raison même de cette universalité. Pourquoi suis-je obligé d'agir ainsi ? Ce n'est pas seulement parce que tous les hommes y sont obligés comme moi ; mais cette obligation universelle a elle-même son fondement dans quelque considération supérieure. Or il y a là, je le répète, une lacune dans la formule de Kant, ou plutôt dans la méthode et l'analyse qu'elle résume ; et cette lacune tient au caractère tout abstrait de cette méthode et de cette analyse. Kant introduit bien dans sa formule l'idée d'un ordre de choses dont nous puissions nous considérer comme faisant partie ; mais cette idée d'ordre reste elle-même entièrement abstraite et indéterminée. C'est que, pour la déterminer, il aurait fallu en revenir à ce dont il fait précisément abstraction, c'est-à-dire à la considération de la nature humaine et de la destination qui en découle. C'est en effet dans cette idée de notre destination, qui est elle-même déterminée par celle de notre nature, qu'il faut chercher le principe et l'explication de nos devoirs et de la morale tout entière, sous peine de n'aboutir qu'à des abstractions [1]. Et que l'on ne dise pas que c'est là de l'empirisme ; car, quand nous parlons de la considération de la nature humaine et de

---

[1] On reconnaît ici la méthode que devait appliquer M. Jouffroy dans ce *Cours de droit naturel*, dont il ne nous a malheureusement légué que les prolégomènes.

la destination qui en dérive, c'est encore de la raison que nous parlons, puisque c'est à la lumière de la raison que nous envisageons cette nature et déterminons cette destination. Nous n'abandonnons point la raison ; nous l'appliquons à l'examen de nous-mêmes, et nous tirons de là, avec l'idée de notre destination, celle de l'obligation morale et des devoirs dans lesquels elle se décompose.

En même temps aussi nous déterminons, relativement à nous, l'idée de l'ordre ou du bien en soi, que nous concevons dès-lors comme le bien moral. Et ici j'arrive à une nouvelle objection que l'on peut élever contre la méthode et l'analyse morale de Kant, et qui confirme celle que je lui ai déjà adressée, de n'avoir pas suffisamment justifié et déterminé son principe. Selon lui, c'est uniquement dans l'idée de la loi morale ou du devoir qu'il faut chercher l'origine et l'explication de celle du bien moral : aussi la seule bonne méthode consiste-t-elle à partir de la première, pour s'élever ensuite à la seconde ; et c'est faute de l'avoir suivie que la plupart des moralistes ont fait fausse route et manqué le but qu'ils voulaient atteindre [1]. Mais, quoi qu'en dise Kant, n'est-ce pas au contraire l'idée du bien qui engendre et détermine celle de l'obligation morale ou du devoir ? La seconde a son fondement dans la première : si je conçois que cela est obligatoire, c'est parce que je conçois que cela est bien ou que le contraire serait mal, et qu'en me faisant con-

---

[1] Voyez plus haut, p. 110 et 115-116.

cevoir ce qui est bon ou mauvais en soi, la raison me dit que je dois pratiquer l'un et éviter l'autre, et me présente ainsi l'idée du bien comme un principe obligatoire. Il faut donc ici renverser l'ordre des termes. Au lieu de dire : cela est bien, parce que cela est obligatoire : il faut dire cela est obligatoire, parce que cela est bien. Mais, objectera-t-on, cette idée du bien a besoin elle-même d'être déterminée : or comment la déterminer, sinon en retournant à la loi morale, que l'on veut expliquer par là? Je réponds qu'en effet il est nécessaire de la déterminer; mais c'est justement ce que l'on fait, en déterminant la destination de l'homme par l'examen de sa nature, envisagée à la lumière de la raison, et par là on détermine aussi l'idée de l'obligation morale ou du devoir. Je ne vois pas d'ailleurs qu'en prenant pour point de départ l'idée du bien, pour en faire le principe de l'obligation morale, on soit le moins du monde forcé, comme Kant le soutient [1], de chercher ailleurs qu'en elle-même, dans la considération de quelque intérêt sensible, son titre à devenir une règle pour notre volonté, et, par conséquent, de fausser le principe de l'obligation morale. Cela ne serait vrai que si la raison ne nous faisait pas concevoir, au-dessus de ce qui est bon relativement à quelque penchant ou à notre intérêt, ce qui est bon en soi, bon absolument. Kant a lui-même admirablement établi la différence qui existe entre ces deux espèces de bien [2], et c'est là encore un des grands et vrais côtés de sa doctrine; seulement il

[1] *Ibid.*
[2] Voyez plus haut, p. 111-115.

veut qu'on cherche dans l'idée de la loi morale le principe de l'idée du bien en soi. Mais qui dit bien en soi, dit ce que nous devons respecter et réaliser, autant qu'il est en nous. Par cela même que je conçois une certaine conduite comme bonne en soi et la conduite contraire comme mauvaise, je conçois qu'il faut suivre la première et éviter la seconde ; là est le fondement de l'obligation morale ou du devoir. J'ajoute que l'idée du bien, qui contient le principe de celle de l'obligation morale, est plus large qu'elle : car, si, dans certains cas, le bien m'apparaît comme absolument obligatoire, de telle sorte que je manque à un devoir en ne le réalisant pas, dans d'autres cas, tout en concevant une chose comme bonne en soi, je ne me reconnais pas absolument obligé de la faire ; et de là la distinction que nous avons déjà indiquée entre la morale du devoir proprement dite et une morale à certains égards supérieure, celle du dévouement par exemple. Kant ne fait pas cette distinction, parce qu'il ramène tout à l'idée du devoir ; mais l'idée du devoir rentre elle-même dans une idée plus élevée et plus large. Il distingue bien avec tous les moralistes les devoirs imparfaits et les devoirs parfaits, l'obligation large et l'obligation stricte ; mais cette distinction ne s'accorde guère avec l'esprit général de sa doctrine, qui, en faisant de l'idée du devoir l'unique principe de toute la morale, nous le présente lui-même comme un commandement absolu et inflexible. D'ailleurs elle suppose toujours l'idée du bien. En effet, ce que je conçois comme bien en soi, je le conçois comme devant être pratiqué en général : c'est en général un devoir de faire le bien, mais ce devoir ou cette obligation n'est pas toujours également stricte ; aussi l'appelle-t-on large dans certains cas, c'est-à-dire quand le contraire n'est point absolument un mal, comme s'il s'agissait, par exemple, de la violation de quelque droit, et c'est ici que se place cette partie supérieure de la morale, dont je parlais tout à l'heure. Or à quel titre me recommanderez-vous de faire ce à quoi je ne suis pas strictement obligé, sinon parce que cela est bon en soi, parce que cela est bien ? Je crois donc que Kant est tombé ici dans l'erreur qu'il reproche aux autres moralistes, d'avoir interverti l'ordre des termes du problème moral ; car c'est l'idée du bien qui est le principe de celle de l'obligation morale, et non l'idée de l'obligation morale qui est le principe de celle du bien [1]. C'est pourquoi aussi les objections adressées à la doctrine qui donne pour principe à la morale l'idée de la perfection [2], qui n'est autre chose que celle du bien en soi, me paraissent dénuées de fondement. Kant a raison contre les doctrines qui prennent leur point de départ dans l'idée du bien sensible ; il a tort à l'égard de celle qui fonde la morale sur l'idée du bien en soi ou de la perfection, que la raison nous fait concevoir comme le type et la règle de notre conduite.

[1] Voyez, sur ce point, dans le *Cours de l'histoire de la philosophie moderne*, de M. Cousin, première série, t. II, la vingtième leçon, où se trouve déjà relevé le défaut que nous venons de signaler à notre tour dans la morale de Kant. — Voyez aussi, sur ce même point, le *Cours de droit naturel*, de M. Jouffroy, particulièrement la vingt-septième leçon.

[2] Voyez plus haut, p. 48 et 96.

La méthode kantienne est beaucoup plus vraie, lorsqu'elle descend de l'idée de la loi et du bien moral au sentiment moral, et qu'elle place dans la première le principe du second, au lieu de chercher dans le second le principe de la première. Tel est en effet l'ordre véritable : ce sentiment singulier que l'on désigne sous le nom de sentiment moral ne peut s'expliquer lui-même que par l'idée de la loi et du bien moral ; et ce serait vouloir faire de la conséquence le principe ou de l'effet la cause, que de prétendre expliquer par le sentiment moral l'idée du bien ou du mal moral et celle de l'obligation. C'est donc fort justement que Kant accuse de pétition de principe [1] les philosophes qui ont suivi cette méthode, Hutcheson par exemple, et qu'il recommande et pratique la méthode inverse. Mais quoi ! en passant ainsi du principe moral au sentiment ou de la raison à la sensibilité, n'oublie-t-il pas qu'il s'est engagé à suivre une méthode tout *à priori*, et que, par conséquent, il ne doit tenir aucun compte des faits d'expérience, tels que sont en général les sentiments ? Nullement, selon lui ; il n'est point du tout infidèle à sa méthode : le sentiment dont il s'agit ici a ce caractère singulier qu'il peut être déterminé *à priori*, comme l'effet que le principe moral doit *nécessairement* produire sur un être à la fois raisonnable et sensible. Étant donné un être soumis tout ensemble à l'empire de la raison et au joug de la sensibilité, on peut déterminer *à priori* l'effet que les lois de la première doivent produire sur la seconde, sans avoir

---

[1] Voy. plus haut, p. 48 et 94.

besoin pour cela de consulter l'expérience. Kant prétend déduire en quelque sorte le sentiment moral, ainsi qu'il déduit la liberté, comme un fait qui ressort à *priori* du principe même de l'obligation morale [1]. Mais c'est ici surtout qu'éclate l'exagération de cette méthode qui prétend faire entièrement abstraction de toute donnée fournie par la connaissance de la nature humaine, et traiter la morale comme les mathématiques. En effet il a beau donner la forme d'une déduction *à priori* à son analyse du sentiment moral, où en a-t-il puisé la connaissance, sinon dans sa propre conscience? Comment le pourrait-il décrire, comment en pourrait-il parler seulement, s'il ne l'avait d'abord trouvé en lui-même? Sans doute la cause de ce sentiment n'est nullement physique : elle est toute morale; mais ce n'en est pas moins un fait d'expérience intime. Sans doute encore il résulte inévitablement des idées morales, et l'on peut montrer comment il en est un effet nécessaire; mais ne serait-ce pas chose impossible, si la conscience ne nous l'avait d'abord révélé, ou si en général elle nous avait donné la connaissance de notre nature? Kant remonte donc ici, sans s'en apercevoir, à la source dont il veut faire abstraction. Quoi qu'il en soit, il faut reconnaître tout ce qu'a d'admirable son analyse du sentiment moral : il montre supérieurement comment l'effet sensible, produit en nous par l'idée de la loi morale, est à la fois négatif et positif, ou comment c'est tout ensemble un sentiment d'humiliation et de

[1] Voy. plus haut, p. 123.

respect. Avec quelle profondeur d'analyse et quelle éloquence il décrit ce sentiment, on se le rappelle assez [1]. Il montre en même temps comment le sentiment que produit en nous la loi morale devient dans la pratique l'auxiliaire de cette loi ; et il faut le louer de n'avoir pas rompu sur ce point, mais d'avoir ici parfaitement démêlé le lien qui unit indissolublement en nous la nature raisonnable et la nature sensible. Kant a bien vu que, comme nous ne sommes pas seulement des êtres raisonnables, mais des êtres sensibles, toute détermination de notre volonté, alors même qu'elle a son principe dans la première, doit aussi participer en quelque chose de la seconde, et qu'en nous le *motif* moral lui-même est en même temps un *mobile*. Si l'homme était un être purement sensible, comme un animal, il n'agirait jamais que d'après l'impulsion des instincts de sa nature ; étant doué de raison, il conçoit des motifs d'un tout autre ordre, auxquels il se reconnaît souvent obligé de sacrifier entièrement les premiers. Quelque puissant que soit pour lui l'attrait du plaisir, il y a des cas où la raison veut qu'il y renonce ; il y en a même où elle lui ordonne de sacrifier jusqu'à sa vie : il souffre alors, dans sa nature sensible ; mais alors aussi, il trouve dans le sentiment de respect que lui inspire la loi morale et dans la satisfaction que lui promet l'accomplissement de cette sainte loi une compensation à la peine qu'il endure et un auxiliaire qui l'aide à triompher. Tout cela a été parfaitement observé par notre philosophe.

[1] Voyez plus haut, p. 123 et suiv.

Remarquons toutefois que le sentiment qu'il décrit si admirablement sous le nom de sentiment moral, est plutôt le sentiment du devoir proprement dit que celui du bien moral en général; et cela devait être, puisque c'est exclusivement dans l'idée du devoir qu'il a placé son principe. Mais, si, comme nous l'avons avancé plus haut, l'idée du bien moral est une idée plus haute et plus large que celle du devoir, qu'elle contient et explique, le sentiment moral n'est pas nécessairement dans tous les cas ce sentiment du devoir dont Kant parle si bien, c'est-à-dire ce sentiment, mêlé de satisfaction et de peine, que nous ressentons inévitablement, lorsque la loi morale nous commande et que nous nous voyons obligés de lui obéir, quoiqu'il en puisse coûter; il peut être aussi déterminé par l'idée d'un bien dont la réalisation est d'autant plus méritoire qu'elle n'est pas une obligation. Nous retombons sur l'une des principales objections que soulève la morale de Kant : l'exagération de l'idée du devoir. C'est sans doute une forte et salutaire doctrine que celle qui nous prescrit de rapporter toutes nos actions à l'idée du devoir; mais, encore une fois, ne concevons-nous pas certains actes comme moralement bons, sans pourtant les concevoir comme obligatoires? ne jugeons-nous pas qu'il est bien de les faire, quoique nous n'y soyons pas obligés en conscience, et même qu'il y aura là d'autant plus de mérite que nous y sommes moins obligés? Il y a donc en morale quelque chose de supérieur au devoir même, quoique le devoir indique assurément ce qu'il y a de plus essentiel et de plus important. Ce n'est pas à dire que l'homme puisse s'affranchir à son gré du devoir, pour poursuivre je ne sais quel mérite transcendant : Kant a raison contre les moralistes qui tendent à faire de la vie un roman et de l'homme un héros fantasque [1]; mais ne tombe-t-il pas lui-même dans une autre exagération, en faisant de l'idée du *devoir* et du sentiment qu'elle détermine l'unique mobile de la moralité humaine ?

La même exagération le conduit à une autre erreur, qu'il partage avec les Stoïciens, dont il a pourtant à cœur de se séparer : je veux dire, l'exclusion, dans les déterminations morales, de tout sentiment autre que le sentiment moral, proprement dit. « Il est très-beau [2], dit-il, de faire du bien aux hommes par humanité et par sympathie, ou d'être juste par amour de l'ordre ; mais ce n'est pas là encore la vraie maxime morale qui doit diriger notre conduite, celle qui nous convient, à nous autres hommes. » Or, sans doute, celui qui dans ses actions ne ferait qu'obéir aux mouvements de sa nature, sans avoir eu vue l'idée du devoir ou celle du bien, celui-là aurait beau agir d'une manière extérieurement conforme au devoir ou au bien moral : le principe de sa conduite n'étant pas le principe moral, elle n'aurait intérieurement aucun caractère moral. Ce n'est donc pas sans raison que Kant veut que l'on distingue (il y insiste fortement et à plusieurs reprises [3]) entre la moralité des actions et ce qu'il appelle leur légalité : pour qu'une action soit

[1] Voyez plus haut, p. 188 et 193.
[2] J'ai déjà cité ce passage. Voyez plus haut, p. 129.
[3] Voyez plus haut, p. 13-14, 122, 185-186.

moralement bonne, il ne suffit pas qu'elle soit extérieurement conforme à la loi morale; il faut encore qu'elle soit faite en vue de cette loi. Cela est vrai; mais, cette condition remplie, est-il défendu à l'homme de s'appuyer sur les penchants ou les sentiments qui ont été mis dans son cœur pour y être les auxiliaires de la raison, après en avoir été d'abord comme les anticipations instinctives? Comment notre moralité en serait-elle diminuée, si, en cédant à ces penchants ou à ces sentiments, nous avons conscience de bien agir. « Je trouve du plaisir à servir mes amis, » disait Schiller [1], relevant ainsi ingénieusement un grave défaut de la doctrine morale de Kant; « il m'est agréable de remplir mes devoirs : cela m'inquiète, car alors je ne suis pas vertueux. » Au contraire, la vraie morale, celle qui veut être conforme à la nature humaine, ne nous ordonne-t-elle pas de cultiver et de développer en nous, à la lumière et sous la discipline de la raison, les penchants et les sentiments sympathiques ou bienveillants dont la nature nous a doués et dont l'homme ne peut se dépouiller sans se mutiler étrangement? Kant dira que le sentiment, l'amour par exemple, est une chose qui ne se commande pas; cela est vrai en un sens, mais ne l'est pas absolument. Il y a des sentiments, la sympathie, par exemple, la pitié, etc., dont la racine est dans tous les cœurs humains (autrement ils ne seraient plus humains); or ces sentiments-là, nous pouvons les cultiver et les développer, et j'ajoute que nous le devons, en les éclairant à la lumière de

---

[1] Cette épigramme est citée par madame de Staël dans son beau livre de *l'Allemagne*, troisième partie, chap. XVI.

la raison et en les soumettant à sa discipline : car, il ne faut pas l'oublier non plus, c'est seulement à cette condition qu'ils peuvent devenir des éléments de moralité.

C'est donc à tort que Kant repousse le concours des sentiments dans les déterminations humaines, de peur que ce concours n'en altère la moralité; il méconnaît ici l'union merveilleuse (une des plus grandes merveilles en effet de l'organisation humaine!) de la nature sensible et de la nature raisonnable dans l'homme, et l'importance morale de cette union. Il s'élève justement [1] contre ces philosophes qui veulent substituer partout à l'idée du devoir et du bien le sentiment, l'amour, l'enthousiasme, c'est-à-dire à la lumière de la raison et aux règles fixes qui en dérivent, quelque chose d'essentiellement aveugle et d'éminemment mobile. Il montre fort bien que c'est pervertir et ruiner la morale que de vouloir la fonder sur une telle base. Mais sa réaction contre la philosophie du sentiment l'emporte lui-même beaucoup trop loin; car, s'il faut bien se garder de substituer en morale la sensibilité à la raison, il ne faut pas non plus immoler entièrement, mais plutôt subordonner, la première à la seconde. C'est dans cette subordination, et non, comme l'ont cru à tort les Stoïciens, dans l'étouffement de la sensibilité, que consiste la vraie morale [2]. Aussi Kant, en des-

[1] Voyez plus haut, p. 131, 188 et 190.
[2] Je retrouve la même idée beaucoup mieux exprimée dans le savant et profond ouvrage dont M. Vacherot vient d'achever la publication (*Histoire de l'École d'Alexandrie*, T. III, p. 414), et qui, après avoir été couronné sous la monarchie de Louis-Philippe, provoque, sous la République, la destitution de son auteur. On voit ce que le parti clérical sait faire de la République, sous la présidence de M. Louis Napoléon.

cendant plus tard à l'application des idées qu'il discute maintenant, tempérera-t-il lui-même ce qu'il y a ici d'un peu exagéré, en invoquant l'appui de certains sentiments qui doivent servir d'auxiliaires à la raison dans la pratique du bien [1].

Il me paraît donc avoir ici restreint outre mesure les ressorts de la moralité ; et, quand il cherche dans la morale chrétienne la confirmation de ses propres idées, il me semble se tromper étrangement sur le point qui nous occupe [2]. Le propre en effet de cette doctrine est de ne pas s'adresser seulement à l'esprit ou à la raison, mais aussi au cœur ou au sentiment, et de ne pas parler seulement de devoir, mais d'amour. Kant objecte qu'on ne peut commander l'amour : on peut du moins prescrire à l'homme de cultiver et de s'appliquer à développer en lui les dispositions bienveillantes et les sentiments sympathiques que la Providence a déposés dans son cœur, de telle sorte que la bienfaisance devienne pour lui comme un besoin du cœur, en même temps que l'accomplissement d'un devoir. Or c'est justement ce qu'a fait le Christianisme, et ce qu'il appelle la charité n'est autre chose que la bienfaisance ainsi entendue. C'est là aussi un des points par où la morale chrétienne se distingue de la morale stoïcienne, qui proscrivait tous les sentiments, tous les mouvements du cœur, même les plus généreux et les plus bienfaisants, la pitié, par exemple. Kant, qui rapproche ici la doctrine morale du Christianisme de celle du Stoïcisme, montre bien, à certains égards, la supériorité

---

[1] Voyez l'*Introduction à la Doctrine de la vertu*, XII.
[2] Voyez plus haut, p. 132.

de la première sur la seconde : il la loue avec raison d'avoir rappelé à l'homme, avec l'idéal qu'il doit poursuivre, la distance qui l'en éloigne, et d'avoir justement tempéré l'orgueil stoïcien par le sentiment de notre faiblesse et de notre fragilité morale. Mais elle a encore un autre mérite, qui fait son principal caractère : c'est de relier les hommes à Dieu et à leurs semblables par le lien de l'amour, en même temps que par celui du devoir. Kant, qui a reconnu et suivi le progrès accompli par le Christianisme sur le point que nous venons de rappeler, aurait dû aussi le reconnaître et le suivre sur celui-ci ; car, sur ce point comme sur l'autre, la doctrine chrétienne a mieux compris la nature humaine que la stoïcienne, et a donné à l'humanité une morale mieux appropriée à sa condition. Il se sépare bien du Stoïcisme sur le premier point, pour rester fidèle à l'esprit du Christianisme ; mais il y retourne par le second, et, chose singulière, il ne laisse pas d'invoquer encore le même esprit, dont il méconnaît cette fois le vrai caractère. N'oublions pas d'ailleurs que, quand il invoque le Christianisme à l'appui de sa doctrine, et se montre à ce point jaloux d'y trouver la confirmation de ses propres principes qu'il en oublie le véritable esprit, on ne doit voir là ni un abaissement de la philosophie devant une autorité supérieure, ni un respect hypocrite et calculé. Loin de s'incliner devant une autorité étrangère, c'est au contraire dans la philosophie, c'est-à-dire dans la raison, que Kant place le suprême contrôle de la religion ; et, quant à l'esprit d'hypocrisie, on sait combien notre philosophe l'avait en horreur[1]. Mais, voyant dans le Christianisme une grande doctrine morale et un progrès signalé, il est bien aise de trouver dans cette doctrine, philosophiquement interprétée, la confirmation de sa propre doctrine. Seulement, comme nous venons de le faire remarquer, il se trompe gravement sur un point.

Reste une question que j'ai dû ajourner jusqu'ici pour ne point compliquer et embarrasser la discussion : celle de la valeur attribuée par Kant aux principes de la raison pratique ou aux lois morales. Cette valeur est-elle relative, comme celle des lois de la raison spéculative ; ou bien est-elle absolue ?

Dans les *Fondements de la métaphysique des mœurs*, Kant se bornant à analyser le concept de l'*impératif catégorique*, pour en déterminer les éléments et en déduire la formule, ne faisait que le supposer, sans oser en discuter encore la réalité, et il semblait reculer sans cesse devant cette question comme devant un redoutable problème. Dans la *Critique de la raison*

---

[1] J'appartiens tout-à-fait, sous ce rapport, à l'école de Kant. Je le déclare bien haut, car il faut enfin que tous les vrais philosophes, grands ou petits, sachent confesser ouvertement leur foi : comme Kant, je ne reconnais, en matière philosophique et religieuse, d'autre autorité que celle de la raison : le Rationalisme est mon unique religion ; et, comme Kant, je ne sache rien de plus triste que l'hypocrisie philosophique. Quand donc j'oppose, à mon tour le Christianisme au Kantisme, je n'ai pas à craindre non plus le reproche que Kant s'empressait de repousser. Mais, comme lui aussi, je crois que le Christianisme cache souvent une très-profonde philosophie, qu'il faut savoir reconnaître et dégager.

pratique, comme je l'ai déjà fait remarquer, cette circonspection et cette réserve ont disparu. J'ai cité plus haut [1] ces simples paroles par lesquelles il résout d'abord la question : « Nous pouvons avoir conscience de lois pratiques pures, tout comme nous avons conscience de principes théoriques purs, en remarquant la nécessité avec laquelle la raison nous les impose, et en faisant abstraction de toutes les conditions empiriques auxquelles elle nous renvoie. » On se rappelle qu'il considère cette conscience même comme *un fait de la raison* : c'est le fait de la raison se proclamant elle-même législative, et ce fait ne peut être conclu d'aucune donnée antérieure. « La loi morale, répète-t-il plus loin, nous est donnée comme un fait de la raison pure, dont nous avons conscience *à priori*, et qui est apodictiquement certain, quand bien même on ne pourrait trouver dans l'expérience un seul exemple où elle fût exactement pratiquée [2]. « Aussi pense-t-il qu'il n'y a pas lieu de chercher à en démontrer la réalité objective, ou à en faire ce qu'il appelle la déduction ; car « elle n'a besoin elle-même d'être justifiée par aucun principe [3]. »

[1] P. 84.
[2] Trad. franç., p. 202-203, — Voyez plus haut, p. 105.
[3] Trad. franç, 203. — Dans le chapitre intitulé : *De la déduction des principes de la raison pure pratique* (V. plus haut, p. 102-103), il ne s'agit pas pour Kant de démontrer la réalité objective de la loi morale, mais celle de la liberté, qu'il *déduit* en effet de la première. Quant à la question de la valeur objective de la loi morale, elle est d'avance résolue pour lui par l'*exposition* même qu'il a faite de cette idée ; il n'y revient que pour montrer que cette valeur est elle-même au-dessus de toute démonstration, et pour en faire le fondement de la démonstration de la liberté. (V. plus haut, p. 104.)

Mais cela ne répond pas encore à une très-grave difficulté, qui ne manque pas de se présenter à l'esprit : d'où vient que Kant attribue à la loi morale une valeur objective qu'il n'a pas cru devoir attribuer aux lois de la raison spéculative ? Il fallait s'expliquer sur ce point ; et il sait si bien que c'est là l'endroit le plus périlleux de sa doctrine qu'il y revient à plusieurs reprises. Rappelons donc les motifs qu'il allègue ; nous verrons ensuite s'il n'y a là qu'une inconséquence apparente, ou s'il n'y a point une contradiction réelle. Je ne crois pas que la réalité de la contradiction puisse être contestée ; mais il est impossible aussi d'imputer à un esprit si pénétrant et si sévère une grossière inconséquence : quelles sont donc les raisons pour lesquelles il croit devoir attribuer aux principes pratiques une valeur absolue, déniée aux principes spéculatifs, et qui dissimulent à ses yeux la contradiction où il s'engage ? En les rappelant, nous expliquerons sa pensée, sauf à la réfuter ensuite.

La raison spéculative est la raison considérée dans son rapport avec la connaissance des objets : c'est elle qui, pour ne parler d'abord que des objets d'expérience, rend possible pour nous la connaissance de ces objets, c'est-à-dire l'expérience même, en nous permettant de ramener à l'unité, au moyen de certains concepts généraux ou de certaines *catégories*, les intuitions des sens, soit des sens extérieurs, soit du sens intime. Or quelle peut être la valeur de ces concepts que nous fournit *à priori* la raison spéculative, et sans lesquels serait impossible la connaissance des objets qui tombent sous nos sens, c'est-à-dire l'expérience?

Ils sont les conditions essentielles ou les *principes constitutifs* de cette connaissance; mais, en s'appliquant aux intuitions sensibles, qui seraient aveugles sans eux, et sans lesquelles eux-mêmes ne seraient plus que des formes vides, ils ne s'appliquent pas aux choses telles qu'elles sont en soi, mais telles qu'elles nous apparaissent au moyen de nos sens; car les intuitions sensibles, y compris celles du sens intime, ne font que nous représenter les objets sous de certaines formes et ne les saisissent pas en eux-mêmes. D'ailleurs, ces concepts, auxquels nous ramenons les intuitions des sens, et qui sont les conditions essentielles ou les principes constitutifs de la connaissance sensible, ils n'émanent pas des objets mêmes, mais de la nature de notre esprit, puisque, loin de se régler *à posteriori* sur la connaissance de ces objets, c'est sur eux au contraire que cette connaissance se règle *à priori*. De là Kant conclut que nous n'avons pas le droit de leur attribuer une valeur objective absolue, c'est-à-dire que nous ne devons les regarder que comme des lois imposées par la constitution de notre esprit à la connaissance de la nature, et non comme les lois des choses mêmes. Comment affirmer en effet que les choses sont en soi, comme nous les concevons au moyen des lois de notre entendement, quand ces lois ne s'appliquent qu'à des représentations sensibles, soumises à certaines conditions subjectives, et quand elles-mêmes ont leur source, non dans la nature des choses, mais dans celle de notre esprit? Quant aux objets qui dépassent la sphère des sens ou de l'expérience possible, Dieu, par exemple, la raison nous en donne sans doute l'*idée*, et cette idée même est nécessaire à l'achèvement de la connaissance sensible, qu'elle nous permet de porter à sa plus haute unité : elle en est ainsi comme un *principe régulateur*; mais, comme il n'y a, selon Kant, de connaissance positive que celle qui repose sur quelque intuition, et qu'il n'y a d'intuition possible pour nous que l'intuition sensible, il suit que, tout en recourant à cette idée comme au principe le plus élevé, nous ne sommes pas fondés à lui attribuer une valeur objective. Ce qui est en dehors des limites de la connaissance sensible, ou, comme dit Kant, *transcendant*, échappe absolument à la raison spéculative : elle peut bien le concevoir et le supposer réel sans aucune contradiction; mais cette supposition n'est jamais pour elle qu'une hypothèse; car sur quel fondement établirait-elle la réalité objective de ce qui dépasse sa portée [1]?

Que si maintenant, au lieu de considérer la raison dans son rapport avec la connaissance de certains objets donnés ou supposés, c'est-à-dire la raison spéculative, nous la considérons dans son rapport avec la volonté à laquelle elle donne des lois, c'est-à-dire la raison pratique, nous verrons que ces lois ont une valeur absolue, que ne peuvent avoir celles de la raison théorique. En effet elles ne dépendent plus, comme celles-ci, de certaines conditions sensibles; car elles ne servent plus à nous faire connaître certains objets donnés dans l'expérience : elles ne représentent

[1] Pour le développement des idées que je ne fais ici qu'indiquer, voyez surtout la *Critique de la raison pure*. — Je les avais déjà résumées dans l'article *Kant* du *Dictionnaire des sciences philosophiques*, t. III.

plus ce qui est, mais ce qui doit être, et elles sont vraies indépendamment de toute application [1]. Les lois de la raison spéculative étant les conditions *à priori* de la connaissance des objets, nous ne pouvons leur attribuer légitimement qu'une valeur subjective ; les lois de la raison pratique au contraire, par cela seul qu'elles sont *à priori*, ont une valeur absolue ; car, comme elles servent elles-mêmes à réaliser leurs propres objets [2], en ce sens que c'est d'après elles que nous devons agir, elles puisent en elles-mêmes leur réalité objective. Il suffit de montrer qu'elles émanent de la raison pure : s'il en est ainsi, elles sont nécessairement les lois de toute volonté raisonnable, c'est-à-dire que toute volonté, douée de raison, doit, à ce titre seul, s'y reconnaître soumise. Toute la question est là ; il n'y a pas autre chose à chercher. Il ne s'agit plus en effet de savoir d'après quelles conditions nous pouvons connaître les choses, mais si nous sommes capables de concevoir des lois qui s'imposent à notre volonté, à ce seul titre qu'elles sont des lois de la raison, indépendamment de toute condition sensible et de toute expérience [3]. Si les lois morales ont ce caractère, elles sont absolues, car elles sont des lois pour toute volonté raisonnable, comme pour la mienne ; et, que je les suive ou non, elles n'en représentent pas moins ce que je dois faire : en ce sens aussi elles sont objectives. Maintenant cette valeur objective qu'elles puisent dans leur origine même, elles la communiquent à cer-

---

[1] Voyez plus haut, p. 100-104.
[2] Voyez plus haut, p. 101-102.
[3] Loc. cit.

taines idées qu'elles entraînent nécessairement, et qui étaient demeurées hypothétiques pour la raison spéculative : telle est d'abord celle de la liberté. Mais, avant d'en venir à ce point, voyons si Kant ne se fait point illusion en attribuant aux lois pratiques une valeur qu'il ne croit pouvoir accorder aux principes spéculatifs.

Selon lui, les principes pratiques, ou les lois morales, dérivent de la même source que les principes spéculatifs : les uns et les autres émanent également de la raison pure : ils sont également *à priori*. Ce n'est donc pas de là qu'il peut tirer la différence qu'il établit entre eux. Il ne révoque point en doute, comme on le lui a souvent imputé, l'autorité de la raison en général, sous ce prétexte que la raison n'étant toujours pour nous que la raison humaine, et étant ainsi nécessairement marquée d'un caractère de subjectivité, il nous est impossible de savoir si ce qu'elle nous donne pour la vérité est en effet la vérité absolue. Si telle avait été sa pensée, il n'aurait pu manquer d'envelopper dans le même scepticisme la raison pratique et la raison spéculative : autrement la contradiction eût été par trop grossière, car la raison pratique a, sous ce rapport, le même caractère que la raison théorique. Kant ne reproche point à la raison de n'être jamais que la raison humaine ; il tient au contraire pour absolument vrai tout ce qu'elle a réellement le droit d'affirmer ; seulement il pense que, comme nous en faisons des usages fort différents, la différence de ces usages entraîne celle de leur valeur. Là, la raison s'applique aux objets de l'intuition sensible, dont elle nous rend possible la connaissance au moyen de certains concepts ou de certains principes *à priori*. Or, par cela même que ces concepts ou ces principes sont les conditions *à priori* de la connaissance des objets donnés dans l'expérience, c'est-à-dire des *phénomènes*, et qu'ainsi loin de dériver de cette connaissance, ils la déterminent eux-mêmes, il suit que nous pouvons bien les considérer comme des lois de notre esprit, mais non comme celles de la nature même des choses. Ici, au contraire, il ne s'agit plus de la faculté de déterminer, au moyen de la raison, la connaissance d'objets donnés dans l'intuition, mais de celle de concevoir certaines lois comme étant celles de toute volonté, par cela même qu'elle est douée de raison : or, ces lois n'étant autre chose que celles d'après lesquelles doit se diriger la volonté, celle-ci, en s'y conformant, réalise elle-même ce que la raison nous fait concevoir *à priori*; et, par conséquent, elles ne dépendent d'aucune condition objective préalablement donnée, et sont des règles absolues, par cela seul qu'elles sont purement rationnelles. Mais Kant a beau dire : si l'application des principes spéculatifs aux choses de l'expérience ne nous permet pas de leur attribuer une valeur absolue, il en faut dire autant des principes pratiques ou des lois morales. En effet, si les premiers sont les lois des phénomènes en général, les seconds ne sont-ils pas celles de nos actions? Supprimez, dira Kant, le temps et la succession des phénomènes; que devient la loi de la causalité? Mais, dirai-je à mon tour, supprimez les agents moraux, leurs rapports et leurs actions, toutes choses qui existent bien aussi dans le temps; que deviennent les lois morales, celle par exemple qui défend de mentir [1]? Elles subsisteront toujours comme les lois nécessaires de l'ordre moral : seulement cet ordre au lieu d'être réalisé, restera simplement possible. Soit; mais il en est de même des principes spéculatifs : en l'absence de tout phénomène, ils seraient encore les lois d'un ordre de choses qui n'existerait pas, mais qui ne pourrait exister que d'après eux. En dehors de là, ils n'ont plus sans doute d'application : la loi de la causalité, par exemple, qui est la loi des choses contingentes, ne s'applique plus à l'être absolu. Mais la même chose est vraie des lois morales : en dehors des hommes, ou des êtres semblables à eux, elles n'ont plus d'application. Que serait, par exemple, la loi qui défend le suicide ou celle qui ordonne la bienfaisance pour des êtres parfaits ou se suffisant à eux-mêmes? Si Dieu est, en un sens, au-dessus de la loi de la causalité, n'est-il pas, dans le même sens, au-dessus des lois morales que je viens de citer? Ces lois en sont-elles moins réelles; pourquoi les premières ne le seraient-elles pas aussi? On pourrait reprocher ici à Kant d'avoir exagéré le caractère absolu des lois morales, en faisant de ces lois celles de toute volonté raisonnable en général, au lieu d'y voir simplement celles que la raison impose à des êtres tels que nous, c'est-à-dire simplement les lois des actions humaines. Il n'y a donc pas encore de différence, sous ce rapport, entre les principes spéculatifs et les principes pratiques : si les lois morales sont absolues, les principes de l'entende-

---

[1] J'ai déjà présenté cette observation dans l'article *Kant*, que j'ai rappelé tout-à-l'heure.

ment le sont aussi ; si les principes de l'entendement sont relatifs, il faut en dire autant des lois morales.

Mais, répliquera Kant, tandis que la réalité physique ou métaphysique est en quelque sorte placée en dehors de nous, la réalisation de l'ordre moral a son principe en nous-mêmes, c'est-à-dire dans l'idée même que la raison nous en donne ; car cette idée n'est autre chose que l'ensemble des lois auxquelles la volonté, en tant qu'elle est douée de raison, se reconnaît obligée et par tant capable de conformer sa conduite. En agissant d'après l'idée de ce qu'elle doit faire, en tant que volonté raisonnable, la volonté réalise ainsi elle-même l'ordre moral qu'elle conçoit comme sa règle, et cela est en son pouvoir : nous n'avons pas ici à nous inquiéter du reste. Quelle que soit d'ailleurs la nature des choses, quand elle nous serait d'abord impénétrable ou douteuse, il resterait toujours que, dès que nous concevons les lois morales, nous nous reconnaissons obligés par elles et libres par conséquent. Cela du moins est absolument certain. Ainsi ce fondement inébranlable, ce *quid inconcussum*, que Descartes plaçait dans le *cogito*, Kant le cherche dans l'idée de la loi morale et de l'obligation qui en découle. Or je lui accorderai que la certitude de la loi morale est inébranlable à tous les efforts du scepticisme ; je lui accorderai encore que, tandis que, dans les matières de pure spéculation, l'obscurité et le doute viennent trop souvent couvrir et troubler la pensée, tout nuage se dissipe et toute incertitude disparaît, dès que nous sommes en face du devoir et de l'obligation morale, ou dès qu'il s'agit de la conduite à tenir pour vivre honnêtement. Voilà ce que Kant a bien vu, après Socrate et Cicéron. Voilà aussi ce qui explique ce mélange de scepticisme métaphysique et de dogmatisme moral, qui est le caractère de la philosophie kantienne, et qui avait été celui de la philosophie socratique. Mais il ne faut rien exagérer : la raison spéculative a aussi ses principes certains ; en contester la valeur, c'est, qu'on le veuille ou non, ébranler celle des principes de la raison pratique elle-même. En effet, d'un côté ou de l'autre, c'est toujours la raison qui nous guide : si la valeur de ses principes est douteuse dans le premier cas, elle ne l'est pas moins dans le second. C'est ici surtout qu'il faut se rappeler ces paroles de Royer-Collard : « On ne fait point au scepticisme sa part ; dès qu'il a pénétré dans l'entendement, il l'envahit tout entier [1]. » Ne peut-on se résoudre à envelopper les croyances morales dans son scepticisme spéculatif, on ne les garde qu'au prix d'une inconséquence ; et alors, comme on l'a fort bien dit de Kant lui-même [2], si l'homme est absous, le philosophe ne l'est pas.

L'obligation morale une fois admise comme un fait au-dessus de toute preuve et de toute espèce de doute, Kant en déduit celui de la liberté, resté jusque là pour lui problématique. L'examen de ce nouveau point de sa doctrine va faire l'objet du chapitre suivant.

---

[1] Voyez les *Fragments des leçons de M. Royer-Collard*, publiés par M. Jouffroy, à la suite de sa traduction des œuvres de Reid, t. IV, p. 481.

[2] Cousin, leçons sur Kant, déjà citées, dixième leç.

II.

DE LA LIBERTÉ.

Kant n'est point un adversaire du dogme de la liberté ; il en est au contraire un des plus sérieux défenseurs. Nul n'a eu dans la liberté humaine une foi plus inébranlable et ne lui a témoigné un respect plus profond ; nul ne s'en est fait une plus haute idée, n'en a mieux montré toute l'importance dans la vie de l'homme, n'a plus fortement parlé de la dignité qu'elle lui communique, et n'a fait plus heureusement ressortir toutes les conséquences que la philosophie morale peut en tirer. Seulement, au lieu d'y reconnaître, à l'exemple de tous les philosophes qui l'ont admise et du sens commun lui-même, une faculté dont nous avons le sentiment intime, en même temps que nous avons celui de notre être, il en fait un attribut transcendant, que nous ne pouvons admettre qu'en le déduisant de la loi morale par le moyen du raisonnement. Or par là sans-doute Kant sauve notre liberté morale, et même sa doctrine a l'avantage de la rattacher à la loi morale par un lien nécessaire : pour lui la liberté est mieux qu'un simple fait d'expérience ; c'est un attribut nécessairement inhérent à notre nature morale. Mais cette doctrine, vraie et profonde par un côté, est-elle exacte de tous points ? N'est-elle pas à certains égards contraire au sens commun et à toute saine philosophie ? Et, en admettant ce qu'elle contient de juste et d'original à la fois, doit-on exclure pour cela la doctrine vulgaire ; ou bien ne faut-il pas s'appliquer à corriger et à compléter la première par la seconde ? Voilà ce que nous avons à rechercher.

Reconnaissons d'abord que l'idée de la loi ou de l'obligation morale, en un mot du devoir, appelle celle de la liberté[1]. Qui dit un être *obligé* de suivre une loi, dit un être capable de conformer sa volonté à cette loi, c'est-à-dire *libre* ; qui conçoit un être soumis à un *devoir*, conçoit dans cet être le *pouvoir* de faire ce qu'il doit, c'est-à-dire la liberté. Si je ne suis pas un agent libre, mais l'esclave d'une invincible fatalité, je ne puis plus être obligé à quoi que ce soit ; là où cesse le *pouvoir*, là aussi le *devoir* cesse. L'obligation morale ou le devoir suppose deux choses : 1° la connaissance de la loi qui nous oblige, et c'est le propre de la raison pratique ; 2° la faculté ou la puissance d'obéir à cette loi, et c'est le propre de la liberté. Otez l'une ou l'autre de ces deux conditions, l'obligation ou le devoir disparaît également. Si je ne connais pas la loi, je ne puis être obligé de m'y conformer ; et si, la connaissant, je ne suis pas le maître de lui obéir, il n'y a plus d'obligation pour moi. Tout cela est plus clair que le jour. Si donc il y a pour moi quelque obligation ou quelque devoir, il faut nécessairement admettre que je suis libre, puisque le devoir ou l'obligation sans la liberté serait un non-sens.

Pourtant il y a ici quelque chose de singulier. Qu'est-ce le devoir ou l'obligation morale ? Kant la

---

[1] Voyez plus haut, p. 51 et suiv., 81 et suiv., etc.

définit très bien [1] la *nécessité* d'agir en vue de la loi morale. Or comment cette nécessité peut-elle s'accorder avec la liberté? C'est qu'il ne s'agit pas ici d'une nécessité purement physique, comme celle à laquelle obéit une machine ou même un animal, mais de la nécessité d'une loi que la raison nous fait concevoir comme celle qui doit diriger notre volonté, si nous voulons agir conformément à la raison, ce qui suppose que nous sommes en effet capables d'agir ainsi, c'est-à-dire que nous sommes libres. Ainsi, tandis que la nécessité physique exclut la liberté, la nécessité morale ou l'obligation la suppose. Bien plus, un être souverainement parfait, comme Dieu, ne peut manquer de choisir toujours le bien : il agit ainsi nécessairement ; hésiterons-nous à le déclarer libre et ne dirons-nous pas au contraire qu'il l'est souverainement? Ici donc nous voyons la liberté se confondre avec la nécessité, et nous touchons à la plus haute idée que l'on puisse en concevoir. Telle n'est pas d'ailleurs notre condition, à nous autres hommes : capables d'obéir à la loi morale ou de choisir le bien, nous le sommes aussi de la violer ou de choisir le mal, et ce qui est moralement nécessaire devient ainsi, relativement à nous, physiquement contingent, c'est-à-dire que ce que nous concevons comme devant être fait, nous pouvons ne pas le faire. Mais nous pouvons le faire aussi, puisque nous le devons, et c'est justement en cela que consiste notre liberté. Ainsi l'obligation morale, loin de détruire, implique au contraire la liberté.

---

[1] Voyez plus haut, p. 15.

Voilà, sauf quelques difficultés particulières que je ne relève pas ici, mais sur lesquelles j'aurai plus tard occasion de revenir, ce que Kant a très-bien vu. Il n'a point sans doute découvert cette vérité, qui est pour ainsi dire de sens commun ; il serait le premier à repousser une pareille prétention, lui qui, dans la plupart des cas et en particulier dans celui-ci, aime à invoquer la raison commune en faveur de ses idées. Une telle vérité ne pouvait non plus échapper aux philosophes : quelques-uns l'ont même très-bien développée [1]. Mais Kant a le mérite de l'avoir montrée sous un jour tout nouveau, et de l'avoir élevée à la hauteur d'une véritable théorie philosophique. Par là, comme je le disais tout à l'heure, sa doctrine a l'avantage d'unir par un lien nécessaire le dogme de la liberté à celui de la loi morale, et de faire du premier un corollaire du second : dès lors la liberté n'est plus simplement un fait, qui peut être ou n'être pas ; c'est un fait nécessaire, car il est la conséquence nécessaire de la destination que la raison nous impose. Ainsi se trouve-t-il philosophiquement expliqué, ou rattaché à un principe rationnel. Il faut convenir aussi que les jugements que nous portons sur nos semblables impliquent un raisonnement de ce genre : ce n'est pas seulement par induction que nous supposons dans les autres une propriété que nous trouvons en nous-mêmes ; mais, puisque cette propriété est l'attribut essentiel de tout être raisonnable, nous sommes fondés à l'admettre dans tous les êtres raisonnables comme en nous. Nous

---

[1] Particulièrement Thomas Reid, *Essais sur les facultés de l'esprit humain*, t. IV, Ess. IV. *De la liberté des agents moraux.*

pouvons, il est vrai, nous tromper dans quelques cas : certaines circonstances, que nous ne saurions toujours prévoir ou soupçonner, peuvent, en troublant la raison d'un individu, suspendre sa liberté ; et alors, quoique nous en décidions autrement, cet individu a cessé d'être responsable de sa conduite aux yeux de la souveraine justice ; mais nous sommes sûrs aussi que, s'il a joui de l'usage de sa raison, il était libre de faire ce qu'elle lui prescrivait, et nous le jugeons et le traitons comme tel. C'est que nous pensons que la raison pratique ne va pas sans la liberté, et qu'elle l'entraîne nécessairement. Kant a donc bien fait de considérer la seconde comme une conséquence de la première.

Mais il ne s'est pas borné là. Non-seulement il lie la liberté à la loi morale par un lien nécessaire, il va même jusqu'à penser que nous n'acquérons la connaissance de la première que par le moyen de la seconde. Tant que nous ne nous reconnaissons pas soumis à la loi morale, nous ne pouvons affirmer l'existence de notre liberté, et nous ne nous jugeons libres qu'au moment où nous nous reconnaissons soumis à cette loi [1].

On pourrait demander d'abord s'il est vrai que nous ne pouvons nous reconnaître libres que par le moyen de la loi morale et dans notre rapport à cette loi. Il y aurait déjà là matière à contestation ; car enfin est-ce que je ne suis pas et ne me juge pas libre en des résolutions indifférentes à la loi morale, comme celles que, dans la comédie de Molière [2], le bon Sganarelle

---

[1] Voyez plus haut, p. 82-83.
[2] *Don Juan*, ou *le Festin de Pierre*, acte III, scène I.

prend pour exemples, de *frapper des mains*, de *hausser les bras*, de *lever les yeux au ciel*, de *baisser la tête*, de *remuer les pieds*, *d'aller à droite*, *à gauche*, *en avant*, *en arrière*, etc. Mais passons sur cette première objection, à laquelle nous serons ramenés tout-à-l'heure. Si Kant s'était borné à dire d'une manière générale que le sentiment de notre liberté ne s'éveille en nous qu'avec celui de la loi morale ou du devoir, et que c'est ce dernier qui détermine et fait éclater le premier, le mal ne serait pas bien grand; car, comme l'auteur de notre être, en nous donnant la liberté, a surtout voulu faire de nous des créatures capables de moralité, c'est surtout dans les choses morales que la liberté se montre avec le plus d'évidence. Aussi bien la lutte et les efforts qu'exige ordinairement l'accomplissement du devoir ont-ils pour effet de la mettre davantage en lumière, et se fait-elle d'autant plus vivement sentir que cette lutte est plus difficile et ces efforts plus grands; car c'est elle qui les soutient, et c'est alors surtout qu'elle déploie toute son énergie [1].

Mais Kant ne s'en tient pas encore là. En soutenant que c'est l'idée de la loi morale qui éveille et détermine en nous celle de notre liberté, il prétend que cette liberté, que nous sommes fondés à nous attribuer, dès que nous nous reconnaissons soumis au devoir, reste pour nous, dans ce cas même, un attribut transcendant, c'est-à-dire inaccessible en soi, et que, si en effet nous avons alors le droit de nous

---

[1] « La première récompense d'un acte libre et vertueux, dit très-bien M. Cousin dans ses leçons sur Kant (septième leç.), c'est d'inculquer plus profondément à l'âme la conviction de la liberté et du devoir. »

déclarer libres, nous ne saisissons pas cet attribut en lui-même et n'en avons point le sentiment intime. C'est une déduction que nous fondons sur le principe de la loi morale, et à laquelle cette loi communique sa propre certitude; mais ce n'est pas autre chose. Même alors que la loi morale nous commande et que nous lui obéissons, en dépit de nos passions ou de notre intérêt, la liberté qu'elle suppose en nous, qui nous reconnaissons soumis à cette loi, ne nous est pas donnée comme un fait de conscience ou comme un objet d'intuition intérieure. Or là est, selon moi, la principale erreur de Kant; et cette erreur tient au défaut général de sa philosophie, à savoir l'insuffisance de la psychologie ou l'exagération des procédés *à priori*, que la philosophie doit sans doute employer, si elle veut avoir un caractère rationnel, mais auxquels elle ne doit pas sacrifier entièrement l'observation. De quoi s'agit-il en effet? de l'homme, de sa nature et de ses attributs, c'est-à-dire d'une réalité vivante qui a la propriété de se connaître elle-même; et, quand c'est cette réalité qui est en question, on négligerait, on rejetterait cette connaissance, la plus immédiate, la plus évidente, la plus irrécusable, j'ajoute la plus instructive et la plus féconde de toutes!

Si nous ne connaissions pas notre liberté autrement que le veut Kant, elle ne serait toujours pour nous que la conclusion purement logique d'une déduction elle-même toute logique, c'est-à-dire quelque chose d'entièrement abstrait[1]. S'il en était ainsi en effet,

[1] Cf. V. Cousin, loc. cit.

Kant aurait raison de prétendre que nous ne la saisissons pas en elle-même, que nous n'en avons pas l'intuition, qu'elle est au-dessus de la portée de notre conscience. Mais quoi ! est-il vrai que notre liberté n'est pour nous qu'un attribut purement logique? Mettons-nous en présence des faits, je parle de ceux où Kant puise lui-même ses exemples et ses preuves, mais qui auraient dû le mieux éclairer. Je me suppose placé dans quelqu'une de ces circonstances qu'il aime à invoquer, où la voix du devoir m'ordonne le sacrifice de mes plus chers intérêts, de ma vie même : dans ce cas, non-seulement je juge, comme il le reconnaît, que, puisque le devoir m'impose une telle obligation, je puis la remplir, et que, puisque la raison me commande de lutter contre les penchants de ma nature, j'ai la puissance d'engager et de soutenir cette lutte ; mais est-ce que je n'ai pas la conscience la plus claire de cette puissance? est-ce que je ne l'*expérimente* pas en moi-même ? est-ce qu'elle ne m'apparaît pas autrement que comme la conséquence logique d'une pure déduction ? est-ce qu'il n'y a pas là une force réelle que je sens vivre en moi, ou plutôt qui est moi-même? Aussi n'est-elle pas pour moi quelque chose d'abstrait et d'insaisissable, mais un pouvoir, une faculté dont j'ai la connaissance la plus directe et la plus évidente, car j'en ai la conscience ou le sentiment intime. Voilà ce que Kant n'a point vu, faute d'avoir su interroger la conscience. Pourtant il eût fort bien pu le reconnaître, sans nuire en rien à la preuve que lui-même allègue en faveur de la liberté, mais qu'il a le tort d'admettre exclusivement.

En effet, on peut dire : Non-seulement il faut que je sois libre, puisque je suis soumis à la loi du devoir; mais je sens que je le suis. Ma conscience confirme donc cette déduction rationnelle, qui, sans cela, se bornerait à poser un attribut logique, abstrait, inaccessible. Ou bien de cette manière : Je me sens libre, *certissima scientia et clamante conscientia*, comme répétait souvent M. Maine de Biran ; aussi bien est-il nécessaire que je le sois : autrement, l'obligation morale à laquelle je suis soumis n'aurait pas de sens ; en sorte que cette liberté, que je sens en moi, est l'attribut nécessaire de mon être dans son rapport avec la loi morale. Ainsi ces deux arguments se confirment et se complètent : ce que la loi morale exige, la conscience l'atteste ; ce que la conscience atteste, la loi morale l'exige. Otez la loi morale, la conscience de la liberté, si elle est possible encore, ne nous donne plus qu'un fait insignifiant ; mais ôtez la conscience de la liberté, qu'est pour nous cet attribut que suppose la loi morale ? je l'ai déjà dit, quelque chose de purement logique. Or, je le demande encore une fois, est-ce ainsi qu'il nous apparaît ?

Mais d'où vient que Kant, tout en affirmant la liberté comme un attribut inséparable de l'obligation morale à laquelle nous nous reconnaissons soumis, et en le regardant comme une chose tout aussi certaine, tout aussi inébranlable aux efforts du scepticisme que cette obligation même, n'y veut pas voir en même temps, comme tout le monde, un fait tombant sous le sens intime ou attesté par le témoignage direct

17

et immédiat de la conscience? C'est que, selon lui[1], la loi de la causalité que nous ne pouvons nous dispenser d'appliquer aux diverses modifications du sens intime, comme aux choses extérieures, nous fait concevoir chacune de ces modifications, chacune de nos déterminations, par conséquent, ainsi que tout événement en général, comme dépendant nécessairement des phénomènes antérieurs et y ayant sa raison d'être. Tel est en effet le sens qu'il donne à la loi de la causalité ou au principe de la raison suffisante, en tant que nous l'appliquons aux choses que nous nous représentons comme se succédant dans le temps, pour arriver ainsi à l'unité d'expérience, sans laquelle il n'y a pas pour nous de connaissance possible. Cette loi, ainsi entendue, exclut évidemment la liberté; car, comme il nous y faut ramener toutes les déterminations que le sens intime nous représente comme successives, tout aussi bien que tous les phénomènes du monde extérieur, c'est-à-dire enchaîner les unes aux autres toutes ces déterminations par un lien nécessaire, pour en former ainsi un tout qui puisse donner lieu à une connaissance véritable, il suit que nous ne pouvons, à ce point de vue du moins, les regarder comme émanant d'une libre spontanéité. Le sens intime ne peut donc nous révéler notre liberté, puisqu'il ne peut s'exercer sans que nous appliquions à ses intuitions successives

---

[1] Voyez plus haut, p. 51, 89, 109, 241-242. — Cf. CRITIQUE DE LA RAISON PURE : *Logique transcendentale*, livre II, chap. 2, *deuxième analogie*; et *Dialectique transcendentale, troisième antinomie, Antithèse*, et *Remarques sur la troisième antinomie*.

la loi de la causalité, d'après laquelle nous jugeons que tout ce qui arrive à un moment donné est nécessairement déterminé par les événements antérieurs. Or je demande si le principe de la raison suffisante a bien dans tous les cas le sens que Kant lui donne ici? Sans doute c'est un principe que rien n'arrive qui n'ait sa cause, sa raison d'être, une raison suffisante; mais est-ce à dire que les déterminations de ma volonté dépendent nécessairement des événements antérieurs? En vertu de la puissance d'initiative ou de la liberté que je possède, je produis un certain acte : la raison suffisante de cet acte ne réside-t-elle pas dans cette puissance; y a-t-il besoin de remonter au-delà, pour l'expliquer? Mais, dira-t-on, les motifs qui me déterminent dans ce moment dépendent necessairement des circonstances antérieures. Je réponds qu'ils en peuvent être indépendants : Kant l'a reconnu lui même pour certains cas, ceux où le motif est purement rationnel, c'est-à-dire puisé dans l'idée du devoir, laquelle est en effet indépendante de toutes les circonstances de temps et de lieu ; mais, dans tous les cas, ces motifs n'emportent pas fatalement ma détermination, comme le poids qui fait nécessairement pencher la balance d'un certain côté : en cédant à tel ou tel motif, j'ai conscience d'être libre. S'il en est ainsi, répliquera Kant [1], la succession des phénomènes n'a plus de règle, plus de loi; l'unité de l'expérience est rompue, et, par conséquent, il n'y a plus de connaissance possible. Ma réponse est qu'en nous accordant la liberté, laquelle d'ailleurs est

---

[1] Loc. cit.

renfermée, quant à son action extérieure, dans de certaines limites, marquées par les lois mêmes de la nature, la Providence nous a en effet attribué, dans ces limites, la puissance de rompre par notre libre spontanéité l'enchaînement nécessaire des phénomènes, de couper à notre gré le fil de la nature, d'interrompre ou de changer son cours et de commencer à chaque instant une nouvelle série de phénomènes, émanant de l'activité dont nous sommes doués. De là le caractère contingent, capricieux, souvent désordonné, des actions humaines et en général de tout ce qui dépend de l'homme ; de là en grande partie l'imprévu, auquel il faut toujours laisser une si large part dans cet ordre de choses, que l'on n'assimilera jamais, quoi qu'on fasse, aux phénomènes purement physiques.

Le tort de Kant est d'appliquer le principe de la raison suffisante ou la loi de la causalité aux déterminations de la volonté humaine dans le sens où elle s'applique aux événements de la nature physique, sans tenir compte de la profonde différence qui sépare ces deux espèces de phénomènes. Il est bien vrai que nous devons admettre non-seulement que les événements de la nature physique ont une cause, une raison d'être, qui les détermine ou les fait arriver à leur moment, mais encore que cette cause ou cette raison d'être est dans les événements antérieurs, en sorte qu'ils dépendent tous les uns des autres et forment une chaîne dont chaque anneau est nécessairement lié à celui qui précède et à celui qui suit. Pourquoi cela ? c'est que les causes physiques ou les forces de la nature sont aveugles et fatales : elles sont destituées d'intelligence et de liberté ; par conséquent, tout ce qui arrive dans la nature physique y doit nécessairement dépendre de ce qui a précédé ; autrement, quelque chose commencerait d'être qui ne serait amené par rien, ou qui n'aurait pas sa raison d'être, ce qui est absurde. On comprend donc comment ici le principe de la causalité ou de la raison suffisante nous force à rattacher chaque événement aux événements antérieurs. La raison en est, non pas, comme le veut Kant, que ces événements tombent dans le temps, mais qu'ils sont les effets de forces aveugles et fatales. Mais, s'il y a quelque part des causes libres, des causes douées d'initiative et de spontanéité, la loi de la causalité est satisfaite, dès qu'elles ont une puissance suffisante pour commencer d'elles-mêmes et produire certains actes ; elle n'exige pas du tout que ces actes dépendent nécessairement des circonstances précédentes, ce qui détruirait la liberté que nous attribuons à ces causes. Or la conscience nous atteste que nous sommes essentiellement de telles causes, et, par conséquent, la loi de la causalité, quand elle s'applique à nos déterminations, n'a plus le même sens que tout-à-l'heure. Kant a donc raison dans l'application qu'il fait du principe de la causalité, en tant qu'il s'agit des choses de la nature physique, par où je n'entends pas, comme lui, les choses que nous nous représentons comme se succédant dans le temps, mais seulement les effets des forces aveugles et fatales de la nature ; il a tort, quand il étend cette même application aux choses qui dépendent de notre libre volonté, et qui, en vertu de la nature même de l'être qui les produit, échappent à la loi de la causalité, au moins dans le sens où cette loi s'applique aux choses physiques.

Telle est en effet la nature de mon être que je suis essentiellement une cause libre; par là, je puis produire certains actes dont l'initiative m'appartient, qui n'ont rien de fatal, que j'accomplis librement, pouvant ne pas les accomplir. Cette puissance éclate surtout dans les actions morales pour lesquelles surtout elle nous a été donnée; mais elle se manifeste aussi dans les choses indifférentes, et là même nous ne sommes pas toujours les esclaves de la fatalité. On dira : il y a toujours un motif, connu ou non, qui détermine la résolution de ma volonté. Je répète : ce motif ne la contraint pas. Ne peut-il pas y avoir d'ailleurs des actions sans motif, ou qui n'ont d'autre raison d'être que notre volonté, notre caprice ou notre obstination ? *Hoc volo, sic jubeo, sit pro ratione voluntas;* cette maxime, que le poëte latin met dans la bouche d'une femme, est souvent aussi celle de beaucoup d'hommes. Or ces actions ne sont pas pour cela sans cause : elles ont leur cause en nous-mêmes, dans la libre spontanéité dont nous sommes doués. Sans doute ce ne sont pas là des actes qui annoncent un être raisonnable, mais ils révèlent du moins un être doué d'une volonté libre; car on ne saurait les attribuer à une invincible fatalité. Quoi qu'il en soit, qu'ils aient ou non un motif, les actes les plus indifférents ne sont pas moins libres que les résolutions les plus morales. En effet, puisque nous sommes essentiellement des causes libres, il n'est pas étonnant que nous exercions notre liberté de toutes les manières, dans les choses indifférentes comme dans les choses morales; et, si la loi morale est la règle suprême de notre liberté, si la pratique de cette loi en est la principale tâche, elle n'en est pas la seule manifestation.

Il suit de ce qui précède que l'antinomie, élevée par Kant entre la thèse de la nécessité et celle de la liberté, est tout-à-fait vaine; car la loi de la causalité ou de la raison suffisante, telle qu'il l'énonce, ne s'applique qu'aux choses physiques; elle ne s'applique plus aux déterminations de la volonté humaine. Sans doute, dans la vie de l'homme, il faut faire une part à la nécessité en même temps qu'à la liberté; quelle part? c'est ce qu'il est bien difficile, pour ne pas dire impossible, de déterminer. Mais que je ne puisse pas me considérer comme libre, quand ma conscience m'atteste ma liberté, et que, par conséquent, je tombe sous la loi des êtres dépourvus d'intelligence et de volonté, c'est ce qu'il est impossible d'établir à aucun point de vue, non-seulement d'une façon démonstrative, mais même d'une manière plausible.

Ainsi disparaît l'antinomie kantienne [1]. Je ne nie pas les difficultés qui subsistent ici; mais je soutiens que la thèse et l'antithèse qui la constituent ne sont pas également invincibles, ou plutôt que la thèse de la liberté, telle que nous venons de l'établir, renverse ou restreint celle de la nécessité.

Il n'y a donc pas lieu de chercher la solution d'une antinomie qui, à vrai dire, n'existe point, puisque le dogme de la liberté humaine exclut celui de la fatalité.

[1] Cf. *Discussion des antinomies kantiennes*, par Lorquet, Paris, 1841.

D'ailleurs la solution que Kant nous propose ici [1] n'est guère propre à dissiper la contradiction que soulève cette antinomie. Comment les mêmes actions peuvent-elles être considérées à la fois comme nécessaires au point de vue de l'ordre naturel, et comme libres au point de vue de l'ordre moral? De deux choses l'une : ou il faut, en vertu du principe de la nécessité naturelle, envisager les résolutions de la volonté comme arrivant nécessairement, nécessairement déterminées qu'elles sont par l'enchaînement des circonstances antérieures, et alors il est impossible de concevoir qu'elles puissent être libres; ou bien on admet qu'elles sont libres ou qu'elles peuvent l'être, et, dans ce cas, on cesse de les regarder comme des événements nécessaires dans l'ordre naturel.

On peut accorder, dit Kant [2], que, s'il nous était donné de connaître à fond le caractère d'un homme et toutes les circonstances au milieu desquelles il peut se trouver placé, nous pourrions, tout en continuant de le déclarer libre, prédire sa conduite aussi certainement que les astronomes prédisent une éclipse de soleil ou de lune. Mais s'il nous faut concevoir les actions de cet homme comme résultant de certaines circonstances naturelles tout aussi nécessairement qu'une éclipse de lune ou de soleil, comment les déclarer libres encore? ou, si nous les déclarons libres, n'est-ce pas que nous ne regardons pas ces circonstances comme nécessitantes? Et dès-lors, quoique nous puissions jusqu'à un certain point les prédire,

[1] Voyez plus haut, p. 60, 104-108, 141 et suiv.
[2] Voyez plus haut, p. 144.

cette prévision n'est jamais aussi certaine que celle des phénomènes physiques, et cela, précisément parce qu'il faut toujours tenir compte de la liberté, qui, en intervenant, change les choses à son gré, par exemple modifie le caractère et transforme les événements d'une manière tout-à-fait inattendue.

Il y a des hommes, dit encore Kant[1], qui annoncent, dès leur enfance, un caractère tellement mauvais, ou qui montrent des habitudes tellement invétérées, que nous les tenons pour incorrigibles, et pourtant nous ne laissons pas de les déclarer responsables de leur conduite, et libres, par conséquent. Kant m'accordera aisément que, si nous les jugeons ainsi, c'est que nous les supposons toujours capables de résister à leur naturel, si méchant qu'il paraisse, ou à leurs habitudes, si enracinées qu'elles soient; mais alors comment considérer ce naturel ou ces habitudes comme déterminant nécessairement, invinciblement leur conduite? Que si ces habitudes étaient devenues en réalité tellement impérieuses qu'elles dussent emporter nécessairement les résolutions de la volonté, ces résolutions seraient tout aussi fatales que les phénomènes naturels. Que si nous en pouvions encore déclarer responsables leurs auteurs, c'est parce qu'ils auraient contracté d'abord volontairement, librement, par leur propre faute, les habitudes dont elles seraient maintenant les effets nécessaires; mais, bien qu'elles fussent les conséquences d'actes primitivement libres, elles-mêmes ne seraient plus que comme les mouvements

[1] *Ibid.*

d'une machine qui suit fatalement une irrésistible impulsion. De même, si un homme naissait avec un naturel tellement mauvais que toutes ses actions en dussent être considérées comme les conséquences nécessaires, il n'y aurait plus lieu de le déclarer libre, et partant responsable. Si nous le tenons pour tel, c'est que nous pensons que sa nature ne détermine pas nécessairement sa conduite, et qu'il peut toujours résister à l'influence de ses penchants.

Je persiste donc à dire qu'il est impossible de considérer à la fois une même action comme physiquement nécessaire et comme moralement libre. On le peut, selon Kant en considérant les choses, en tant que nous nous les représentons dans le temps, comme de purs *phénomènes*. Qu'est-ce à dire? qu'en elles-mêmes elles échappent à la condition du temps et par conséquent à la loi de la nécessité, qui ne s'y applique qu'autant que nous nous les représentons sous cette condition, en sorte que, nécessaires à ce point de vue, elles peuvent être libres sous le premier? Mais quoi! la production et la succession des actions dans le temps est-elle une pure illusion de mon esprit, résultant des conditions subjectives de ma constitution intellectuelle, qui font que je me représente ainsi les choses, quoiqu'elles ne soient pas ainsi en réalité? Comment admettre, comment concevoir même un pareil idéalisme? Je suis, je vis, j'agis dans le temps, c'est-à-dire je produis des actes qui se succèdent les uns aux autres; cela est clair et assuré. Que veut-on dire, en avançant que ces actes ne sont que de purs phénomènes, en tant que je me les représente comme arrivant dans le temps, et qu'en soi ils échappent à cette condition, qui n'indique qu'un mode de représentation propre à l'homme ? Sans-doute je puis agir en vertu de motifs tout-à-fait indépendants des circonstances antérieures, et, en ce sens, du temps écoulé : tels sont les motifs rationnels, l'idée du devoir ; mais les actes que je produis en conséquence, je les produis réellement dans le temps, c'est-à-dire à tel moment déterminé, celui-ci après celui-là et avant cet autre. Cela n'est point une illusion. S'ensuit-il que je doive considérer ces actes comme nécessairement déterminés par les circonstances antérieures? Nullement. Que si, par hasard, cette condition nous empêchait de les considérer comme libres, il faudrait bien alors se résigner au fatalisme ; car, de considérer ma propre existence dans le temps comme quelque chose de purement phénoménal, c'est-à-dire, suivant le sens que Kant donne à cette expression, comme une simple apparence, qui ne me fait pas connaître ma nature telle qu'elle est en soi, c'est ce qui est tout-à-fait impossible. Qu'est-ce, en effet, que cette existence purement *intelligible* dont parle Kant, et qu'il oppose à l'existence *sensible*, en la plaçant au-dessus de la condition du temps? J'avoue que je ne saurais me faire aucune idée d'une pareille existence, et, à plus forte raison, m'y reconnaître. A moins qu'il ne faille entendre tout simplement par là l'existence d'un être capable de se déterminer d'après les seules lois de la raison, et dont, par conséquent, les déterminations ne sont pas nécessairement amenées par le cours de la nature. Mais alors il est impossible de considérer ces mêmes déterminations comme des événements nécessaires dans l'ordre naturel, on ne pourrait les envisager ainsi qu'en faisant tout justement abstraction du caractère que nous leur attribuons. On a beau les considérer comme arrivant dans le temps, elles n'en doivent pas moins être regardées comme libres. Le point de vue du temps ne fait donc rien ici, puisque, si le principe des déterminations dont il s'agit est indépendant des circonstances antérieures, et, en ce sens, des conditions du temps écoulé, ces déterminations ont toujours réellement lieu dans le temps et n'en conservent pas moins pour cela leur caractère originel. N'oublions pas d'ailleurs que la liberté ne réside pas seulement dans les actes que la raison détermine ou doit déterminer, mais encore dans tous ceux qui émanent de notre volonté, quel qu'en soit d'ailleurs le motif. Tous ces actes en général échappent à la loi de la nécessité naturelle, non pas parce qu'en soi ils échapperaient à la condition du temps, ce qui ne peut être, sinon dans le sens que je viens de dire, ou, plus généralement, en ce sens qu'ils sont libres, mais précisément parce qu'ils sont libres, ou que la cause qui les produit est véritablement douée d'initiative et de spontanéité.

On le voit donc bien, toute la question est de savoir si nous sommes réellement des causes libres; car, s'il en est ainsi, peu importe que nous envisagions nos actions au point de vue du temps où elles arrivent, la loi de la causalité ne s'y applique plus dans le même sens où elle s'applique aux choses purement physiques, et devant le fait de la liberté disparaît absolument le principe de la nécessité naturelle. Dès lors, comme je le disais tout-à-l'heure, il n'y a plus lieu de chercher à concilier deux principes dont l'un exclut l'autre absolument; et, par conséquent, l'idéalisme auquel Kant a recours est aussi superflu qu'inadmissible. Suis-je réellement libre ou non? tout est là. Or c'est une question à laquelle répond suffisamment le témoignage direct et immédiat de la conscience, en même temps que l'obligation morale invoquée par Kant.

Il avoue lui-même [1] que la solution au moyen de laquelle il prétend concilier la thèse de la liberté et celle de la nécessité n'est pas elle-même sans difficulté, et qu'il est à peine possible de l'exposer clairement; mais il pense qu'outre qu'elle est la seule admissible, elle est aussi la seule qui puisse lever certaines difficultés où sans cela le dogme de la liberté périrait infailliblement.

Nous lui accorderons d'abord très-volontiers que, pour distinguer la liberté de l'homme du mécanisme de la nature, il ne suffit pas de concevoir ses déterminations comme émanant de causes purement intérieures, si ces causes dépendent elles-mêmes nécessairement des faits antécédents [2]. Car, que ces causes soient intérieures ou extérieures, qu'elles soient psychologiques ou physiologiques, que ce soient des représentations de notre âme ou des mouvements de notre organisme; peu importe, si la volonté, quand elle se détermine, n'est pas la maîtresse d'y céder ou d'y résister. C'est le déterminisme leibnizien que Kant veut dé-

---

[1] Voyez plus haut, p. 147.
[2] Voyez plus haut, p. 192-143.

signer ici. Je ne cherche pas jusqu'à quel point Leibnitz est tombé dans l'erreur que Kant relève en passant [1]; ce qu'il y a de certain, c'est que tout en voulant maintenir et défendre la liberté humaine, ce grand philosophe la compromet singulièrement par l'application qu'il fait de son principe de la *raison suffisante* : cette application le conduit en effet, lui et son école, à un déterminisme bien voisin du fatalisme. Aussi le prince royal de Prusse, dans la polémique qu'il soutient contre Voltaire, en faveur de la doctrine de la nécessité absolue, ne manque-t-il pas de s'appuyer sur l'autorité de Wolf [2]. Mais laissons de côté Leibnitz et son école : il est bien vrai que la doctrine signalée ici par Kant ruine en fait la liberté dont elle conserve en vain le nom, et que, si elle appelle encore libres les déterminations de notre volonté, ce ne peut être que dans le sens où l'on dit que les mouvements des aiguilles d'une montre sont libres, quand ils ne sont arrêtés par aucun obstacle extérieur. Kant a raison : notre liberté est assurément autre chose que cela ; mais j'ajoute qu'on peut

---

[1] Consultez sur ce point l'excellent travail placé par M. Jacques en tête de son édition des *OEuvres philosophiques de Leibnitz*, t. I, p. xxxvii et suiv. En renvoyant à ces pages si bien pensées, je ne puis m'empêcher de rappeler que celui qui les a écrites est ce même professeur auquel, sous ce prétendu régime de *liberté d'enseignement*, on enlevait récemment, non-seulement sa chaire et ses titres universitaires, mais jusqu'au droit d'enseigner, même dans l'enseignement *libre* ; et cela parce qu'en plein dix-neuvième siècle il avait osé exprimer des idées contraires à l'orthodoxie catholique. Monstrueux attentat à la liberté de conscience, et qui prouve combien ce principe sacré est encore loin d'avoir définitivement triomphé parmi nous !

[2] Voy. *Philosophie de Voltaire*, par E. Bersot, liv. II. *De la Liberté*. Lettres du prince royal à Voltaire.

très-bien l'admettre dans son vrai sens, sans violer en rien le principe de la raison suffisante, et je ne crois pas qu'il soit nécessaire pour cela d'avoir recours à l'idéalisme kantien : il suffit de rendre aussi son vrai sens à ce principe, et de le renfermer en ses justes bornes.

C'est encore à l'aide de cette solution que Kant prétend échapper au fatalisme panthéiste, auquel conduit nécessairement, selon lui, la doctrine qui considère le temps et l'espace comme des modes réels de l'existence même des choses [1]. Si les choses produites par la puissance créatrice sont réellement produites dans le temps, l'acte qui les produit étant lui-même assujéti à la condition du temps, toutes leurs déterminations dépendent de cette condition, et, par conséquent, il ne reste plus qu'à les considérer elles-mêmes comme les effets de cette puissance agissant dans le temps et dans l'espace. Dès lors l'homme ne peut plus être regardé comme un agent libre : il n'est plus qu'un automate mis en mouvement par le suprême ouvrier. Dira-t-on que Dieu échappe lui-même à la condition du temps, et que les choses créées y sont seules soumises ; mais, outre que cette distinction ne saurait être justifiée, elle renferme une contradiction : en effet, si Dieu est la cause de l'existence des choses finies et que le temps soit la condition de cette existence, Dieu est donc lui-même soumis à cette condition, dans son rapport avec ces choses. Cela posé, il ne reste plus, comme nous venons de le dire, qu'à les considérer comme les effets de sa causalité agissant dans le temps et dans l'espace,

[1] Voyez plus haut, p. 145-147.

et dès lors il n'y a plus de liberté possible. Que si au contraire le temps n'est pas un mode réel de l'existence des choses en soi, la création de ces choses ne tombant pas sous la condition du temps, elles peuvent être créées libres : rien ne fait plus obstacle à leur liberté. — Mais cette argumentation est-elle admissible? Que Dieu soit ou non dans le temps, et que par là il se distingue ou non des choses finies, c'est ce que je ne recherche pas et n'ai pas besoin de savoir ici. Ce qu'il y a de sûr, c'est que les choses finies sont bien réellement dans le temps. Faut-il admettre pour cela que nos actions ne peuvent être que les modes de la causalité divine? Je ne vois pas, quoi qu'en dise Kant, que cette conclusion soit le moins du monde nécessaire. Quelle que soit en elle-même la nature de Dieu (chose obscure et à beaucoup d'égards inaccessible), il a fort bien pu créer les êtres du monde comme devant exister et se développer réellement dans le temps, et cependant les créer libres, puisque, comme nous l'avons montré, le temps ne fait nullement obstacle à la liberté. Que si l'on objecte la difficulté de concilier la puissance divine avec la liberté humaine, c'est là une difficulté d'un tout autre ordre et qui s'adresse aussi bien à la doctrine de Kant qu'à la nôtre. Mais ce n'est pas ici le lieu de nous en occuper. Qu'il nous suffise d'avoir montré que le fatalisme panthéiste de Spinoza n'est point du tout la conséquence nécessaire de l'opinion que nous adoptons contre Kant, et qu'ici encore il n'y a nullement besoin d'avoir recours à un idéalisme, qui n'est pas seulement obscur, comme il en convient lui-même, mais inintelligible et inacceptable.

Kant est-il mieux fondé dans sa critique de l'opinion de Hume sur la causalité [1] ? Il a raison de reprocher à ce philosophe son empirisme et le scepticisme qui en découle, quoique l'on puisse contester ce qu'il dit au sujet des mathématiques, dont les propositions sont, selon lui, synthétiques et non pas analytiques. Il est certain que de l'expérience toute seule on ne peut faire sortir la nécessité, qui est le caractère du principe de la causalité ; ce serait, comme il le dit fort bien quelque part [2], vouloir tirer *ex pumice aquam*. Mais si, pour expliquer la nécessité du principe de la causalité, il faut recourir à la raison pure et considérer ce principe comme une loi *à priori* de notre esprit, ce que Kant reproche justement à Hume de n'avoir point fait, on ne doit pas oublier que c'est en nous-mêmes, qui sommes essentiellement des causes, que nous puisons la première idée de cause, et que nous connaissons intuitivement notre propre causalité. Or, sur ce point, le philosophe allemand n'est guère plus heureux que le philosophe écossais. Hume, qui s'en tient à l'expérience, ne sait pas l'interroger, car l'expérience intime lui aurait révélé dans le moi une cause réelle et efficace : aussi est-il réduit à faire en général de l'idée de cause une vaine illusion. Mais Kant, qui veut rétablir à son tour le concept de cause, ne sait pas davantage interroger la conscience : aussi n'ose-t-il attribuer une valeur objective à ce concept, et n'y voit-il lui-même qu'une loi de l'esprit, dont nous ne pouvons

---

[1] Voyez plus haut, p. 105-109.
[2] Préface de la *Critique de la raison pratique*. — Voyez plus haut, p. 74.

affirmer la réalité objective. Mais quoi ! ne suis-je pas une cause réelle et efficace ? Et cela, la conscience ne me l'apprend-elle pas de la manière la plus certaine ? sans parler de la raison, par laquelle je m'élève de l'idée de ma propre causalité à celle d'une loi universelle et nécessaire, non pas seulement relativement à moi, comme le veut Kant, mais absolument, comme le dit la raison même, qui nous la fait concevoir. Voilà ce qu'il ne veut pas voir, et de là tous ses efforts pour expliquer l'origine du concept de la causalité, qui n'est plus dans sa doctrine qu'une vaine catégorie. Quand on en est là, est-on bien fondé à reprocher si durement à Hume d'avoir fait du concept de la causalité une vaine illusion, résultant de l'habitude ? Sommes-nous beaucoup plus avancés, s'il n'y faut voir qu'un principe de l'esprit, universel et nécessaire tant qu'on voudra, mais dont nous n'avons pas le droit d'affirmer la réalité objective ? Est-il vrai d'ailleurs que le vice radical de la doctrine de Hume soit d'avoir pris pour des *choses en soi* les *phénomènes*, c'est-à-dire les choses en tant qu'elles nous apparaissent dans l'espace et dans le temps ; est-ce bien là la cause de ses erreurs ? Non, car, en suivant la voie indiquée par Kant, il fût également arrivé à renvoyer le concept de la causalité au domaine de l'apparence. Son erreur est, d'une part, de retrancher de l'esprit humain la *raison*, sans laquelle il faudrait se borner à l'expérience, qui n'atteint que des faits, et on ne pourrait s'élever à la conception de quelque chose d'universel et de nécessaire ; et, d'autre part, de n'avoir pas même su tirer de l'expérience, c'est-à-dire ici de la conscience, toutes les lumières qu'elle peut fournir. Or, si Kant échappe à la première erreur, quoiqu'il ne la corrige pas suffisamment, il tombe en plein dans la seconde, et par là il arrive à des résultats analogues.

C'est pourquoi nous ne lui accorderons pas que la liberté, alors même que la loi morale l'appelle, reste toujours pour nous quelque chose de transcendant ou d'inaccessible en soi [1]; car nous pensons qu'elle est, en même temps qu'un postulat de la raison pratique, un fait de conscience, c'est-à-dire d'intuition. Il a beau dire que, quoiqu'elle soit impénétrable en soi, elle est suffisamment établie au point de vue pratique et que sous ce rapport nous n'avons rien à désirer [2]; il est certain que nous la connaissons mieux et autrement qu'il ne l'accorde, car nous en avons le sentiment intime; et, si elle est, comme il l'appelle lui-même, une chose de fait, cette chose de fait est un attribut directement et immédiatement saisi par la conscience.

Cela posé, nous pouvons distinguer, à la suite de Kant, mais, ce semble, à bien plus juste titre, la connaissance de notre liberté d'avec celle de Dieu et de la vie future [3]. Car la première est pour l'homme un objet d'intuition, et en ce sens un fait d'expérience, tandis que, si nous concevons Dieu, nous n'en avons pas une connaissance intuitive, et que, quant à la vie future, elle n'est tout au plus pour nous que l'objet d'une légitime espérance.

---

[1] Voyez plus haut, p. 61, 105, 141.
[2] Plus haut, p. 53.
[3] Plus haut, p. 149-150 — Cf. *Critique du Jugement*, trad. franç, t. II, p. 202 et 212, et *Examen de la Critique du Jugement*, p. 304.

Mais Kant, qui ne voit dans la liberté de la volonté qu'un postulat de la raison pratique, ne peut guère établir d'autre différence entre ce dogme et les deux autres, sinon que le premier est si étroitement lié à la loi morale que sans lui il n'y aurait plus d'obligation, et, par conséquent, de moralité possible, tandis que, si la loi morale appelle nécessairement les deux autres, elle n'en serait pas moins obligatoire sans eux ; car, à vrai dire, d'après ses propres principes, il ne connaît pas la liberté autrement que Dieu et la vie future, et elle est tout aussi impénétrable pour lui. Quoi qu'il en soit, il faut reconnaître avec lui que la liberté nous introduit dans un monde supérieur à celui des sens : par elle en effet nous pouvons nous soustraire à l'empire de la nature, et, en conformant notre volonté aux lois de la raison, participer ainsi, dans le sens philosophique de cette expression, au règne de Dieu.

Une dernière difficulté reste à examiner, qui tient à la définition même que Kant donne de la liberté ou à l'idée qu'il se fait de son essence. On sait qu'il identifie la liberté avec l'autonomie de la volonté, et que l'autonomie de la volonté consiste pour lui dans la parfaite conformité de cette volonté avec la loi morale. Une volonté libre et une volonté autonome, c'est tout un à ses yeux ; or une volonté autonome et une volonté conforme à la loi morale, c'est encore tout un [1]. Si donc on lui demande quelle est l'essence de la liberté, il répondra qu'elle consiste, négativement, dans l'indépen-

---

[1] Voyez plus haut, p. 51-52. — Cf. p. 81-82.

dance absolue de la volonté par rapport à toute autre espèce de mobile que la loi de la raison, et, positivement, dans sa parfaite conformité à cette loi [1]. Mais, d'après cette définition, cette volonté-là étant vraiment libre, qui serait indépendante de tout mobile autre que la raison et qui se montrerait parfaitement conforme à sa loi, on ne pourrait donc considérer comme libre une volonté qui sacrifierait la loi de la raison à la passion ou à l'intérêt, et, par opposition à la première, il faudrait donc la traiter d'esclave? Kant confirme lui-même quelque part [2] cette conséquence, en combattant la définition que les philosophes donnent ordinairement du libre arbitre : la faculté de choisir entre une action conforme et une action contraire à la loi; il soutient que la liberté ne saurait consister dans la faculté qu'aurait le sujet raisonnable de faire un choix contraire à la raison. « La possibilité de s'écarter des lois de la raison est plutôt, dit-il, une *impuissance* qu'une *puissance* [3]. » Or, à prendre les choses à la lettre, celui-là ne serait donc pas libre qui transgresserait volontairement la loi morale, qui commettrait volontairement un crime? Mais alors que deviendrait l'imputabilité ou la responsabilité morale, reconnue par Kant lui-même? Que s'il admet, avec le genre humain tout entier, que l'homme a la responsabilité de sa conduite, bonne ou mauvaise, c'est donc qu'il reconnaît, de quelques expressions qu'il se serve, que nous sommes libres de faire le mal, comme nous le sommes de faire le bien,

---

[1] *Ibid.*
[2] *Doctrine du Droit, Introduction.*
[3] *Ibid.* Ed. Rosenkranz et Schubert, p. 28.

ou, si l'on veut réserver le nom de liberté à la conformité de la volonté avec la raison, qu'il est en notre pouvoir de suivre volontairement la loi morale ou de la transgresser volontairement. Et en effet ce que Kant attribue à l'homme, ce n'est pas une volonté naturellement indépendante des penchants de la sensibilité et conforme aux lois de la raison, mais plutôt le pouvoir de s'affranchir volontairement de ces penchants pour se conformer à ces lois[1]. Or ce pouvoir, dans lequel consiste véritablement *notre* liberté, implique aussi celui de céder volontairement à ces mêmes penchants, en dépit de la raison; l'un ou l'autre dépend également de notre volonté, et là est le fondement de la responsabilité humaine, ou de l'imputabilité de nos actions, bonnes ou mauvaises. Il n'y a donc pas au fond de contradiction, sous ce rapport, dans la doctrine de Kant : la distinction que nous venons d'indiquer entre cette liberté qui consisterait dans la conformité naturelle de la volonté à la raison et qui serait l'attribut nécessaire d'une volonté purement raisonnable, et le pouvoir que nous avons d'affranchir notre volonté du joug des inclinations et des passions, afin de la conformer aux lois de la raison, c'est-à-dire la liberté humaine, que l'on peut, pour la distinguer de la première, désigner sous le nom de *libre arbitre*, cette distinction est parfaitement conforme à la pensée de Kant, quoiqu'il ne l'ait peut-être pas exprimée avec toute la clarté et toute la précision désirables; elle ressort évidemment de tous principes de sa philosophie morale. Elle revient en

[1] Voyez plus haut, *passim*.

effet à celle qu'il a pris tant de soin d'établir entre la *sainteté* et la *vertu*[1] : il y a entre la liberté absolue, telle que nous la définissions tout à l'heure, et le libre arbitre de l'homme la même différence et aussi le même rapport qu'entre la sainteté et la vertu. La sainteté est l'état d'une volonté, qui, étant purement raisonnable, et, par conséquent, exempte de toute passion ou de toute influence étrangère, se conformerait toujours d'elle-même aux lois de la raison, sans avoir aucun effort à faire pour cela et sans avoir à craindre de jamais faillir ; la vertu au contraire est celui d'une volonté qui, étant, en même temps que soumise à la raison, livrée à l'influence des affections et des passions, c'est-à-dire à une influence étrangère et souvent contraire à celle de la raison même, ne peut assurer le triomphe de celle-ci qu'au prix de pénibles efforts et de durs sacrifices, et, par conséquent, ne doit jamais perdre le sentiment de sa fragilité. Ce dernier état est le seul que nous puissions justement nous attribuer, et c'est à tort que les Stoïciens ont cru l'homme capable d'arriver en ce monde à la parfaite sagesse [2]. Mais en même temps le premier est l'idéal du second ; et, s'il ne nous est pas donné de le réaliser entièrement, il est en notre pouvoir de nous en rapprocher de plus en plus, en faisant que la victoire devienne sans cesse plus facile et la chute moins à craindre [3]. Il suit de là que la liberté, attribuée à l'homme par Kant, n'est pas cette volonté sainte, qui, ne pouvant être atteinte par aucun mobile sensible,

---

[1] Voyez plus haut, p. 86, 130-133, 164-165, 168-169, etc.
[2] Cf. plus haut 168-169.
[3] Plus haut, p. 131-133.

serait toujours et infailliblement conforme aux lois de la raison, mais plutôt la puissance qu'a notre volonté de lutter contre les inclinations et les passions pour se conformer à ces lois, lesquelles, relativement à cette volonté, deviennent, comme on l'a vu [1], des ordres, des impératifs, des devoirs ; et que la première est l'idéal, le type, le modèle dont la seconde doit tendre à se rapprocher sans cesse, sans pouvoir espérer de l'atteindre jamais. C'est dans cette puissance que consiste notre liberté ; par conséquent, dire que notre volonté est libre, c'est dire qu'elle n'est pas nécessairement l'esclave des inclinations et des passions, mais qu'elle peut lutter contre elles pour assurer le triomphe de la raison. Or, si elle a le pouvoir de lutter pour le devoir contre la passion, elle a aussi celui de suivre la passion de préférence au devoir, et c'est parce qu'elle a cette liberté de détermination qu'elle est responsable de ses résolutions et des actions qui en sont les conséquences.

C'est ainsi que j'explique comment Kant a pu admettre sans contradiction l'idée de la responsabilité humaine, tout en définissant la liberté, comme nous l'avons vu tout-à-l'heure. Mais il faut avouer qu'il y a au moins quelque confusion sur ce point de sa doctrine. C'est qu'en effet la définition qu'il donne ordinairement de la liberté en indique plutôt le but moral que la nature propre ; j'ajoute que ce but, dont il a le tort de faire l'essence même de la liberté, ne me paraît pas être exactement celui que la raison

---

[1] Loc. cit., p. 213.

assigne à la volonté de l'homme. Kant conçoit la liberté comme les Stoïciens; il en exclut absolument toute participation des mobiles sensibles. Une volonté, qui, tout en se conformant aux lois de la raison, accorde quelque influence à ces mobiles, n'est pas entièrement libre; pour qu'elle le soit parfaitement, il faut que sa détermination soit exclusivement rationnelle. Pourtant il corrige sur ce point la sévérité stoïcienne : car il admet comme contrepoids à l'influence des inclinations et des penchants un sentiment moral, qui, sans doute, dérive de la raison, mais qui tient aussi à notre nature sensible [1]. Il aurait dû aller plus loin, et reconnaître que l'homme n'abdique pas sa liberté pour laisser en lui une certaine action aux penchants de sa nature; il reste libre tant qu'il agit volontairement. Toute la question est là. Est-il plus exact de dire que la volonté humaine doit travailler à se rendre absolument indépendante des penchants et des mobiles sensibles, et à faire que la raison seule entre dans ses déterminations? Est-ce là le but qu'elle doit se proposer et poursuivre? Entendons-nous bien. Sans doute la raison doit être la règle suprême de notre conduite, et toute détermination, qui ne serait point, je ne dis pas entièrement conforme à cette règle, mais prise en vue de cette règle même, n'aurait pas un caractère moral; mais ne pouvons-nous pas, ne devons-nous même pas, à sa lumière et sous sa direction, laisser volontairement dans nos actions une certaine part aux penchants de notre nature, et

---

[1] Voyez *première partie* de ce travail, p. 111 et suiv., et *deuxième partie*, p. 220 et suiv.

cela les empêche-t-il d'être vraiment morales¹? Demander qu'il en soit autrement, n'est-ce pas vouloir mutiler la nature humaine? Si donc il est vrai que nous devons travailler à nous rendre maîtres de nos penchants, cela ne veut pas dire que nous devions travailler à les extirper de notre nature et à les exclure de nos déterminations. Il faut, au contraire, en les éclairant à la lumière de la raison, les diriger dans le sens qu'elle-même nous indique. Kant ne me paraît donc pas assigner à la volonté humaine son vrai but. La question pour l'homme n'est pas d'arriver à enlever absolument aux penchants de notre nature toute part et tout rôle dans nos déterminations, mais de les discipliner et de les régler si bien qu'ils soient toujours sous la dépendance de la volonté, et concordent toujours avec la raison. Tel serait, selon moi, le véritable idéal de la conduite humaine; ce n'est pas tout-à-fait celui que Kant nous prescrit. Il a raison de distinguer la vertu de la sainteté, qui n'est pour nous qu'un idéal, c'est-à-dire un état que nous devons poursuivre, sans pouvoir nous flatter de le réaliser jamais complètement; mais il a tort de ne faire entrer dans cet idéal que la raison pure et d'en exclure tout élément sensible. Ce n'est plus là en effet mon idéal : ce peut être un état qui convienne à un autre être, à Dieu par exemple; ce n'est pas celui que je dois poursuivre. Tout idéal prescrit à l'activité de l'homme doit être conforme à sa nature : autrement, il cesse de s'appliquer à lui. Ce que l'homme doit con-

¹ Cf. plus haut, p. 255-257.

sidérer comme son idéal, ce n'est pas l'idée de je ne sais quelle perfection qui ne serait pas celle de sa nature, mais au contraire l'idée de sa nature, élevée par la pensée jusqu'à la perfection qu'on y peut concevoir, sans sortir de ses conditions essentielles. Là est la règle dont il ne se faut pas départir, quand on veut déterminer l'idéal de l'homme. Or Kant me paraît avoir un peu trop oublié cette règle; et, par là, il retombe dans l'erreur de la doctrine stoïcienne, qu'il a pourtant fort heureusement corrigée sur certains points, comme on l'a déjà vu et comme on va le voir encore dans le chapitre suivant.

III.

DU SOUVERAIN BIEN. — DE L'IMMORTALITÉ DE L'AME. — DE L'EXISTENCE ET DES ATTRIBUTS DE DIEU.

Qu'est-ce que le souverain bien? c'est sous cette forme que la philosophie ancienne concevait et posait le problème moral, lequel était à ses yeux la question capitale. Déterminer la nature du souverain bien, c'était assigner à la vie humaine sa fin et à notre conduite sa règle suprême, et cela même était pour elle le but dernier de la philosophie. Kant a raison de rappeler aux philosophes le sens pratique que les anciens attachaient au titre qu'ils leur ont légué : ils ne séparaient pas la science et la sagesse, qu'ils confondaient sous un même nom; mais, en même temps, ils voyaient bien que, si l'une et l'autre forment ensemble le but que l'homme doit poursuivre de tous ses efforts, il ne peut guère se flatter de l'atteindre entièrement. De là le nom de philosophe[1] auquel ils s'arrêtèrent, et qui a l'avantage de rappeler à la fois à ceux qui le portent et l'idéal vers lequel ils doivent tendre et la distance qui les en sépare, partant la modestie qui leur convient. Tel est l'ancienne signification de ce mot : Kant ne veut pas qu'on le perde de vue, et cette recommandation n'a pas lieu de surprendre dans la bouche d'un homme qui fit de la morale le pivot de la philosophie tout entière, et qui, disons-le aussi, pratiqua si bien sa morale. On doit approuver ce qu'il dit à ce sujet. Certes, la première de toutes les questions, c'est celle qui concerne notre propre destination : la fin vers laquelle nous devons tendre ou la règle qui doit diriger notre conduite ; et la première affaire pour l'homme, c'est de se gouverner d'après cette idée. Otez cela, toute la science humaine n'est plus qu'une vaine ou funeste occupation. Mais, pour rester dans le vrai, il ne faut rien exagérer. Sans doute la morale est de toutes les parties de la philosophie la plus importante à certains égards ; mais il serait dangereux de s'en préoccuper au point de sacrifier entièrement ou de négliger outre mesure la spéculation. En effet, d'abord on mutilerait ainsi la destination humaine, qui est assurément de cultiver et de suivre ce que Kant appelle la raison pratique, mais qui est aussi de développer autant que possible la raison spéculative, c'est-à-dire de pousser

[1] C'est-à-dire ami de la science ou de la sagesse. — Chacun en effet peut et doit prétendre à ce titre ; mais qui oserait s'attribuer celui de savant ou de sage ?

partout nos connaissances aussi loin qu'elles peuvent aller; ensuite, on mettrait en péril la morale même, qui, comme le dit très-bien Leibnitz [1], « reçoit son affermissement des principes solides de la véritable philosophie »; et l'on irait ainsi contre le but qu'on se propose. C'est ce qui est arrivé à Kant, dont la raison pratique ou le dogmatisme moral s'accorde assez mal, il faut bien le reconnaître, avec la raison spéculative ou le scepticisme métaphysique. C'est ce qui, avant lui, était arrivé aux Stoïciens, dont la morale toute rationaliste ne s'accorde guère mieux avec le sensualisme psychologique. Les anciens, d'ailleurs, auxquels Kant nous renvoie, nous ont donné ici un admirable exemple : en ne séparant pas la science et la sagesse, et en les confondant sous un même nom, non-seulement ils voulaient que l'on fît toujours de la seconde le but de la première, mais ils comprenaient aussi la première dans la seconde : pour eux la science était déjà par elle-même une vertu. On conçoit donc quelle importance la philosophie ancienne devait attacher à la question du souverain bien. Mais comment résolut-elle cette question? Elle considéra, en général, le souverain bien comme quelque chose de simple et non de composé, ou si elle y reconnut deux éléments, elle s'efforça de les ramener l'un à l'autre suivant un rapport d'identité; telle fut la méthode commune des Épicuriens et des Stoïciens. Mais comme, en suivant cette méthode, on pouvait choisir tel ou tel élément pour principe, sauf à y ramener ensuite le second, de

---

[1] *Nouveaux Essais sur l'Entendement humain*, liv. I, chap. I. — Éd. A Jacques, p. 14.

là, avec une seule et même méthode, deux solutions différentes, la solution épicurienne et la solution stoïcienne. Pour l'école d'Épicure et pour celle de Zénon, le souverain bien n'a qu'un terme, et le second des deux termes qu'on y distingue est contenu dans le premier; mais, pour celle-là, ce terme est le bonheur, dans lequel rentre la vertu, tandis que pour celle-ci, c'est la vertu, dans laquelle rentre le bonheur. C'est ainsi que Kant explique et la différence et le rapport de ces deux solutions[1] : elles diffèrent par le choix de l'élément qu'elles prennent pour principe; mais cet unique élément posé en principe, elles tentent d'y résoudre le second, et là est leur caractère commun. Si l'on demande aux Épicuriens : Qu'est-ce que le souverain bien? c'est le bonheur, répondront-ils; aux Stoïciens? la vertu. Mais, ajouteront les premiers, c'est justement à rechercher le bonheur, le vrai bonheur, celui qui naît de la sérénité de l'âme, que consiste la vertu; et, diront les seconds à leur tour, c'est dans la vertu, c'est-à-dire dans la domination de la raison, que réside le bonheur, de telle sorte que celui qui pratique la vertu est par cela même heureux. Ainsi ceux-là font rentrer la vertu dans le bonheur, dont elle n'est que la maxime; ceux-ci, le bonheur dans la vertu, dont il n'est que le sentiment naturel; les uns et les autres, tout en partant de principes opposés où ils font consister la nature du souverain bien, suivent cette méthode commune, qui est à savoir de résoudre l'un des deux éléments dans l'autre et de les

---

[1] Cf. plus haut, p. 154-155.

identifier au fond. Cette façon de distinguer et de rapprocher les solutions données par l'école d'Épicure et par celle de Zénon à la question du souverain bien, n'est pas seulement ingénieuse ; elle est admirablement juste : elle explique parfaitement ce qu'elles ont à la fois de divers et de commun, et donne la clef de certains rapports que l'on n'aperçoit pas sans étonnement entre des doctrines si opposées en principe. Mais Kant nous fait en même temps toucher du doigt, pour ainsi dire, le vice radical de ces deux solutions. Ce vice, c'est d'avoir voulu identifier deux éléments essentiellement distincts. Là est leur commune méthode, là aussi est leur erreur commune [1]. Il est absolument impossible de ramener la vertu au bonheur, car ce serait la détruire. Celui qui n'a en vue dans sa conduite que le bonheur qu'il en peut recueillir mérite peut-être le nom d'homme prudent ; il ne mérite pas celui d'homme vertueux. La sagesse qui n'a d'autre principe que la considération de son intérêt personnel, de son plaisir ou de son bonheur propre, n'est pas de la vertu. Personne, n'a mieux réfuté que Kant la doctrine qui prétend faire de l'intérêt personnel le principe fondamental de la morale, et n'a mieux montré que cette doctrine ruine la moralité dans son fondement [2]. La morale d'Épicure n'est pas, sans doute, aussi grossière qu'on l'en a souvent accusé, et Kant lui-même, son plus redoutable adversaire, s'est plu à lui rendre l'hommage qu'elle mérite [3] : tout en posant la recherche du

[1] Cf. plus haut, p. 185.
[2] Voyez plus haut, p. 90-95.
[3] Plus haut, p. 158-159.

bonheur comme la règle unique de notre conduite, elle ne le fait pas consister dans la satisfaction de nos passions, particulièrement de celles du corps, car elle voit bien que ces passions entraînent avec elles un trouble et un désordre qui ont pour effet de nous rendre misérables; elle recommande au contraire, au nom de notre bonheur même, de fuir ce désordre et ce trouble, et rechercher avant tout cette sérénité d'âme, cette paix intérieure, qui est la source du vrai bonheur : là est la sagesse. Fort bien, les Stoïciens eux-mêmes ne diraient pas mieux ; mais, si vous ne me parlez que de mon intérêt, de mon bonheur bien entendu, la sagesse que vous me recommandez n'est que de la prudence, ce n'est point de la vertu. Et puis, est-ce là une règle véritablement obligatoire? Nullement. Aussi la voyons-nous bientôt renversée par les sectateurs de la doctrine épicurienne, à tel point que, malgré l'honnêteté des intentions du maître, le titre d'épicurien finit par devenir synonyme d'homme déréglé et sans mœurs. Il faut donc reconnaître non-seulement que la vertu ne peut rentrer dans le bonheur, mais que lui-même est subordonné à un principe supérieur, et que, par conséquent, on ne peut définir le souverain bien par le bonheur. Mais, s'il est impossible de ramener la vertu au bonheur, comme ont fait les Épicuriens, peut-on, avec les Stoïciens, ramener le bonheur à la vertu? Ceux-ci ont du moins le mérite de ne pas détruire la vertu en la subordonnant au bonheur, car ils subordonnent au contraire le bonheur à la vertu, où ils ont bien vu qu'il fallait placer la règle suprême de la morale; mais ont-ils raison d'identifier le bonheur avec la vertu ? Arrêtons-nous un instant sur cette opinion des Stoïciens, qui consiste à regarder le bonheur comme la conséquence naturelle de la vertu, et à croire qu'il suffit d'être sage pour être par le fait même souverainement heureux. Elle mérite en effet d'être examinée avec quelque soin [1].

J'entends les Stoïciens me dire que l'homme est malheureux par sa faute ; qu'il est l'instrument de son propre supplice, et que, s'il était sage, il serait souverainement heureux. Selon eux, nous sommes les maîtres absolus de notre destinée ; notre bonheur est dans nos mains. L'homme est malheureux parce qu'il s'attache à des objets qui ne dépendent pas de lui. Il devient ainsi le jouet de la nature sur laquelle il n'a aucun empire. Il est esclave, il est misérable. Mais qu'il ne s'attache qu'à ce qui dépend de lui absolument, qu'il ne relève que de lui-même, qu'il reste libre : exempt de passions et indépendant de la nature extérieure, il sera souverainement heureux. Le bonheur, le parfait bonheur, consiste donc dans l'empire de soi, dans la pratique de la vertu : il est là tout entier, il n'est nulle part ailleurs.

Cette thèse d'une forte mais étroite doctrine mêle de grandes erreurs à de grandes vérités. Oui sans doute, l'homme est malheureux par sa faute, mais cela n'est vrai qu'en partie.

En se livrant à ses passions, c'est-à-dire aux mouvements aveugles et désordonnés de sa nature, il perd avec la santé du corps la paix du cœur et la tranquil-

---

[1] Les pages suivantes ont été déjà publiées dans la *Liberté de penser* (t. IV, p. 317), sous le titre de *Fragment sur le Bonheur*.

lité de l'âme. L'anxiété, la terreur, la douleur, le remords le torturent. Misérable tant qu'il n'a pas assouvi la passion qui le subjugue, misérable encore après l'avoir assouvie. Que de tourments, que de maux ne s'épargnerait-il pas, s'il était plus sage ! S'il s'appliquait avec courage et sans relâche à vaincre ses passions, d'une part il détruirait en lui peu à peu une source féconde de maux, et d'autre part il trouverait dans le sentiment de la victoire remportée sur lui-même la plus pure de toutes les jouissances.

Ce que je dis ici des passions est vrai aussi de l'imagination, leur compagne et leur auxiliaire. Que de tourments, que de maux l'homme ne s'épargnerait-il pas, s'il la contenait en de justes bornes, au lieu de la suivre en esclave ! Car que de tourments et que de maux n'ont de réalité que dans l'imagination, ou naissent de ses caprices et de ses égarements ! C'est elle qui fait les caractères fantasques et extravagants, c'est-à-dire les hommes les plus malheureux du monde. C'est elle qui enfante la superstition et le fanatisme, ces deux fléaux de l'humanité, qui, dénaturant et dégradant le plus pur et le plus sublime de tous les sentiments, le sentiment religieux, rétrécissent l'esprit, endurcissent le cœur, et chassent cette vertu divine qu'on appelle la charité, pour mettre à la place l'intolérance et la haine. Il y aurait un long et triste livre à écrire, même après Malebranche, sur les erreurs et les maux qu'engendre l'imagination.

Jusque-là tout est vrai ; et, si les Stoïciens s'étaient bornés à reconnaître le trouble et le désordre où nous jettent les passions déchaînées et une imagination déréglée, la tranquillité d'âme ou le bonheur intérieur qu'assure l'empire de soi ou la pratique de la vertu, ils n'auraient fait que proclamer au nom de la philosophie une vérité de sens commun. Mais de ce que l'homme se rend ainsi malheureux par sa faute, ils en ont conclu qu'il n'était malheureux que par sa faute; de ce que beaucoup de nos tourments et de nos misères naissent de l'imagination, ils en ont conclu qu'il en était ainsi de tous les maux ; et de ce que l'empire de soi, la vertu est en effet la principale garantie du bonheur, ils en ont conclu qu'elle était le bonheur tout entier. Noble mais fausse conclusion.

Retranchez de la vie humaine tous les maux qui accablent l'homme par sa faute, et tous ceux que se crée son imagination malade (j'avoue que le nombre en est grand), et voyez après cela quel sera son état.

Son corps est frêle et débile, exposé à la souffrance, en butte aux attaques de la nature extérieure ; faites donc qu'il ne sente pas la douleur! Le Stoïcien, tourmenté par la goutte, a beau dire que la douleur n'est point un mal, il souffre tout en la supportant. Le courage et la résignation sont des vertus sans doute, mais qui, comme toute vertu, supposent la souffrance.

Le cœur humain est sensible : il nous porte à aimer des créatures frêles et débiles comme nous : un père et une mère, à qui nous ne rendrons jamais ce que nous en avons reçu de tendresse et de soins; une femme, qui, d'abord maîtresse de notre cœur, devient la compagne de notre existence, l'ange tutélaire qui nous console et nous soutient au milieu des rudes labeurs de la vie ; des enfants, objets de nos plus chères espérances ; puis un frère, une sœur, puis des amis, puis tous les hommes, car tous les hommes sont frères. Il y a place dans notre cœur pour toutes ces affections. Dès lors notre bonheur n'est plus dans nos mains ; il est en quelque sorte répandu sur toutes ces têtes. Si nous sommes heureux de leur bonheur, nous sommes malheureux de leur malheur. Les dangers qui les menacent nous remplissent d'inquiétude et de chagrin ; la mort qui les frappe nous jette dans la douleur et le désespoir. Cette jeune fille, si belle et si pure, faisait le bonheur et l'honneur de sa mère. Depuis le jour de souffrance et de joie où cette heureuse mère avait mis au monde cette petite créature tant désirée, elle n'avait cessé un seul instant de l'entourer des plus tendres soins. Et voilà qu'une mort impitoyable la ravit à sa tendresse et à ses espérances. La tombe ensevelit tant de jeunesse et de beauté, l'objet de tant de soins et de tant d'amour. Hier la joie régnait dans cette maison, aujourd'hui la douleur. Pauvre mère, il eût mieux valu pour toi n'avoir jamais connu les douceurs de l'amour maternel, tu n'en connaîtrais pas aujourd'hui l'amertume ! A chaque instant souffrent et tombent autour de nous des personnes qui nous sont chères. Il faut se quitter pour jamais ! Jamais, mot affreux dans la bouche de ceux qui restent pour pleurer ceux qui s'en vont. Si vous voulez que je sois heureux, arrachez donc de mon cœur tous ces sentiments qu'y a déposés la Providence ; ou, si vous les y laissez, ils me donneront un peu de bonheur sans doute, mais au prix de combien d'inquiétude et de tourment ! Quoi qu'il en soit, il faut aimer ; c'est un besoin et un devoir. Celui qui, pour éviter les chagrins que peuvent amener les attachements de ce monde, ferme son cœur à toutes les affections, celui-là n'est qu'un misérable égoïste.

J'ai parlé du cœur, il faut parler de l'intelligence. Que de peines ne coûte pas la recherche de la vérité; et nous satisfait-elle jamais? J'en conviens, après le contentement que donne la vertu, il n'y a pas de plaisirs plus purs et plus certains que ceux de l'esprit. Mais ces plaisirs ne vont pas sans un mélange de peine. L'intelligence est faible et bornée. Elle ne peut s'appliquer qu'à une chose à la fois, et elle se fatigue vite; on est éminent, comme on dit, dans une partie de la science humaine, mais à peu près ignorant de toutes les autres. Où sont et que sont les esprits universels? Et d'ailleurs qu'est-ce que la science humaine? La science humaine, disait admirablement M. Royer-Collard [1], est complète, quand elle a fait remonter l'ignorance jusqu'à sa source la plus élevée. Les choses qui excitent le plus notre curiosité et notre intérêt sont précisément celles qui nous sont le plus impénétrables : Dieu et notre destinée; Dieu se voile à nos regards, *Deus absconditus*, et notre destinée est une énigme en grande partie indéchiffrable. Faut-il, pour cela, proscrire la science et la philosophie; et, parce que nous ne pouvons tout savoir, condamner notre intelligence à tout ignorer, même sa nature et ses limites? En vérité, qui oserait porter une telle sentence et rabaisser à ce point l'humanité? Celui-là est plus sage qui veut qu'ici, comme partout, nous sachions borner nos prétentions

---

[1] Leçon déjà citée.

et nos désirs. Sans doute ; mais l'esprit humain est trop grand pour ne pas être ambitieux, encore qu'il soit trop faible pour pouvoir satisfaire son ambition. Comment ne souffrirait-il pas de se trouver incapable de résoudre de sublimes problèmes qu'il est capable de poser?

L'artiste est-il plus heureux que le savant ou le philosophe? Même avec du génie, il souffre ordinairement de deux manières : il voit son œuvre à peine appréciée de quelques-uns, méconnue, dédaignée par la foule, dénigrée par l'envie et la routine ; et, tandis qu'il souffre de tant d'injustice, il sent lui-même, mieux que personne, combien cette œuvre est encore éloignée de la perfection qu'il conçoit vaguement, sans pouvoir la reproduire. Faut-il donc s'étonner si une certaine mélancolie courbe le front de l'artiste, comme celui du savant et du penseur?

Et quand l'homme vient à considérer ce qu'il est sur la terre et dans le monde, un atome perdu dans un coin de cette planète, qui n'est elle-même qu'un point imperceptible dans l'immensité des choses, enfant sorti avec effort du sein d'une créature semblable à lui, à peine né remplissant l'air de ses cris,

ut æquum est
Quoi tantum in vita restet transire malorum,

puis soutenant péniblement sa vie, puis assistant à sa propre décadence, jusqu'à ce qu'il rende à la terre la matière dont il est formé, cette pensée n'a-t-elle pas de quoi le confondre et l'attrister?

Écrasé par cette pensée, l'homme, il est vrai, se

relève par la vertu. Mais toutes les souffrances physiques et morales dont je parlais tout-à-l'heure, et qui, il faut bien l'avouer, ne sont pas absolument chimériques, tombent sur l'homme vertueux comme sur tout autre. La nature ne l'épargne pas plus qu'un autre : elle lui enlève ses biens si honorablement gagnés, si noblement dépensés, la compagne de sa vie, les soutiens et la consolation de sa vieillesse. Veut-on qu'il soit insensible à ces malheurs, qu'il assiste d'un œil sec aux funérailles de ses enfants? Il est soumis comme le méchant à tous les maux de la nature ; et, s'il y trouve une compensation dans sa bonne conscience, cette compensation ne le rend pas absolument indifférent à tout le reste. D'ailleurs que de sacrifices la vertu n'exige-t-elle pas par elle-même ! L'homme qui préfère le dernier supplice à une action honteuse, n'a-t-il rien à regretter en quittant cette vie, et dirons-nous avec les Stoïciens que le parfait bonheur monte avec lui sur l'échafaud? La satisfaction que donne l'accomplissement du devoir le soutient sans doute, mais il est homme et il souffre. A ce fier Stoïcien, qui n'a presque plus rien d'humain, je préfère ce divin modèle que le Christianisme nous propose : au moment où va se consommer le suprême sacrifice, son front se couvre d'une sueur froide, et il prie son père d'éloigner de lui ce calice d'amertume. Tous les hommes ne sont pas soumis à l'épreuve d'une mort violente et du dernier supplice, mais dans la vie ordinaire la vertu ne coûte-t-elle rien? Ne nous oblige-t-elle pas à lui sacrifier nos plaisirs, nos plus chers intérêts, ce que nous appelons notre bonheur. Puis, si l'homme trouve dans la conscience d'une vie honnête une douce satisfaction, cette satisfaction doit toujours être mêlée du sentiment de la faiblesse et de la fragilité humaine ; l'orgueil sied mal à l'homme, et l'humilité, c'est-à-dire la modestie, est aussi une vertu. Enfin, quel spectacle frappe les regards de l'homme de bien? Lui si sincère, si droit, si généreux, si bon, il ne voit autour de lui que mensonge, fourberie, avarice, méchanceté, tous les vices et tous les crimes. Rien de vil, rien d'odieux dont les hommes ne soient souillés. Encore si le vice et le crime recevaient toujours leur châtiment; mais ils marchent souvent la tête haute. L'intrigue usurpe la place qui appartient au mérite. A voir la vertu si peu pratiquée, si mal récompensée, l'honnête homme ne souffre-t-il pas, et n'y a-t-il pas là pour lui une peine d'autant plus vive que le bien est plus cher à son cœur?

Les Stoïciens ont donc eu tort d'identifier le bonheur avec la sagesse, et de prétendre que, comme il dépend de l'homme d'être parfaitement sage, il dépend de lui d'être parfaitement heureux. Ils n'ont pu soutenir cette opinion qu'en nous arrachant notre cœur et nos entrailles, c'est-à-dire en mutilant notre nature pour lui attribuer je ne sais quelle perfection imaginaire.

Concluons donc avec Kant que l'on ne peut ni ramener la vertu au bonheur, comme font les Épicuriens, puisque ce serait détruire la vertu elle-même, ni le bonheur à la vertu, comme font les Stoïciens, puisque le bonheur n'est pas absolument en notre pouvoir, mais seulement la vertu. Concluons aussi qu'il est impossible de définir le souverain bien, avec les premiers, par le bonheur, et avec les seconds, par la vertu. L'homme sans doute aspire naturellement au bonheur : c'est là le but où il tend inévitablement, comme être sensible ; mais, au-dessus du bonheur, il conçoit par sa raison quelque chose à quoi la recherche et la possession du bonheur sont elles-mêmes subordonnées, et qui en est ainsi la condition suprême, à savoir la vertu. Le bonheur tout seul n'est donc pas le souverain bien, puisqu'il y a quelque chose au-dessus de lui. Mais, d'un autre côté, le souverain bien ne réside pas non plus uniquement dans la vertu ; car supposez la vertu sans le bonheur : quelque chose manque pour que tout soit bien, et il ne faut plus, par conséquent, parler de souverain bien. Celui-ci suppose donc à la fois la vertu et le bonheur ; et, s'il est impossible de ramener l'une de ces deux choses à l'autre, comme l'ont cru à tort les Épicuriens et les Stoïciens, nous ne saurions les séparer dans l'idée que nous devons nous faire du souverain bien : nous les concevons au contraire comme nécessairement liées, suivant un rapport, non d'identité, mais de subordination et de dépendance. Dans quel ordre ? c'est encore ce qui ressort de ce qui précède. Ce n'est pas la vertu qui peut être considérée comme subordonnée au bonheur ou comme en dépendant, mais au contraire le bonheur qui doit être envisagé comme subordonné à la vertu : nous concevons celle-ci comme étant la condition suprême du bonheur et comme en devant être nécessairement le principe. Nous concevons en effet que la vertu doit nécessairement avoir pour conséquence le bonheur, et c'est dans cette harmonie de la vertu, comme principe, et du bonheur, comme conséquence, que nous devons placer le souverain bien.

Telle est la définition que Kant propose à son tour du souverain bien : le bonheur mérité par la vertu[1]. Il ajoute avec raison qu'en faisant entrer ainsi dans l'idée du souverain bien le bonheur avec la vertu et en donnant cette idée pour objet à notre activité, il n'ôte rien à la pureté du principe qui nous doit déterminer dans les actions morales[2]. Ce principe ne peut être que la valeur intrinsèque de ces actions ou leur conformité avec la loi morale, et non la considération du bonheur qui en doit résulter, car cette considération enlèverait à ces actions tout mérite, et, par conséquent, tout droit au bonheur ; mais, cette condition remplie, il est légitime et même nécessaire de considérer le bonheur comme devant être la conséquence de la pratique désintéressée du bien, ou de ce que l'on appelle la vertu.

Je ne fais guère en tout ceci que développer la pensée de Kant. Il me paraît avoir très-bien montré le vice des deux célèbres définitions que les Épicuriens et les Stoïciens donnaient du souverain bien ; et celle qu'il propose à son tour a le grand mérite d'embrasser, en les liant sans les confondre, les deux éléments que ces deux écoles s'étaient en quelque sorte partagés, en adoptant chacune l'un des deux, sauf à y faire ensuite rentrer l'autre. Kant a parfaitement vu que le souverain bien n'est pas, comme le voulaient les Épicuriens, tout entier dans le bonheur, dont la vertu ne serait que

[1] Voyez plus haut, p. 153.
[2] Plus haut, p. 152-153 — Cf. p. 42-43, et p. 172.

la maxime, et il a supérieurement relevé le vice de cette définition. Il a parfaitement vu aussi qu'il n'est pas non plus tout entier dans la vertu, comme le voulaient les Stoïciens, en identifiant le bonheur avec la vertu. D'où il concluait fort bien que, puisqu'il n'est tout entier ni dans le bonheur, ni dans la vertu, il faut, s'il est quelque part, qu'il soit dans l'un et l'autre à la fois. Quoi de plus élevé et de plus noble que cette manière d'envisager notre destination et la suprême raison de notre existence : l'homme n'a pas été fait pour s'occuper uniquement de son bonheur, mais pour travailler à s'en rendre digne et pour l'obtenir par son propre mérite [1]! Jouir du bonheur que l'on a mérité ou dont on s'est rendu digne, voilà donc le souverain bien pour Kant. Je crois cependant qu'il y a quelque chose à reprendre dans cette opinion, qui ne comprend le bonheur dans le souverain bien qu'à titre de récompense de la vertu, et qu'il faut étendre ici la pensée de notre philosophe. Il a très-bien vu que, si le bonheur n'est pas, comme le prétendaient les Épicuriens, le souverain bien tout entier et le but unique de notre existence, il est impossible aussi de l'exclure du souverain bien, et il en a fait la conséquence nécessaire ou comme la récompense de la vertu. Mais le bonheur et le soin de notre bonheur ne sont-ils pas légitimes par eux-mêmes, toutes les fois qu'ils ne blessent aucune loi de la raison ? Sans doute ils cesseraient de l'être, si, comme il arrive dans cer-

---

[1] Voyez plus haut, p. 17. — Cf. *Critique du Jugement*, trad. franç. t. I, p. 154, et *Examen de la Critique du Jugement*, p. 277.

tains cas, la raison nous ordonnait de les sacrifier au devoir, ou si nous nous en étions rendus indignes par notre conduite, et c'est encore ce que Kant a très-bien vu : le bonheur n'est vraiment un bien qu'à la condition que nous ne nous en soyons pas rendus indignes. Mais ne peut-il avoir de prix pour nous qu'autant qu'il est en quelque sorte la récompense de notre vertu, et n'est-il un bien qu'à ce titre? Ou n'est-il pas par lui-même, sous la condition que je viens de dire, un bien qu'il nous est permis de désirer et un but auquel il est légitime de tendre? S'il n'en était pas ainsi, pourquoi ce penchant, cette aspiration au bonheur qui s'éveille en nous avec notre existence et qui est comme la loi de notre nature sensible, ainsi que Kant l'a très-bien reconnu lui-même [1]? Il faut donc convenir que cette aspiration naturelle est par elle-même légitime, en tant qu'elle n'est point en contradiction avec quelque loi de la raison, et que, sous cette condition, le bonheur est par lui-même un bien désirable. Kant a raison de le subordonner à un principe supérieur, puisque, pour être légitimement poursuivi et possédé, il faut qu'il n'ait rien de contraire aux lois morales, auxquelles dans certains cas, notre devoir est de le sacrifier, et que nous ne nous en soyons pas rendus indignes par notre conduite; mais, cette condition remplie, il est vraiment un bien, sans avoir besoin pour cela d'être considéré comme une conséquence de la vertu : car il est alors conforme à l'ordre et à notre destination. Sans doute aussi nous concevons qu'une certaine participa-

---

[1] Voyez plus haut, p. 113.

tion au bonheur doit être la conséquence de la vertu ; mais, encore une fois, le bonheur n'est pas seulement un bien pour l'homme à ce titre : il l'est encore comme représentant la satisfaction de sa nature et par conséquent l'accomplissement de sa destination [1]. C'est donc en ce sens qu'il faudrait interpréter cette définition du souverain bien : l'harmonie du bonheur et de la vertu.

J'ajoute même que si, par souverain bien, on entend, comme il est juste, porté à son plus haut degré de perfection, tout ce que l'humanité conçoit et poursuit comme son bien, le souverain bien doit embrasser tous les éléments de notre nature. Qui dit en effet le souverain bien pour l'homme, dit le bien le plus complet et le plus parfait que nous puissions concevoir et poursuivre, sinon atteindre et réaliser. Or ce bien le plus complet et le plus parfait possible, sinon en réalité, du moins en idée, qu'est-ce autre chose que le plus complet et le plus parfait accomplissement possible de notre destination, c'est-à-dire encore le plus complet et le plus parfait développement possible de notre nature ? En dehors de là, on ne se fera du souverain bien qu'une idée ou trop générale, et, par conséquent, vague, ou trop étroite, et, par conséquent, exclusive. Si l'on veut déterminer cette idée et la déterminer complétement, il faut envisager la nature humaine tout entière et dans toute la perfection qu'on y peut concevoir. Là est pour nous l'idée du souverain bien, comme là est celle de l'accomplissement le plus complet et le plus parfait possible de notre destination.

[1] Cf. *Examen de la Critique du Jugement*, p. 277-278.

Le souverain bien, qui n'est autre chose que l'accomplissement le plus complet et le plus parfait possible de notre destination, lequel n'est lui-même autre chose que le développement le plus complet et le plus parfait possible de notre nature, doit donc, comme je disais tout-à-l'heure, embrasser tous les éléments de cette nature, depuis les fonctions du corps jusqu'aux plus hautes facultés de l'âme. Supposez tous ces éléments, facultés physiques et facultés intellectuelles et morales, portées, dans leurs fonctions propres et dans leurs rapports réciproques, à leur plus haut degré de perfection et d'harmonie, vous avez le plus complet et et le plus parfait accomplissement possible de notre destination, ou ce que l'homme peut et doit envisager comme le souverain bien [1]. Ce n'est là, sans doute, qu'un idéal que nous pouvons bien concevoir, mais que nous ne saurions nous flatter d'atteindre ; cependant nous ne l'en poursuivons pas moins ou n'en devons pas moins le poursuivre : car, s'il ne nous est pas donné de l'atteindre, nous pouvons du moins nous en rapprocher de plus en plus, et cela est encore plus vrai de l'humanité que de l'individu. Telle est aussi notre véritable destination : elle consiste moins à réaliser l'idée de son plus complet et de son plus parfait accomplissement, qu'à tenter de nous en approcher toujours davantage par des efforts sans cesse renouvelés, et à contribuer en même temps au progrès de l'humanité vers le même but.

Mais revenons à Kant, dont les précédentes observa-

---

[1] Voyez encore sur ce point l'ouvrage de M. Vacherot, déjà cité, p. 410-419.

tions ne m'empêchent pas d'accepter la pensée : car, si je la regarde comme étroite sur ce point, quoiqu'elle soit déjà beaucoup plus large que celle des Épicuriens et des Stoïciens, je ne l'en tiens pas moins pour vraie en ce qu'elle renferme. Reprenons-la donc telle qu'elle est, pour en suivre avec lui les importantes conséquences.

Selon ce philosophe, qui ne fait d'ailleurs en ceci que reconnaître une vérité nécessaire, la raison conçoit que la pratique désintéressée du bien, ou la vertu, doit avoir pour conséquence une certaine somme de bonheur proportionnée à ce qu'elle mérite. Or, poursuit-il, suivant l'ordre de la nature, les conséquences de nos actions ne peuvent être que les effets qui résultent nécessairement, d'après les lois mêmes de la nature, de nos actions comme de faits naturels, non comme de faits moraux, et elles ne se règlent nullement sur les intentions, où pourtant réside toute la valeur morale des actions. Il suit de là que l'exacte harmonie de la vertu comme principe et du bonheur comme conséquence est *impossible* dans l'ordre de la nature. Pourtant la raison la proclame nécessaire, et, par conséquent, *possible*. N'y a-t-il pas là une contradiction ? Tel est la difficulté que Kant signale ici[1], sous la forme d'une antinomie analogue à celles de la raison spéculative, et qu'il importe, comme il le remarque[2], d'écarter de la morale, si l'on ne veut mettre en péril l'autorité de la loi morale même, à la pratique de laquelle la raison, qui nous l'impose, promet le

---

[1] Voyez plus haut, p. 156-157.
[2] *Ibid.* p. 157.

bonheur pour récompense. On se rappelle la solution qu'il en donne[1]. Selon lui, la contradiction n'est qu'apparente, et elle s'évanouit, lorsqu'au lieu de prendre l'ordre naturel, dont nous parlions tout-à-l'heure, pour celui des *choses en soi*, on n'y voit qu'un ordre de *phénomènes*, au-dessus duquel on conçoit un ordre de choses tout-à-fait indépendant des conditions auxquelles le premier est soumis : dès-lors, pour rappeler des paroles déjà citées[2], « *il n'est pas impossible que la moralité de l'intention ait, comme cause, avec le bonheur, comme effet dans le monde sensible, une connexion nécessaire, sinon immédiate, du moins médiate (par le moyen d'un auteur intelligible du monde).* » Sans trop presser le sens de cette doctrine, et en l'interprétant d'un manière un peu large, il est vrai de reconnaître que, s'il n'y avait d'autre ordre de choses que celui de l'aveugle nature, l'harmonie de la vertu et du bonheur, conçue par la raison comme nécessaire, et partant comme possible, deviendrait absolument impossible ; mais que, précisément (entre autres motifs) parce que la raison conçoit cette harmonie comme nécessaire, et que, par conséquent, il faut bien qu'elle soit possible, nous ne saurions nous arrêter là, et nous empêcher de concevoir et d'admettre un ordre de choses tout différent, où puisse régner l'harmonie entre la nature et la raison. Mais remarquons aussi qu'en établissant cette thèse, nous faisons disparaître l'antithèse, dont il n'y a plus lieu dès-lors de tenir compte, et qu'ainsi la vraie solution de l'an-

[1] *Ibid.*
[2] *Ibid.*

tinomie kantienne consiste à montrer, non pas que la contradiction n'est qu'apparente, mais que l'une des thèses détruit l'autre. L'antinomie de la *liberté* et de la *nécessité* nous avait déjà suggéré une remarque analogue [1]. Reconnaissons d'ailleurs que cette nouvelle antinomie, comme l'autre, cache une très-grave difficulté, ou, pour mieux dire, un mystère : celui de l'accord de ces deux choses si opposées en apparence, la *nature* et la *raison*. Mais quelque difficile à comprendre, quelque impénétrable qu'il soit, disons avec Kant, qu'il faut bien que cet accord soit possible, puisqu'il est nécessaire. Reste à en déterminer la condition suprême; ici encore, en suivant Kant, jusqu'à un certain point du moins, nous suivrons la raison même.

Nous touchons aux *postulats de la raison pratique*. On sait qu'il désigne sous ce nom [2] les conditions qu'exige la réalisation du souverain bien et dont la raison pratique, en nous le présentant comme l'objet nécessaire de notre activité morale, établit par là même la réalité. En effet, si elle nous fait un devoir de le poursuivre et s'il n'est possible que sous certaines conditions, il faut bien admettre ces conditions ; et celles-ci deviennent ainsi autant de dogmes, qui, quoique placés au-dessus de la portée de la raison spéculative, sont établis par la raison pratique sur le fondement de l'idée du devoir, laquelle leur communique sa propre certitude. Au premier rang de ces conditions Kant place la *liberté*, sans laquelle le *devoir* même serait un non-

[1] Voyez plus haut, p. 263.
[2] Plus haut, p. 162-163.

sens, et qui, par conséquent, doit être nécessairement admise en même temps que lui. Nous nous sommes déjà trop arrêtés sur ce point, pour avoir besoin d'y revenir. Mais ce n'est là encore qu'une condition de la possibilité du souverain bien : celle qui nous permet d'y travailler; celle-là relève entièrement de nous : c'est une faculté dont nous disposons [1]. Or la réalisation du souverain bien n'est pas une chose qui dépende tout à fait de nous : il dépend de nous de pratiquer la vertu, et c'est par là que nous pouvons concourir pour notre part à l'accomplissement du souverain bien ; mais la possibilité de cet accomplissement suppose d'autres conditions, qui, bien qu'elles ne soient plus en notre pouvoir, n'en doivent pas moins être admises avec la liberté, à savoir l'immortalité de l'âme et l'existence de Dieu, lesquelles deviennent ainsi deux nouveaux postulats de la raison pratique. Rappelons comment Kant y arrive.

On a vu qu'il distingue deux éléments dans le souverain bien, et que le premier de ces éléments est la vertu, ou, pour mieux dire, la sainteté, car, comme il donne pour idéal à la vertu la sainteté, et que, quand on parle du souverain bien, il s'agit de ce que nous pouvons concevoir de plus élevé et de plus parfait, c'est plutôt dans la sainteté que dans la vertu que nous en devons placer le premier élément. La sainteté, tel est donc le but suprême où la raison nous fait un devoir de tendre par tous nos efforts. Mais ce

---

[1] Cf. plus haut, p. 162.

but, qu'elle nous ordonne de poursuivre, pouvons-nous l'atteindre dans le cours de cette vie ou en général dans celui d'une existence bornée? Nullement, selon Kant ; la sainteté n'est pas pour les créatures morales un état où elles puissent arriver à un moment donné de leur existence, mais elles peuvent s'en rapprocher à l'infini ; et c'est uniquement dans ce progrès s'étendant à l'infini et qui est un tout aux yeux de Dieu, pour qui la condition du temps n'est rien, c'est uniquement, dis-je, dans ce progrès infini que peut résider la sainteté des créatures. Si donc celle-ci n'est point un idéal fantastique, comme elle ne peut être réalisée qu'au moyen d'un progrès infini, et qu'il n'est lui-même possible qu'au moyen d'une vie immortelle, il faut admettre que l'âme, à qui la raison impose le devoir de tendre à ce but, est en effet immortelle. Tel est le fondement sur lequel Kant établit le dogme de l'immortalité de l'âme, que la raison spéculative était, selon lui, impuissante à prouver[1].

J'ai voulu, en rappelant cette démonstration, lui conserver la forme que lui a donnée son auteur, afin qu'on puisse la juger, telle qu'il nous la présente lui-même. On voit qu'il ne cherche pas ici, comme on le fait ordinairement, à prouver l'immortalité de l'âme par la nécessité d'admettre une autre vie où les actions accomplies en celle-ci puissent recevoir les récompenses et les châtiments qui leur sont dus. Telle n'est pas la preuve à laquelle il s'arrête ; et, quoiqu'il ne se soit pas du tout expliqué sur ce point, il est permis de

[1] Cf. plus haut, p. 104-105.

penser qu'il ne la regardait pas comme suffisante, au moins en tant qu'il s'agit de démontrer l'immortalité de l'âme : car, si l'on établit la nécessité d'admettre une autre vie où chacun puisse être récompensé ou puni selon ses œuvres, on n'établit nullement par là celle d'admettre des récompenses et des châtiments éternels, et, par conséquent, l'immortalité de l'âme. Quoi qu'il en soit, c'est sur un autre fondement que Kant établit cette idée : il faut, pense-t-il, que l'âme soit immortelle, pour pouvoir continuer indéfiniment ce progrès vers la sainteté dont la raison lui fait un devoir. Quelle est la valeur de cette nouvelle démonstration qui lui appartient, ou du moins à laquelle on peut dire qu'il a attaché son nom ? Je ne lui reprocherai pas de demander à la raison pratique ou à la morale la preuve d'une idée qu'il a déclarée au-dessus de la portée de la raison spéculative ; car la vérité est qu'il n'y a guère de preuve théorique à donner de l'immortalité de l'âme, et que, s'il est possible de la démontrer de quelque manière, ce ne peut être que par des raisons tirées de l'ordre moral, ou, comme dit Kant, de la raison pratique. La démonstration, par exemple, que l'on a longtemps fondée sur la nature de l'âme, ne prouve qu'une chose, c'est que l'âme, étant distincte du corps, peut lui survivre, mais non pas qu'elle le doive nécessairement. La spiritualité de l'âme n'est qu'une condition de la possibilité de sa survivance ; elle n'est pas la preuve de cette survivance même. Mais la démonstration admise par Kant est-elle de nature à satisfaire un esprit critique et formé à son école ? Je ne m'arrêterai pas sur ce qu'il y a d'obscur et d'impénétrable dans cette idée d'un progrès qui se continue indéfiniment sans jamais atteindre son terme, et qui pourtant, dans sa totalité, équivaut, aux yeux de Dieu, à la possession de l'objet qu'il poursuit éternellement. Quelles peuvent être d'ailleurs les conditions et la forme de ce progrès dans une vie autre que celle-ci? Ce sont là des points que Kant s'est gardé d'approfondir, et auxquels il ne semble pas même avoir songé. Aussi bien faut-il convenir que l'idée de l'immortalité de l'âme est enveloppée d'une si profonde obscurité et de si épaisses ténèbres, que, même en l'acceptant, il faut renoncer à la déterminer, et qu'on n'y saurait penser sans une sorte de vertige. C'est déjà beaucoup pour l'esprit humain, s'il peut montrer qu'elle n'a rien de contradictoire, et qu'elle est en outre suffisamment établie. Mais la preuve qu'en donne Kant est-elle, je ne dis pas propre à satisfaire entièrement l'esprit, ce serait demander l'impossible en pareille matière, mais du moins suffisante? Je ne reviens pas ici sur la nature de l'idéal qu'il propose, au nom de la raison pratique, à l'activité humaine, et je lui accorde que la sainteté est en effet un idéal que nul homme ne peut se flatter d'atteindre ici bas; mais, de ce que la raison nous propose un idéal que nous devons poursuivre dans cette vie, sans pouvoir l'atteindre, s'en suit-il, d'une manière absolument nécessaire, que le progrès de l'âme vers cet idéal doive se poursuivre au-delà et se poursuivre éternellement? Et de ce que nous ne pouvons le réaliser dans cette vie, c'est-à-dire atteindre à la perfection morale, s'ensuit-il qu'il faille, ou admettre l'immortalité de l'âme, ou rejeter cet idéal même comme quelque chose de fantastique et de faux ? Ou plutôt, quelles que doivent être nos destinées ultérieures, la perfection morale ne reste-t-elle pas toujours le modèle dont nous devons nous efforcer de nous rapprocher ? L'idéal désigne le plus haut degré de perfection qu'il nous soit donné de concevoir ; or, quand même notre infirme nature ne nous permettrait pas d'atteindre à ce degré, puisqu'elle est capable de le concevoir comme le modèle que la raison lui propose, elle n'en aurait pas moins le devoir de le poursuivre. On peut donc contester la nécessité de cette conséquence où l'on serait conduit, selon Kant, en rejetant ou en révoquant en doute le dogme de l'immortalité de l'âme : ou bien de dépouiller la loi morale de sa sainteté pour l'adapter aux commodités de cette vie, ou bien de regarder comme accessible en cette vie même le terme inaccessible que notre destination est de poursuivre sans cesse et de s'attribuer ainsi une perfection imaginaire ; dans l'un et l'autre cas, d'arrêter cet effort incessant vers la sainteté morale dont la raison nous fait un devoir. Kant reproche aux Stoïciens d'être justement tombés, faute d'avoir admis l'immortalité de l'âme, dans la seconde de ces erreurs : ils font de la sagesse, qu'ils proposent aux hommes pour modèle, non point un idéal dont nous devions tendre à nous rapprocher le plus possible, sans pouvoir nous flatter de le réaliser jamais entièrement, mais un état où nous pouvons arriver et nous maintenir en cette vie, et ils tendent ainsi à nous inspirer un orgueil et une quiétude qui ne nous conviennent guère. Nous l'avons vu [1]

---

[1] Plus haut, p. 168.

opposer sur ce point à la doctrine des Stoïciens celle du Christianisme, pour qui la sainteté est un idéal que nous devons sans cesse poursuivre de tous nos efforts, mais sans pouvoir nous flatter de l'atteindre jamais, en cette vie du moins, si bien que l'humilité, qui naît du sentiment de notre infirmité et de notre fragilité morale, doit toujours venir tempérer le contentement que nous donne la conscience du bien accompli, et que nous ne sommes jamais au-dessus de l'effort et de la lutte. Quelle que soit la justesse du reproche adressé ici par Kant aux Stoïciens, et la supériorité de la doctrine chrétienne sur celle du Stoïcisme, toujours est-il que celui qui nierait ou révoquerait en doute l'immortalité de l'âme, n'en concevrait pas moins la perfection morale comme le modèle idéal de sa conduite, et que, tout en reconnaissant qu'il ne saurait se flatter de pouvoir arriver à cette hauteur et s'y maintenir avec une entière sécurité, il devrait encore travailler à s'en rapprocher le plus possible par des efforts incessamment renouvelés. Ne pourrait-on pas d'ailleurs reprocher ici à Kant d'avoir exagéré à son tour la doctrine chrétienne, qui présente bien la sainteté comme une perfection idéale où nul, dans cette vie, ne peut se flatter d'arriver et de se maintenir sans effort et sans lutte, partant sans crainte, mais qui assigne pourtant un terme, dans le sein de Dieu, à cet effort et à cette lutte? Et s'il est vrai qu'en supprimant l'immortalité de l'âme, on ne concevrait pas l'effort et le progrès qui auraient pour but un idéal inaccessible en cette vie, n'est-il pas bien plus vrai qu'en admettant cette immortalité, on ne conçoit guère un effort et un progrès qui ne pourraient avoir de terme, mais qui s'étendraient à l'infini ? Ce n'est pas d'ailleurs que je prétende refuser toute valeur à la preuve kantienne. Certes, il est bien difficile d'admettre qu'un être, né pour concevoir et poursuivre un but si sublime, puisse rentrer ensuite tout entier dans le néant. Quoi ! j'aurai consacré toute ma vie à la poursuite de cet idéal qu'il m'est donné de concevoir et ordonné de poursuivre ; je m'en serai chaque jour rapproché davantage par des efforts constants, et le terme de ce progrès sera le néant ! Est-ce là l'idée que nous devons nous faire de notre destinée ? Non, sans doute. Mais aussi, pourrait-on demander à Kant, quelle immortalité doit attendre celui qui n'a pas même commencé dans cette vie le progrès dont la raison lui fait un devoir ? C'est à quoi son argument ne répond pas le moins du monde. On voit donc tous les *desiderata* qu'il laisse subsister, et je m'étonne qu'ils aient échappé à un esprit aussi profondément critique et d'ordinaire si exigeant. Il semble avoir craint de trop s'appesantir sur une aussi délicate matière ; mais ce scrupule ne serait guère conforme à ses principes et à ses habitudes. Le premier devoir de la philosophie est, selon lui, de ne dissimuler en aucune question aucune difficulté : il ne faut ni manquer de franchise, ni chercher à se faire illusion à soi-même, mais scruter partout le fort et le faible. Kant n'oublie pas sans doute ce précepte qu'il a tant de fois prêché et qu'il sait ordinairement si bien pratiquer ; mais peut-être serait-on fondé à lui reprocher ici un peu trop de facilité. C'est qu'aussi, pour dire toute ma pensée, l'immortalité de l'âme n'est pas de ces choses qui se démontrent rigoureusement : les arguments que l'on peut alléguer en faveur de ce dogme sont plutôt des présomptions que des preuves absolument certaines. Telle est aussi la conclusion qui ressort de cet admirable dialogue de Platon où Socrate, sur le point de boire la ciguë, s'entretient avec ses amis de ce grand sujet, et je ne crois pas que la philosophie soit à l'heure qu'il est beaucoup plus avancée sur ce point. Je m'étonne donc que le père de la philosophie critique se soit ici contenté si aisément ; mais il est certain aussi que, si la preuve à laquelle il s'arrête donne lieu, surtout dans la forme dont il l'a revêtue, à de graves objections, et, de quelque façon qu'on l'interprète, n'implique pas une absolue certitude, elle contient du moins une des plus fortes présomptions que l'on puisse invoquer en faveur du dogme de l'immortalité de l'âme.

Nous avons tout-à-l'heure reproché à Kant de s'être montré trop facile sur un des points les plus épineux et les plus controversables de la philosophie, nous allons avoir maintenant à lui reprocher une excessive réserve sur la question de l'existence et des attributs de Dieu, le dernier des postulats de la raison pratique.

On l'a vu plus haut[1], selon Kant, qui ne fait ici que constater une loi de la raison, la vertu ou la sainteté appelle, comme sa conséquence nécessaire, une certaine somme de bonheur proportionnée à son mérite. Or, on l'a vu aussi[2], cette harmonie entre la vertu et le bonheur, qui est l'ordre véritable aux yeux

[1] P. 153.
[2] P. 166.

de la raison, et sans laquelle, par conséquent, il n'y a plus que désordre, il est impossible d'admettre qu'elle dérive du cours même de la nature; nous ne la concevons comme possible qu'au moyen d'une cause suprême, douée d'intelligence et de volonté, en un mot d'un être tel que celui que nous concevons sous le nom de Dieu. Donc, puisque l'harmonie de la vertu ou du bonheur, ou, d'un seul mot, le souverain bien, constitue un ordre de choses nécessaire aux yeux de la raison, qui nous ordonne d'y travailler autant qu'il est en nous, et que, si nous y pouvons concourir pour notre part, comme c'est aussi notre devoir, en pratiquant la vertu et en nous rendant ainsi dignes du bonheur, nous ne pouvons le réaliser tout entier par nous-mêmes ni en concevoir la réalisation comme possible sans Dieu, il faut admettre, avec la nécessité du souverain bien, l'existence de Dieu, et en Dieu des attributs qui rendent le souverain bien possible dans le monde.

Il n'y aurait rien à objecter contre cet argument, si Kant ne l'avait admis à l'exclusion de tous les autres [1]. C'est en effet une excellente preuve de l'existence de Dieu que celle qui se fonde sur la loi du mérite et du démérite : ou il faut rejeter cette loi comme une pure chimère, ou il faut admettre l'existence d'un juge suprême, qui en assure l'accomplissement, en faisant que chacun soit récompensé ou puni selon ses œuvres.

Kant a raison de prétendre que la philosophie ne saurait ici se passer de Dieu, sans danger pour la mo-

---

[1] Cf. *Examen de la Critique du Jugement*, p. 283.

rale même, ou sans une évidente absurdité. En effet, ou bien on ébranlera l'autorité de la loi morale, en rendant impossible une sanction que la raison y lie nécessairement ; ou bien on soutiendra que la vertu donne par elle-même à l'homme tout le bonheur possible, de sorte que celui qui la pratique convenablement, étant heureux par le fait même, n'a rien de plus à attendre. Cette dernière opinion est celle des Stoïciens ; nous en avons assez, à la suite de Kant, montré la fausseté. Mais, si l'on n'accorde pas à ces philosophes que la vertu nous donne par elle-même tout le bonheur possible, et si en même temps on n'admet pas l'existence de Dieu, il faut tenir pour impossible l'harmonie de la vertu et du bonheur : or, comme la raison en nous imposant la pratique de la première conçoit que le second en doit être la conséquence nécessaire, n'est-il pas à craindre qu'en supprimant la conséquence, on n'ébranle le principe, qui l'appelle nécessairement aux yeux de la raison? Sans doute les lois morales ont par elles-mêmes, comme lois de la raison, une valeur absolue, si bien que celui qui ne croirait pas pouvoir admettre l'existence de Dieu ne devrait pas moins s'en tenir pour obligé de les suivre [1], et ainsi l'obligation morale est à certains égards indépendante du dogme de l'existence de Dieu ; mais, si l'on rejette ce dogme, sans adopter l'opinion des Stoïciens sur l'identité de la vertu et du bonheur, on sera forcé de rejeter en même temps comme un idéal chimérique, comme un souverain bien imaginaire, ce que

---

[1] Cf. *Examen de la Critique du Jugement*, p. 281.

la raison conçoit comme la loi nécessaire de l'ordre moral, à savoir l'harmonie de la vertu et du bonheur; dès lors aussi on sera naturellement conduit à regarder la vertu elle-même comme une chose fantastique, et, sans souci de ses préceptes, à ne plus donner, suivant l'exemple des Épicuriens, d'autre but à la vie humaine que le plaisir qu'on peut goûter en ce monde.

Tout en établissant et en maintenant, à la suite des Stoïciens, l'autorité des lois morales comme principes obligatoires par eux-mêmes et indépendamment de tout dogme religieux, Kant ne croit pas, avec ces maîtres, dont il réforme sur ce point la doctrine, que l'on puisse ici se passer absolument de Dieu : il veut au contraire que l'on cherche dans la religion (il ne s'agit, bien entendu, que de la religion naturelle) le couronnement de la morale. Nous avons rappelé tout à l'heure comment il s'élève à Dieu et prétend démontrer son existence; une fois cette existence établie, comme celle d'un être capable de départir aux créatures morales tout le bonheur dont elles peuvent se rendre dignes par leur conduite, il est nécessaire de concevoir cet être comme le législateur en même temps que comme le juge du monde moral : dès lors les lois morales prennent à nos yeux le caractère de préceptes divins, de commandements de Dieu, et la morale revêt ainsi un caractère religieux [1]. Mais il ne faut pas oublier que nous ne devons arriver à regarder les lois morales comme les lois de Dieu qu'autant qu'elles nous apparaissent comme les lois mêmes de la raison, et qu'ainsi nous

---

[1] Voyez plus haut, p. 170-171.

allons de la morale à la religion, et non de la religion
à la morale : autrement que pourraient être ces lois,
sinon les décrets capricieux d'une volonté arbitraire?
Kant a reconnu ici une importante vérité : pour qu'une
loi puisse être acceptée comme l'expression de la volonté divine, il faut que la raison en reconnaisse d'abord
la nécessité ; autrement, cette loi n'est plus qu'un
acte arbitraire d'une puissance extérieure, et la religion qui nous l'impose au nom de Dieu, en nous menaçant de ses châtiments ou en nous promettant ses
récompenses, ne nous traite plus comme des créatures
raisonnables. Aussi, tandis que les lois morales qu'établit la raison sont, en vertu de leur origine, nécessairement les mêmes pour tous les hommes dans tous
les lieux et dans tous les temps, et portent leur autorité
avec elles, les diverses religions, qui prennent leur
point d'appui en dehors de la raison, dans une manifestation soi-disant surnaturelle de la volonté divine,
diffèrent-elles extrêmement entre elles, suivant l'idée
qu'elles se font de la nature de Dieu, et, pour obtenir
l'obéissance qu'elles réclament, sont-elles forcées d'avoir recours à la menace des châtiments ou à la promesse des récompenses. Heureux encore les hommes
courbés sous leur joug, si elles ne leur ordonnent rien
de contraire aux lois de la raison ! C'est donc à la raison
même qu'il faut demander la connaissance des lois
morales, sauf ensuite à les rattacher à Dieu, comme
au législateur ainsi qu'au juge suprême du monde
moral, et à les considérer ainsi comme des commandements divins. Ce n'est pas à dire, encore une fois,
que l'on puisse ici se passer de Dieu ; mais il faut

aller de la morale à la religion, non de la religion à la morale : voilà ce que Kant a très-bien vu. Seulement, tout en conservant cet ordre et sans altérer en rien la nature des lois morales, il aurait pu et dû les rattacher plus directement au dogme de l'existence de Dieu. En effet, si nous les concevons comme nécessaires par elles-mêmes ou comme obligatoires indépendamment de ce dogme, si, par conséquent, il n'y a pas besoin d'invoquer l'existence de Dieu pour reconnaître l'autorité de lois dictées par la raison à tout être raisonnable, comment concevoir, sans avoir recours à Dieu, je ne dis pas ces lois mêmes, mais *notre existence sous ces lois*, c'est-à-dire l'existence d'êtres tels que nous, faits pour les comprendre et les pratiquer? Et, puisque nous ne pouvons concevoir l'existence et la raison qui nous ont été données dans ce monde sans recourir à Dieu, il faut bien voir en lui, en même temps que la cause de notre existence, la source suprême de la raison qui est en nous, et, par conséquent, des lois morales qu'elle nous fait concevoir. C'est ainsi que nous pouvons déjà considérer ces lois comme celles mêmes de Dieu, qui dès lors nous apparaît comme le législateur suprême du monde moral, dont la loi du mérite et du démérite veut qu'il soit le juge suprême. Mais en étendant ainsi l'argument moral employé par Kant ou en élargissant de cette manière la voie qui conduit de la morale à Dieu, nous invoquons un argument qui s'étend à la raison tout entière, à la raison spéculative aussi bien qu'à la raison pratique, et que, par conséquent, l'auteur de la *Critique de la raison pure* ne pouvait accepter sans une contradiction manifeste.

Car, si l'existence en nous d'une raison capable de concevoir les lois morales ne peut aller sans un Dieu qui en soit la cause et la source, cela est vrai de la raison tout entière, et dès lors il faut rejeter le doute où Kant a cru devoir se renfermer dans les limites de la raison spéculative.

Reste à savoir si en restreignant l'argument moral, comme il le fait, il échappe réellement à toute espèce de contradiction. On sait que, selon Kant, qui lui-même a pris soin de nous rappeler sur ce point les résultats de sa critique [1], la raison spéculative, soit qu'elle parte de la considération de l'ordre et de l'harmonie qui règnent dans le monde, soit qu'elle procède tout-à-fait *à priori*, est absolument impuissante à établir l'existence de Dieu. En effet, dans le premier cas, comme la connaissance que nous avons du monde est nécessairement très-restreinte, de quel droit en conclure l'existence d'une cause douée d'une intelligence et d'une puissance *infinies?* Il peut être naturel de supposer que le monde est partout ce qu'il se montre à nous dans le peu que nous en connaissons, c'est-à-dire admirablement ordonné et harmonieux, et que, par conséquent, la cause en doit être toute parfaite ; mais enfin, au point de vue de l'expérience, ce n'est là qu'une conjecture. D'ailleurs, en recourant, pour expliquer le monde, à l'idée d'une cause douée d'intelligence et de volonté, nous ne faisons qu'invoquer la seule explication possible pour nous ; nous n'avons pas le droit d'affirmer que cette explication

[1] Voyez plus haut, p. 178-179.

soit vraie en soi et absolument. Ce sont là des points que Kant a tout particulièrement approfondis dans sa *Critique du Jugement*[1], et je les ai moi-même trop longuement exposés et discutés dans mon *Examen* de cet ouvrage[2], pour avoir besoin d'y revenir ici. Mais si la raison spéculative ne peut démontrer l'existence de Dieu *à posteriori*, c'est-à-dire par le spectacle de l'ordre et de l'harmonie du monde, elle ne peut davantage la démontrer *à priori*, et ici encore elle n'aboutit qu'à une idée problématique. Dieu est sans doute pour nous le suprême idéal, mais cet idéal correspond-il à un être réel? Voilà ce que nous ne saurions affirmer, sans sortir des bornes assignées à notre connaissance. En sorte que, dans l'un et l'autre cas, l'existence même de Dieu reste toujours pour nous problématique. Tel est le résultat auquel conduit, selon Kant, l'examen de la raison spéculative. Or ce philosophe est-il fondé à tirer ici de la raison pratique un résultat tout opposé? La question de la réalité objective de l'idée de Dieu, qu'il a déclarée insoluble pour la raison spéculative, la raison pratique la résout, selon lui, affirmativement; car, puisque le souverain bien est le but qu'elle donne à notre existence et qu'elle nous commande de poursuivre de tous nos efforts, il faut bien le regarder comme possible; et, puisque nous ne saurions le concevoir comme possible qu'au moyen de Dieu, il faut bien admettre l'existence de Dieu. Mais, pourrait-on lui objecter, quand vous dites que nous ne pouvons concevoir la réalisation du

---

[1] Voyez trad. franç., p. 143-235.
[2] P. 287-307.

souverain bien comme possible qu'au moyen d'un être tel que Dieu, c'est-à-dire d'un être doué d'une intelligence et d'une volonté souveraines, de quelle faculté parlez-vous? Ce n'est déjà plus de la raison pratique, car tout ce que peut faire ici la raison pratique, c'est de nous forcer à admettre que le souverain bien doit être possible, puisqu'elle nous le propose comme l'objet nécessaire de notre activité morale. Quant à décider s'il n'est possible qu'au moyen de Dieu, ou autrement, c'est le fait de la raison en général; ce n'est plus spécialement celui de la raison pratique, qui n'a ici qu'une chose à demander : savoir que le souverain bien soit possible. Or le scepticisme par lequel Kant a battu en brèche la raison spéculative se retourne maintenant contre lui : la raison nous force de recourir à Dieu comme au seul principe possible du souverain bien; mais si c'est là pour nous la seule manière possible de concevoir que le souverain bien puisse être réalisé, avons-nous ici, plutôt qu'ailleurs, le droit d'affirmer qu'en réalité les choses ne peuvent aller autrement que nous ne les concevons? Comment échapper à la contradiction? Kant a beau dire que la raison pratique ne fait ici que répondre affirmativement à une question demeurée insoluble pour la raison spéculative, mais qu'elle n'étend pas pour cela le moins du monde notre connaissance; de quel droit déclarer que Dieu est le seul principe du souverain bien, quand on ne s'est pas cru suffisamment fondé à rapporter à une cause intelligente l'ordre et l'harmonie qui règnent dans le monde, ou la raison qui existe dans l'homme? Kant avait trop de pénétration pour ne pas apercevoir la contradiction où il s'engageait. Aussi, après s'être appliqué, comme pour effacer cette contradiction, à atténuer autant que possible la portée de la preuve qu'il vient d'établir [1]; après avoir restreint de tous ses efforts notre connaissance de la nature de Dieu et de ses attributs d'entendement et de volonté ; après avoir montré que cette connaissance est toute négative, et avoir mis les théologiens au défi d'établir ici quelque connaissance positive et réelle, déclarant d'ailleurs qu'il suffisait, au point de vue pratique, de pouvoir attribuer à Dieu l'entendement et la volonté, sans lesquels nous ne saurions concevoir la possibilité du souverain bien, et que, puisqu'il est nécessaire, à ce point de vue, d'admettre cette possibilité, il est également nécessaire d'admettre l'existence de Dieu et en Dieu des attributs qui en sont les conditions, finit-il par poser directement la question de savoir si la raison a le droit de décider que le souverain bien n'est possible en soi, absolument, qu'au moyen d'un être tel que celui que nous concevons sous le nom de Dieu, et cette question, il la résout conformément à l'esprit général de sa doctrine : l'impossibilité où nous sommes de concevoir le souverain bien comme possible sans le concours de Dieu est purement subjective [2]. Mais alors que devient son argument favori ; n'est-il pas ruiné par un tel aveu ? Il a beau dire que la raison pratique prononce en faveur de la solution

---

[1] Voyez plus haut, p. 173-178. — Cf. *Critique du Jugement*, trad. franç., t. 11, 172 et suiv., et *Examen de la Critique du Jugement*, p. 285 et suiv.

[2] Voyez plus haut, p. 182-185.

qui consiste à recourir à Dieu ; la raison pratique se confond ici avec ce qu'il appelle la raison spéculative, qu'il a déclarée impuissante à résoudre une telle question. Il a beau prétendre qu'il ne s'agit ici que d'une croyance purement morale ; le scepticisme métaphysique auquel il a livré la raison spéculative le poursuit jusque dans la *foi morale* où il cherche un refuge : il ne peut garder cette foi qu'au prix d'une inconséquence. En vain semble-t-il chercher à se faire illusion sur ce point, en restreignant, autant que possible, la portée de sa preuve, la logique est plus forte ; elle finit par lui arracher un aveu qui au fond la ruine ou lui applique la loi commune. Mais, autre inconséquence ! tout en lui portant un coup mortel, il ne peut se décider à l'abandonner : « elle peut bien, dit-il [1], chanceler parfois, même dans des âmes bien intentionnées, mais elle ne saurait jamais dégénérer en incrédulité. » Il avait déjà dit [2] que, s'il était interdit à l'entendement humain de découvrir la possibilité des concepts de Dieu et de la liberté, il n'y avait pas non plus de sophisme qui pût les ébranler, même dans les intelligences les plus vulgaires. C'est ainsi qu'il nous donne le spectacle de la lutte d'un grand esprit, partagé entre le doute et la croyance, essayant d'échapper à l'un et d'arriver à l'autre par la morale, mais là même poursuivi par le scepticisme, le repoussant à la fois et y cédant pour le repousser encore, et n'échappant à une contradiction que pour retomber dans une autre.

[1] Voyez plus haut, p. 183.
[2] Plus haut, p. 174.

Kant a surtout en vue, dans toute cette partie de sa doctrine, deux excès dont il voudrait préserver l'esprit humain : le *mysticisme*, qui oublie les conditions de notre nature au point de rêver je ne sais quelle intuition transcendante de la nature divine, et l'*anthropomorphisme*, qui rabaisse Dieu à l'image de l'homme, et est ainsi la source de la superstition et du fanatisme [1]. Ce sont là en effet des erreurs trop fréquentes et trop funestes pour qu'une saine philosophie ne les combatte point énergiquement ; et certes Kant n'a point manqué à cette tâche, qui était d'ailleurs celle de tout son siècle, et qui pourrait bien être encore celle du nôtre. Mais l'horreur que lui inspirent ces deux doctrines et leurs funestes conséquences le jette à son tour dans un autre excès, qui est de restreindre outre mesure notre connaissance de la nature et des attributs de Dieu. Oui, Dieu nous est incompréhensible, voilà ce ce qu'il faut rappeler sans cesse aux partisans du mysticisme et du fanatisme ; mais quand nous lui attribuons une intelligence souveraine, est-ce que nous n'indiquons pas certainement un de ses attributs? et, encore que l'intelligence divine nous demeure impénétrable en soi, dès que nous avons le droit de l'affirmer, est-ce que nous ne déterminons point par là, d'une certaine manière, notre connaissance de la nature de Dieu? Kant ne l'accorde point. Mais, s'il ne faut voir là qu'une illusion anthropomorphique, que parlez-vous de l'intelligence divine au point de vue moral? Qu'importe le point de vue où vous vous placez et la distinction

---

[1] Voyez plus haut, p. 174-175.

qu'il vous plaît d'établir entre la raison spéculative et la raison pratique ? qu'importe que votre affirmation émane de celle-ci ou de celle-là ? elle n'échappe point au reproche d'anthropomorphisme ; et c'est pourquoi, ou, pour être tout-à-fait conséquent, il faut y renoncer tout-à-fait, ou il faut avouer que nous avons de Dieu, non pas sans doute une connaissance intuitive et adéquate, mais une notion certaine et à quelque égard déterminée.

Quoi qu'il en soit, recueillons ici une pensée aussi juste que noble[1] : c'est que, si le maître du monde ne nous laisse pas clairement apercevoir sa nature et sa majesté, et si nous n'avons de notre destinée ultérieure qu'une idée obscure et incertaine, il était bon qu'il en fût ainsi, afin que la loi morale obtînt de nous un culte plus désintéressé, et que notre valeur personnelle en fût plus grande ; en sorte que notre faculté de connaître, même dans ses bornes, est merveilleusement appropriée à notre destination, et que « la sagesse impénétrable par laquelle nous existons n'est pas moins digne de vénération pour ce qu'elle nous a refusé que pour ce quelle nous a donné en partage. »

[1] Cf. plus haut, p. 184.

IV.

DE LA MÉTHODOLOGIE MORALE. — CONCLUSION.

On se rappelle que, dans la *Critique de la raison pratique*, Kant ne se borne pas à exposer et à établir théoriquement le principe fondamental de la moralité, mais que, sous le titre de *Méthodologie*[1], il indique aussi les moyens de donner à ce principe l'efficacité qu'il doit avoir dans la pratique, ou d'instruire de bonne heure les âmes à le consulter et à recevoir son influence. Or je retrouve dans cette dernière partie de son œuvre les mêmes mérites, mais aussi les mêmes défauts que j'ai déjà signalés. C'est toujours la même religion du devoir. L'idée du devoir, qui est, selon Kant, l'unique fondement de la moralité humaine, doit être aussi le principe fondamental de l'éducation des âmes : il faut s'efforcer de l'y inculquer de bonne heure ; et comme, outre qu'elle seule peut donner aux déterminations de notre volonté une valeur vraiment morale, elle a en réalité d'autant plus de force qu'elle se montre sous une forme plus sévère et que par conséquent elle inspire plus de respect, on doit s'appliquer à la faire paraître dans tout son jour et dans toute sa majesté[2]. C'est assurément une admirable chose que ce culte de l'idée du devoir, je dirais cet enthousiasme, si pareille expression pouvait convenir à pareille doctrine ; et

---

[1] Voyez plus haut, p. 185-193.
[2] Plus haut, p. 184.

c'est une forte et salutaire discipline que celle à laquelle Kant veut façonner les jeunes âmes. Nul n'a mieux senti et montré toute la grandeur de cette idée : le devoir, et toute la vertu de ce mobile : le respect du devoir. Mais cette doctrine, si haute et si puissante, a aussi ses exagérations et ses écueils : elle oublie que, quelle que soit l'importance de l'idée du devoir ou de l'obligation, il y a quelque chose de plus élevé encore, à savoir le dévouement, c'est-à-dire une abnégation et un sacrifice de soi-même qui n'a plus rien d'obligatoire, mais qui n'en offre que plus de mérite; et, en outre, elle a le tort de vouloir exclure absolument des actions humaines, sous prétexte qu'il en altérait la pureté, le concours de tous les sentiments, même les plus généreux et les plus bienfaisants, comme la sympathie, l'amour, la pitié, etc. Ce double défaut de la morale kantienne n'apparaît nulle part plus clairement que dans cette partie de son œuvre, où il s'agit de mettre en pratique les idées qu'il avait exposées précédemment.

Les cas que Kant veut que l'on propose aux jeunes gens, et dont lui-même nous offre un exemple [1], sont ceux qui attestent le respect de quelque devoir sacré. Dans l'exemple qu'il suppose, il s'agit d'un devoir impérieux, dont l'accomplissement a beau être pénible, mais auquel un honnête homme ne pourrait manquer sans cesser d'être honnête : refuser, quoi qu'il en coûte, d'accuser un innocent n'est qu'un simple acte de probité. Les circonstances au milieu desquelles Kant place son honnête homme le soumettent à une

[1] Voyez plus haut, p. 189.

épreuve où il a sans doute grand mérite à triompher et où beaucoup seraient vaincus ; mais, en se laissant vaincre, il perdrait son honnêteté, car il se rendrait coupable d'un crime. Dans le cas imaginé par Kant, le devoir commande : quelque pénible qu'il soit de lui obéir, il n'y a point à hésiter : un honnête homme n'a point ici deux partis à prendre, car il n'y en a qu'un qui soit honnête. Or je suppose un cas où, non plus pour obéir à un devoir impérieux, auquel il ne pourrait manquer sans se déshonorer, mais par pur dévouement, c'est-à-dire sans y être le moins du monde obligé et quand il pourrait s'en dispenser, non-seulement sans honte, mais sans aucun scrupule, un homme sacrifie au soulagement d'autrui ou à quelque noble et sainte cause ses intérêts les plus chers, son repos, son bonheur, sa vie même, ce sacrifice, qu'aucun devoir ne lui impose, mais auquel il se soumet de lui-même, n'a-t-il pas une valeur morale supérieure à celle de l'exemple choisi par Kant? Supposons cet homme traversant les mêmes épreuves auxquelles Kant soumet le sien et y montrant le même courage, mais pour sauver par un dévouement volontaire un ami menacé, et non plus simplement pour ne pas se charger d'un crime, en accusant une personne innocente; est-ce que cette généreuse abnégation de soi-même n'excitera pas à un bien plus haut degré l'admiration, l'étonnement, la vénération dont parle Kant? Sans doute, il faut prendre garde, en prêchant outre mesure cette sorte de beauté morale, de communiquer aux âmes une fausse exaltation qui leur fasse prendre en pitié les devoirs ordinaires de la vie¹; on ne doit point oublier qu'avant le dévouement il y a le devoir, avant la charité la justice, et que la justice et le devoir sont ce qu'il y a de plus essentiel dans la vie humaine. Il n'y a pas de doute que, si les lois de la justice étaient mieux observées, la charité fut-elle encore plus rare qu'elle ne l'est aujourd'hui, le monde n'en irait que mieux; le respect constant de la première, sans abolir la seconde, la rendrait d'ailleurs beaucoup moins nécessaire. Les premiers efforts du moraliste, et en général de quiconque s'occupe de l'éducation morale des âmes, doivent donc tendre à inspirer aux hommes le sentiment du devoir et l'amour de la justice ou le respect des droits de chacun. Mais s'il ne doit pas sacrifier l'idée du devoir à celle du dévouement, les prescriptions de la justice aux inspirations de la charité, il ne doit pas oublier non plus que le devoir et la justice ne sont pas tout pour l'homme, et qu'il y a encore quelque chose de plus élevé, à savoir l'esprit de dévouement et de charité, l'abnégation ou le sacrifice volontaire, en un mot l'esprit évangélique. Or c'est là justement ce que l'on peut reprocher à Kant d'avoir négligé, par suite d'une préoccupation exclusive de l'idée du devoir².

La même préoccupation le conduit à une autre exagération, qui tient de fort près à la première et qui ne se montre pas ici moins clairement : je veux dire

¹ Cf. plus haut, p. 188.
² Cette préoccupation est telle qu'elle va jusqu'à lui faire méconnaître la beauté morale du dévouement d'un homme qui expose sa vie pour sauver des naufragés ou qui la sacrifie magnanimement au salut de sa patrie (Voy. trad. franç., p. 384-385).

l'exclusion de tous les sentiments dans les actions morales de l'homme. J'ai déjà fait la part du vrai et du faux sur ce point de la doctrine de Kant. Sans doute le sentiment tout seul ne peut communiquer une véritable moralité aux actions humaines: un acte qui n'aurait d'autre mobile que ce principe aveugle, et où n'entrerait pour rien la considération soit du devoir, soit du bien en général, n'aurait, à vrai dire, aucun caractère moral. D'ailleurs, comme ce principe n'est pas moins variable qu'aveugle, il suit que, si la conduite humaine n'avait d'autre règle, il n'y aurait rien de fixe et de solide où elle pût s'attacher. C'est donc une chose fausse et dangereuse à la fois que de chercher dans le sentiment le mobile et la règle des actions humaines et de vouloir le substituer partout à la considération du devoir et du bien, c'est-à-dire à la raison. Kant a fort justement relevé cette erreur et ce danger. Mais est-ce à dire que, pour donner aux actions humaines un caractère moral, il faille absolument en exclure le concours de tous les sentiments humains, et que la sympathie, la pitié, l'amour, l'enthousiasme soient des affections que repousse la saine moralité? Ce serait là une autre erreur et un autre danger. Par horreur du sentimentalisme, Kant méconnaît le but et le rôle de la sensiblité dans la vie humaine. Encore une fois, la vraie morale n'exige pas que l'homme se dépouille de ses sentiments, mais qu'il les éclaire à la lumière de la raison et les soumette à sa discipline. A cette condition, il peut s'y appuyer, sans diminuer en rien la moralité de sa conduite, et j'ajoute qu'il le doit, car (la chose fut-elle possible absolument) il ne les retrancherait de sa nature qu'en mutilant en lui l'œuvre de Dieu et en se privant à plaisir d'un utile et légitime auxiliaire.

Ces réserves faites, il n'y a plus qu'à louer Kant et à suivre ses conseils. Il vante avec raison l'influence morale que peut avoir sur les jeunes âmes l'exercice précoce et fréquent du jugement moral [1], et il s'étonne justement que les instituteurs de la jeunesse n'aient pas depuis longtemps songé à mettre à profit dans ce but le penchant et la facilité que montrent tous les hommes en général et même les enfants à scruter et à apprécier la valeur morale des actions [2] et qui communiqueraient à cet exercice un intérêt dont on ne pourrait attendre que le plus salutaire effet. Il recommande de lui donner pour fondement un catéchisme tout philosophique, c'est-à-dire dégagé de tout ce que les dogmes qui se donnent pour révélés mêlent aux vérités conçues par la raison. Cette idée d'un catéchisme purement philosophique n'est pas seulement propre à Kant; elle devait être celle de son siècle : au catéchisme des religions qui dominaient autrefois tous les esprits au nom d'une autorité surnaturelle, mais que le libre examen avait déjà si rudement et si généralement ébranlées, on devait sentir le besoin de substituer un enseignement qui n'invoquât d'autre origine et d'autre autorité que celle de la raison, et qui, par sa forme élémentaire, pût convenir à toutes les intelligences. La réalisation de cette idée offrait sans doute de très-graves difficultés : aussi ne faut-il

[1] Voy. plus haut, p. 188 et 192.
[2] Plus haut, p. 187-188. — Cf. p. 19.

pas s'étonner que, malgré tant de brillants essais [1], le but n'ait pas encore été atteint. Mais, quelles que soient les difficultés, on ne doit pas se lasser de le poursuivre : à notre tour il nous faut travailler à cette noble tâche que le dix-huitième siècle nous a léguée, et que l'avenir accomplira certainement. Il y a longtemps déjà qu'on l'a dit : les dogmes s'en vont ; il faut donc que la philosophie s'applique à prévenir le vide qu'ils laissent dans les âmes, en travaillant à résumer sous une forme populaire, à l'usage de tous, les principes et les idées dont l'investigation scientifique est l'œuvre de l'école [2]. Un tel catéchisme, en dégageant les vérités morales et religieuses des croyances surnaturelles auxquelles les mêlent et où les appuient les catéchismes usités dans les diverses églises, et en les replaçant sur l'unique fondement de la raison, aurait l'avantage de mettre ces vérités à l'abri du scepticisme où la chute de ces croyances ne manque pas de les précipiter elles-mêmes, quand elles n'ont pas d'autre appui. Tel est l'enseignement qui est destiné à remplacer dans les âmes et les sociétés émancipées ce qu'on est convenu d'appeler l'instruction religieuse, et ce qu'il serait plus juste de nommer l'instruction ecclésiastique [3]. Tel devrait être

[1] Au premier rang de ces essais, il faut placer l'admirable profession de foi du Vicaire Savoyard dans l'*Émile* de Rousseau. Voyez l'excellente édition qu'en a donnée M. Cousin en 1848.

[2] Il y a là deux tâches qui doivent occuper également les philosophes. Mais il ne faut pas non plus les confondre, si l'on ne veut nuire à l'une et à l'autre à la fois. La philosophie scientifique et la philosophie populaire, tout en marchant ensemble, doivent rester entièrement distinctes.

[3] N'est-il pas triste de songer que c'est un essai dans ce sens qui a motivé la révocation de M. Amédée Jacques !

exclusivement l'enseignement donné au nom de l'État, puisque l'État est essentiellement laïque [1]. Dans la pensée de Kant, qui concentre, comme on sait toute la certitude métaphysique dans la certitude morale, ce catéchisme devrait s'appuyer exclusivement sur ce qu'il appelle la raison pratique [2], c'est-à-dire se borner aux inattaquables principes de la moralité et aux vérités qui y sont indissolublement liées : de cette manière, il serait au-dessus de toute controverse, non-seulement religieuse, mais philosophique ; il serait inébranlable, comme la morale même. Or, sans adopter précisément l'opinion de Kant sur la distinction et l'opposition de la raison spéculative et de la raison pratique, il est vrai de dire que, dans un enseignement de ce genre, il serait bon d'écarter tous les points épineux, toutes les idées controversables et en général tout ce qui est du ressort de la pure spéculation, et se borner à ce qui est clair, solide, pratique, c'est-à-dire surtout aux vérités morales ; ou, s'il fallait toucher aux questions métaphysiques, ce ne devrait être que du côté où elles sont liées à la morale. Quoi qu'il en soit, une fois en possession d'un catéchisme où seraient exposés les principes fondamentaux de la morale rationnelle, il faudrait, suivant le conseil de Kant, chercher dans l'histoire des temps anciens ou modernes des exemples de tous les devoirs qui y seraient indiqués, et les proposer aux

[1] Je renvoie sur ce point à un article que j'ai autrefois publié dans la *Liberté de penser* (Janvier 1849), sous ce titre : *Du Suffrage universel et de l'Instruction primaire*.

[2] Plus haut, p. 188. — J'ai déjà cité (*Ibid.*) l'esquisse que Kant a lui-même tracée d'un catéchisme de ce genre dans les *Éléments métaphysiques de la doctrine de la vertu*.

jeunes gens, qui apprendraient à les juger sainement, en les rapportant à leurs vrais principes, et qui, en exerçant ainsi leur jugement moral, cultiveraient et développeraient en eux le sentiment moral, le respect du devoir, l'amour du bien et la haine du mal, de telle sorte que cet exercice, d'abord tout spéculatif, finirait par avoir une influence pratique dont se ressentirait la vie entière.

Me voici arrivé au terme de la longue tâche que je m'étais imposée. J'espère avoir donné au lecteur une connaissance exacte de la doctrine morale contenue dans les deux ouvrages dont je lui ai d'abord offert une consciencieuse analyse. J'ai essayé aussi d'en relever impartialement les mérites et les défauts, et ceux-ci ne m'ont point rendu aveugle pour ceux-là. Puissé-je avoir réussi à faire partager l'admiration que je ressens moi-même pour ce grand monument qu'on appelle la *Critique de la raison pratique*, le plus beau, dit quelque part M. Cousin, que le génie de l'homme ait élevé à la vertu! Lorsqu'on rapproche cette critique de celle de la raison spéculative, un imposant spectacle s'offre à l'esprit : celui d'un génie puissant, qui, après avoir sapé jusque dans leurs derniers fondements les plus fermes croyances du genre humain, s'arrête lui-même devant l'idée du devoir ou de l'obligation morale, comme devant un principe inébranlable à tous les efforts du scepticisme, et dans ce principe, resté seul debout au milieu des ruines de sa critique, trouve un solide fondement sur lequel il rétablit toutes ses croyances renversées. Sans doute il y a au fond de ce contraste une contradiction qui annonce plutôt un esprit profondément moral que rigoureusement conséquent; mais il témoigne aussi de la merveilleuse puissance de l'idée du devoir dans une âme bien faite, quelque minée qu'elle soit au reste par le doute : car qui fut jamais plus sceptique en métaphysique et plus dogmatique en morale? Kant représente à la fois le génie du scepticisme spéculatif et du dogmatisme pratique. Tout d'ailleurs n'est pas faux dans ce contraste. Que de difficultés n'offrent point, que de doutes n'engendrent point les spéculations purement métaphysiques : telle est la nature et la condition de l'esprit humain ; mais en revanche quelle clarté plus lumineuse, quelle certitude plus inébranlable que celle de l'obligation morale ou du devoir, et que de difficultés et de doutes ne disparaissent point devant lui! Que si l'on envisage en elle-même la *Critique de la raison pratique*, quel profond sentiment de respect n'inspire pas cette religion du devoir qui en est l'âme! On peut sans doute reprocher à Kant d'avoir trop sacrifié le dévouement au devoir et le sentiment à la raison ; mais où trouver une doctrine morale, sinon plus large, du moins plus forte et plus saine? En outre que d'idées, ingénieuses ou profondes, répandues partout dans ce beau livre! Et quelle sévérité de méthode, quelle rigueur d'exposition! Sans doute encore on peut regretter que la pensée de l'auteur ne suive pas toujours une marche plus rapide et ne revête pas des formes plus simples; mais jamais esprit plus philosophique ne fut appliqué à ces matières. D'ailleurs au milieu des complications de cette méthode et sous l'enveloppe de ces formules rayonne partout un sentiment moral qui pénètre l'âme du lecteur, comme il pénètre celle de Kant. Aussi l'étude de ce monument produit-il au plus haut degré cet effet salutaire qu'il attribuait lui-même en général à celle de la morale : on en sort non seulement plus instruit, mais meilleur. C'est pourquoi aussi on ne saurait trop la recommander, surtout dans une époque comme la nôtre, si pleine de problèmes et d'écueils. Je m'estimerais, pour ma part, trop bien récompensé si, en la rendant plus facile et en lui donnant un intérêt nouveau, je pouvais contribuer à en répandre la bienfaisante influence.

A LA MÊME LIBRAIRIE

Critique du jugement, suivie des observations sur le sentiment du Beau et du Sublime, par Emm. Kant, traduit de l'allemand en français, par M. J. Barni, ancien élève de l'École normale, professeur de philosophie. 2 vol. in-8°. 1846. 12 fr.

Philosophie de Kant. — Examen de la Critique du jugement, par M. J. Barni, professeur agrégé de philosophie, 1 vol. in-8. 1850. 4 fr. 50

Critique de la raison pratique, précédée des fondements de la métaphysique des mœurs, par Emm. Kant, traduit de l'allemand par J. Barni, professeur de philosophie. 1 vol in-8. 1848. 6 fr.

Critique de la raison pure, par Emm. Kant, 2ᵉ édition, traduit sur la 1ʳᵉ édition allemande, contenant tous les changements faits par l'auteur dans la 2ᵉ édition, des notes, une biographie de Kant, par J. Tissot, professeur de philosophie à la Faculté des lettres de Dijon. 2 gros vol. in-8. 1845. 15 fr.

Leçons de métaphysique de Kant, précédées d'une Introduction par Poelitz, traduit de l'allemand par J. Tissot. 1 vol. in-8. 1843. 7 fr.

Logique de Kant, suivie de fragments du même auteur relatifs à la logique, traduit de l'allemand par J. Tissot. 1 vol. in-8. 1840. 6 fr.

La religion dans les limites de la raison, par Kant, traduit de l'allemand par M. J. Trullard, avec une lettre adressée au traducteur, par M. E. Quinet. 1 vol. in-8. 1841. 7 fr. 50

Système de l'Idéalisme transcendental, par Schelling, professeur de philosophie à l'Université de Berlin; suivi : 1° d'un jugement sur la philosophie de M. Cousin et sur l'état de la philosophie en France et de la philosophie en Allemagne; 2° du discours prononcé à l'ouverture de son cours de philosophie à Berlin, le 15 novembre 1841; traduit de l'allemand par M. Paul Grimblot, avec une très longue Notice du traducteur sur M. Schelling et ses ouvrages. 1 vol. in-8. 1842.

Bruno, ou du Principe divin et naturel des choses, par Schelling, traduit de l'allemand par Cl. Husson. 1 vol. in-8. 1843. 3 fr. 50

Écrits philosophiques et morceaux propres à donner une idée générale de son système, traduit de l'allemand par M. Ch. Bénard, docteur ès-lettres, professeur de philosophie. 1 gros vol. in-8. 1847. 8 fr.

Méthode pour arriver à la vie bienheureuse, traduit de l'allemand par M. Francisque Bouillier, professeur de philosophie à la Faculté des lettres de Lyon, et avec une introduction par M. Fichte, fils. 1 vol. in-8. 1845. 7 fr.

Doctrine de la science par J.-G. Fichte, traduit de l'allemand par M. Paul Grimblot, avec une notice du traducteur sur Fichte et sa philosophie. 1 vol. in-8. 1843. 7 fr. 50

De la destination du savant et de l'homme de lettres, par Fichte, traduit de l'allemand par M. Nicolas, professeur de philosophie à la Faculté de théologie de Montauban. 1 vol. in-8. 1838. 2 fr.

De la destination de l'homme, traduit de l'allemand par le baron Barchou de Penhoen. 1 vol. in-8. 2ᵉ édition. 1836. 7 fr.

Histoire de la philosophie ancienne, par le docteur Henri Ritter, professeur à l'Université de Kiel, traduit de l'allemand par M. J. Tissot, docteur ès-lettres, professeur de philosophie à la faculté des lettres de Dijon. 4 gros vol. in-8. 1837. 32 fr.

Histoire de la philosophie chrétienne, par le docteur Henri Ritter, traduit de l'allemand par J. Trullard. 2 gros vol. in-8. 1844. 15 fr.

Cet ouvrage fait suite à l'*Histoire de la Philosophie ancienne*.

Imprimerie Bénard et Comp., rue Damiette, 2.

www.ingramcontent.com/pod-product-compliance
Lightning Source LLC
Chambersburg PA
CBHW072007150426
43194CB00008B/1028